KB052400

스프롤 v1.0

제작, 디자인 // 하미쉬 카메론

편집 // 제랄드 카메론

레이아웃, 그래픽 디자인, 내부 삽화 // 아론 브라운

표지 // 토마 페이조 가스

각 장 소설 // 릴리안 코헨-무어

게임과 예시문의 권리는 ⓒ 2015 하미쉬 카메론에게 있습니다.

본문 중 국내에 출판되지 않은 작품과 작가의 이름은 원문으로 소개했습니다.

한국어판 **스프롤** 출판 // ⓒ2017 이야기와 놀이

한국어판 번역 // 오승한

한국어판 편집 // 곽건민, 복희정

ISBN: 979-11-88546-05-3

정가: 37,000원

발행 주체: 제작 - 이야기와 놀이

　　　　유통 - TRPG CLUB

"항구를 굽어보는 하늘은 텔레비전 공채널 같이 직직거리는 은색이었다."

뉴로맨서, 윌리엄 깁슨

어둡고, 더럽고, 위험한 미래. 여러분은 태생 때문이든, 자신의 선택이든, 폭력의 희생자가 된 탓이든 결국 사회에서 소외된 외톨이자, 반항아이며, 범죄자입니다. 여러분은 기업들의 아콜로지(완전생태도시)가 드리우는 그림자 속에서 기생충처럼 공존하면서, 초거대기업이 뿌리는 부스러기를 주워 먹다가도 이들의 오만하고 무서운 눈을 피해 다시 그늘 속으로 허둥지둥 도망갑니다. "자이바츠(재벌)"라고 불리기도 하는 이 거대한 다국적기업들은 세상 위에 군림하면서 배후에서 영향력을 행사하고, 돈과 정보, 상품과 사람의 흐름을 좌지우지합니다. 정부는 떡고물을 좇아 기업의 발치를 어슬렁댑니다. 아콜로지는 매끄러운 친수성 폴리머 소재의 외벽과 자동청소기계 덕분에 주위를 둘러싼 회갈색 대도시의 스프롤 사이에서도 눈부시게 번쩍거립니다. 기업의 자금력은 사람들을 마치 핏줄처럼 도시 여기저기로 퍼뜨립니다. 대기업, 인류가 낳은 가장 성공적인 인공 유기체이지요.

기술은 끊임없이 모습을 바꾸고, 진화하며, 변이합니다. 적응하지 못하면 죽음뿐입니다. 주변 어디를 가든, 무엇을 보든 정보가 덧씌워져서 거대기업에 복속된 네트워크 데이터의 세상을 이룹니다. **이걸 사세요. 저기에 따르세요. 더 많이 사세요.**

아시다시피, 기업은 모든 것을 가졌다고 해서 만족하지 못합니다. 더 많이 원하지요. 그러기 위해서는 서로 물고 뜯을 수밖에 없습니다. 거대기업에게 간첩질이나 절도, 납치, 살인은 그저 성공을 달성하기 위해 돌아가는 시스템 아키텍쳐의 일부일 뿐입니다. 하지만 여러분에게는 톡 쏘는 공장 연기 속을 빠져나갈 수 있는 위태위태한 사다리의 가로대입니다. 가진 패를 잘 활용한다면 명성이든, 돈이든, 신용이든, 심지어 자유든 원하는 것은 모두 얻을 수 있습니다. 하지만 한 발자국만 삐끗해도 모든 것이 물거품으로 돌아갑니다. 기업은 **여러분**을 필요로 하지 않습니다. **여러분 같은 사람**이 필요할 뿐이지요. 한번 일을 망치면 다음 달에는 좀 더 야심만만하지만 그다지 똑똑하지는 않은 유망주가 여러분의 자리를 채울 것입니다. 신중하게 발을 디디세요. 저기 **스프롤**에는 여러분 같은 사람들이 차고 넘치니까요.

스프롤은 네온과 크롬으로 뒤덮인 거친 미래를 다룬 임무 기반 사이버펑크 액션RPG입니다. 여러분은 거대한 다국적기업의 무수한 자산 중 하나가 되어 지하 범죄 세계에서 활동하면서 기업들이 할 수 없는, 아니, 하는 것을 들켜서는 안 되는 임무를 맡습니다. 여러분은 프로이자, 그 존재를 인정받지 못하는 요원들이며, 무엇보다도 쓰고 버릴 수 있는 자산입니다.

이 게임은 성인 플레이어에게 적합한 언어와 주제를 담았습니다.

아직도 여기 있군요, 애송이 씨. 프로들과 놀고 싶나요? 샌드백 좀 두들겨 보고 싶나요? 크레드 좀 벌고 싶나요?

지난번 친구보다는 똑똑해야 할 겁니다.

미래에 온 것을 환영합니다.....

목차

"신데렐라?"

클레런스의 근심 섞인 목소리에 신데렐라는 두건 아래에서 한심하다는 표정을 하고는, 욕설을 퍼붓고 싶은 충동 때문에 사이버덱 위를 잽싸게 오가던 손가락이 느려지지 않도록 꾹 참았다. "당신 거의 다 도착했어. 솜씨 좋은 팀을 고용했잖아. 그러니 방해하지 마. 당신 이쁜이한테 우리가 같은 편이라고 알려주는 것 잊지 말고. 거기서 둘 다 곧바로 빼내 줄게."

해커의 쉰 목소리에는 어쩌면 동정심이 섞였을지도 모른다. 하지만 채 몇 번도 하지 못한 대화 때마다 빈정거리는 말만 들은 탓에 확신할 수는 없었다. 신데렐라는 조바심이 난다는 듯 손을 흔들면서, 클레런스와 살로메, 피지를 가리키는 푸른 점이 나타난 화면을 눈앞에서 치웠다. 클레런스의 숨은 남자친구인 피터 윌레스는 썩 좋지 않은 조건에도 불구하고 '사랑을 위한 일'이라는 이유로 임무를 맡은 솜씨 좋은 군인과 침투요원을 고용할 수 있었다. 신데렐라는 이토록 뒤틀린 곳에서 건강한 사랑을 맺은 두 연인을 존경하려 애를 쓰면서, 다시 주의를 돌려 보안 정보를 해독하는 화면을 확대했다. 여기는 영사관 같은 곳이 아니라 단순히 영화 행사장인 만큼 보안 상황은 그다지 어려울 게 없었다. 일이 너무 편하게 흘러서 죄책감을 느낀 때가 있던가? 그런 적이 있는지 기억하기에는 너무 프로가 되었다.

긴장된다. 신데렐라는 덱에서 손을 떼어 제산제를 벌컥벌컥 마셨다. 거뜬히 처리할 수 있는 문제만 발견했다고 해서 예측할 수 없는 위험이 존재하지 않는다는 의미는 아니니까. 어쩌면 보안요원들을 추가로 배치했거나, 피터에게 소변을 볼 때도 졸졸 따라다니는 빌어먹을 경호원을 붙였을지도 모른다. 신데렐라는 클레런스에게 남자친구는 연예계 기업의 지배자들을 좀 더 무서워할 줄 알아야 한다고 누누이 말했다. 최근 오스트리아는 동성애를 명백하게 금지했다. 인기 스타가 동성 애인과 도망치는 모습을 피터의 영화사가 그대로 두고 볼 리가 없었다.

갈팡질팡하는 클레런스와 함께 빈에서 해커를 찾으려 했던 피터는 세계에서 가장 운이 좋은 사람이 틀림없었다. 빈에는 차고 넘치는 게 해커라고는 하지만, 실력을 따지자면

그 자리에 있을 리가 없는 붉은 점이 신데렐라의 시야에 나타났다.

"피치. 앞에 적 세 명이 있어. 적들이 뭘 준비했던 간에 내가 지금 당장 손을 쓸 수는 없어. 4분 안에 정리하지 않으면 보안 시스템에 발각될 거야."

숨죽인 침묵이 답변을 대신했다.

>>>>.1장.>>>>>00001>>>>>>>

스프롤
플레이하기

계속하시겠습니까? [Y / N]

////신호 수신////임무: 파괴
위도: -43.511354
경도: 172.620533

스프롤
플레이하기

로딩 중...

스프롤은 플레이어 3~5명이 사이버펑크 이야기를 만드는 게임입니다. 플레이어 중 한 명은 MC(사회자)가 되고, 나머지는 산전수전 다 겪으며 필사적으로 살아가는 사이버펑크 캐릭터를 맡아 플레이합니다. 플레이는 플레이어들이 서로 대화를 나누면서 이루어집니다. MC는 플레이어들의 대화를 돕고 촉진하는 도우미 역할을 합니다. 플레이어들은 대화를 주고받으면서 액션과 음모, 사이버스페이스로 가득 찬 네온빛과 크롬 광택의 세상을 창조하고, 흥미로운 캐릭터와 팽팽한 긴장 상황을 만들어 그 안을 채웁니다. 이 책에 실린 규칙은 플레이어들의 이러한 대화를 돕습니다. 가끔 이야기는 임의의 요소가 필요한 시점에 도달합니다. 이 때, 주사위를 사용해 이야기 속 상황을 바꾸는 무작위 요소와 긴장감을 더해서 대화의 방향을 새롭게 바꿀 수 있습니다. 누가 말할 차례인지 잘 모르겠다면, MC가 결정합니다. 아, MC는 무엇을 하나고요? 연줄, 기업과 이들이 보내는 암살부대, 다른 적들, 캐릭터들을 방해하러 온 다른 팀, 배양육 햄버거를 사러 줄을 설 때 뒤에서 단섬유 끈으로 목을 옭아매는 장님 사이버 암살자 같은 나머지 NPC 전부를 맡습니다. MC 역시 별도로 사용하는 규칙이 있습니다. 이 부분은 좀 더 뒷장에서 설명하겠습니다.

왜 스프롤을 플레이하나요?

» 네온과 크롬으로 뒤덮인 사이버펑크 미래세계에서 무슨 일이 일어나는지 플레이를 통해 알아보고 싶다면 **스프롤**을 플레이하세요.

» 법 바깥에서 살아가는 거친 프로들의 이야기를 만들고 싶다면 **스프롤**을 플레이하세요.

» 압제자들과 맞서 투쟁하고 싶다면 **스프롤**을 플레이하세요.

» 때로 승리를 거두고, 때로 패배하며, 수없이 배신을 맛보고 싶다면 **스프롤**을 플레이하세요.

///신호 수신///임무: 파괴
위도: -43.511354
경도: 172.620533

스프롤을 플레이하려면 몇 가지 준비물이 필요합니다.

» 일반 6면체 주사위 두 개.

» 임무 시트와 MC 액션 시트 한 장씩.

» 플레이북 각각 한 장씩.

» 참고자료로 사용할 이 책 한 권.

이 책을 사용하는 법

이번 장의 나머지 부분은 **스프롤**의 기본 개념을 소개하면서, 캐릭터들이 규칙과 어떻게 상호작용하는지 다룹니다.

상호작용은 게임의 핵심 개념 중 하나인 액션을 사용하여 이루어집니다

(액션 역시 같이 설명합니다).또한,MC가 게임 속 전반적인 대화를 이끌고 조절할 때 따르는 규칙도 이번 장에서 대략 소개합니다.

이 책을 어떻게 읽을지는 플레이어가 되어 함께 만들 이야기 속에서 주인공을 맡을 사이버펑크 세계의 프로를 플레이할지, MC가 되어 이야기 속 적수와 기업, 세계 전반을 조종할지에 따라 달라집니다.

아포칼립스 월드 엔진을 사용한 다른 RPG에 익숙한 MC나 플레이어들은 새로운 AWE 게임을 볼 때 각자 살펴보는 부분이 있을 것입니다. 다음은 제가 AWE RPG를 볼 때 확인하는 목록을 순서대로 적었습니다:

» MC 강령과 원칙, 액션은 10장을 보세요.

» 기본 액션은 2장을 보세요.

» 플레이북은 4장을 보세요.

주인공을 플레이한다면:

 » 전반적인 규칙을 알기 위해 1장부터 시작합니다.
 » 2장을 읽고 캐릭터가 어떤 종류의 일을 할 수 있는지 감을 잡습니다.
 » 4장을 훑어보면서 어떤 종류의 캐릭터를 플레이할 수 있는지 파악합니다.
 » 3장을 읽고 캐릭터를 어떻게 만드는지 확인합니다.
 » 다시 4장을 자세히 읽습니다.
 » 5장과 6장을 읽고 사이버웨어와 장비 목록을 모두 확인합니다.
 » 7장을 읽고 캐릭터를 어떻게 성장시키는지 확인합니다.
 » 야심 찬 해커는 8장의 매트릭스 규칙을 반드시 읽으세요.

MC를 맡았다면:

 » 전반적인 규칙을 알기 위해 1장부터 시작합니다.
 » 2장을 읽고 캐릭터가 어떤 종류의 일을 할 수 있는지 감을 잡습니다.
 » 9장을 읽고 MC가 무엇을 할지 확인합니다.
 » 10장을 읽고 첫 세션을 어떻게 진행하는지 확인합니다.
 » 3장을 읽고 캐릭터 만들기를 어떻게 돕는지 확인합니다.
 » 4, 5, 6장을 읽고 플레이북과 사이버웨어, 장비 목록을 살펴봅니다.
 » 8장을 읽고 매트릭스가 어떻게 돌아가는지 확인합니다.

캐릭터

주인공들은 테이블에서 함께 만들 이야기 속 사이버펑크 세계에서 살아가는 캐릭터 팀입니다. MC를 제외한 플레이어들은 각자 팀원 중 하나를 만들어 행동을 묘사합니다. 플레이어는 거친 프로로 살아가는 자신의 캐릭터를 현실 속 사람처럼 생생하게 플레이하는 역할을 맡습니다.

캐릭터 만들기는 플레이북을 선택하면서 시작합니다. 각 플레이북은 특정 주제와 연관된 각종 액션과 선택을 하나로 묶은 틀로, 주요 사이버펑크 작품의 캐릭터 유형들을 임무에서 어떤 역할을 맡을지에 따라 구현했습니다. 예를 들어, 플레이어들은 윌리엄 깁슨의 <카운트 제로>에 등장하는 터너 같은 군인, 월터 존 윌리엄스의 <Hardwired>에 등장하는 카우보이 같은 운전사를 만들 수 있습니다. 캐릭터는 경험을 쌓으면서 처음 선택한 플레이북의 테두리를 넘어 성장할 수도 있습니다. 예를 들어 윌리엄 깁슨의 스프롤 3부작에 등장하는 몰리 밀리언즈는 킬러에서 시작해 점점 중개인으로 성장합니다. 캐릭터가 선택할 수 있는 플레이북은 4장: 플레이북을 참조하세요.

MC는 주인공(플레이어 캐릭터, 혹은 PC)이 아닌 다른 캐릭터, 즉 NPC들을 플레이합니다.

특성치

모든 캐릭터는 특정 방식의 행동을 얼마나 잘하는지 나타내는 여섯 가지 특성치를 가집니다.

사용할 특성치는:

냉철은 압박을 받는 상황 속에서도 침착함과 집중력을 유지할 때 사용합니다.

예리는 길거리 지식과 경험을 살리거나, 다른 사람에게 만만치 않다는 인상을 줄 때 사용합니다.

육체는 사이버웨어의 도움 없이 **육체** 능력을 발휘해 문제를 해결할 때 사용합니다.

정신은 논리와 직감, 창의성 등 머리로 문제를 해결할 때 사용합니다.

스타일은 카리스마나 존재감, 용기로 상황을 다룰 때 사용합니다.

신스(인공, 합성)는 첨단 기술과 순조롭게 상호작용할 때 사용합니다.

각 특성치는 캐릭터가 해당 영역에서 얼마나 뛰어난지에 따라 -1에서 +2까지 배정합니다. 특성치가 높을수록 그 분야에서 더욱 능력을 발휘할 수 있습니다.

핵심 규칙

스프롤의 핵심 규칙은 **주사위 판정**과 **액션**입니다. 플레이어가 규칙을 사용할 때는 보통 이 두 가지를 기반으로 합니다.

주사위 판정

스프롤에서 플레이어가 무언가 행동을 하겠다고 선언하면, 특성치로 판정을 해야 하는 경우가 있습니다. 예를 들어 "**냉철**로 판정하세요." 라는 상황은, 주사위 두 개를 굴려서 두 숫자를 더한 다음, 해당 특성치의 값을(혹은 미리 정해진 다른 수치를) 더한다는 의미입니다. 결과가 7 이상이면 성공이며, 6 이하면 실패입니다. 총합이:

» **10 이상**이면(10+라고 씁니다) 강한 성공입니다. 캐릭터는 원하는 결과를 얻습니다.

» **6 이하**면(6-라고 씁니다) 실패입니다. 무언가 문제가 일어났다는 의미입니다. 어쩌면 원하는 결과를 얻었지만, 그 때문에 문제가 뒤따르는 것일 수도 있습니다. MC는 상황을 복잡하게 만들고 캐릭터의 인생을 더욱 어렵게 만들도록 액션을 합니다.

» **7에서 9 사이**면(7-9라고 씁니다) 약한 성공입니다. 캐릭터는 원하는 결과를 대부분 얻습니다. 어쩌면 원래 목적의 일부만 이뤘을 수도 있고, 목적을 이뤘지만 예상하지 않은 돌발상황 역시 발생했을지도 모릅니다.

액션 사용하기

두 번째 핵심 규칙은 "액션"이라는 개념입니다. 액션은 이야기 속에서 무언가 액션을 발동하는 결정을 내리거나 사건이 일어날 때 사용하는 행동입니다. MC와 플레이어는 형태가 조금 다르기는 하지만 각자 액션을 사용합니다. 킬러가 마주친 기업 보안요원에게 총을 쏘나요? 액션입니다. 해커가 보안 시스템을 해킹해서 해제하려고 하나요? 액션입니다. 운전사가 탄 호버 리무진이 로켓 때문에 박살이 났나요? 역시 액션입니다.

플레이어 액션은 플레이어가 이야기 속에서 액션의 발동 조건을 충족하는 무언가를 할 때 발동되는 반면, MC 액션은 플레이어가 아무 행동도 하지 않거나 주사위 판정에서 실패가 나오는 등 기회를 제공할 때 발동합니다. 지금은 플레이어 액션에 초점을 맞추겠지만, 이후 항목과 9장: 스프롤 MC 플레이에서 MC 액션을 자세히 설명하겠습니다.

상황 하나를 가정하겠습니다. 사냥꾼 플레이어가 자신의 캐릭터가 거리 건너편 아파트에서 목표의 보안 상태를 살펴본다고 선언했습니다. 그럼 플레이어는 나음 액션을 사용한 것입니다:

파악하기 (예리)

장소나 사람, 상황을 세심히 살펴보거나, 적이나 긴장 상황을 두고 재빨리 판단을 내리면, **예리** 판정을 하세요.

10+: 예비를 3점 받습니다.

7-9: 예비를 1점 받습니다.

플레이어는 뒤따른 행동 중 언제든지 예비를 1점 써서 MC에게 다음 목록에 있는 질문을 하나 할 수 있습니다. 해당 질문은 캐릭터가 관찰을 해서 파악할 수 있어야 합니다. MC는 플레이어에게 질문의 의도를 명확하게 하라고 요청할 수 있습니다. 캐릭터는 대답에 따라 행동을 하면 다음 판정에 +1 보너스를 받습니다.

* 어떤 잠재적인 골칫거리를 주의해야 하나요?
* 숨기려고 했지만, 내가 알아차린 것은 무엇인가요?
* 내가 활용할 수 있는 목표의 약점은 무엇인가요?
* 여기서 곤경을 피하거나 숨으려면 어떻게 해야 하나요?
* 탈출/잠입/우회하기에 제일 좋은 방법은 어느 것인가요?
* 어디서 가장 이점을 얻을 수 있나요?
* 현재 상황에서 누가 나에게 가장 위협을 끼치나요?
* 누가 여기를 장악했나요?

각 액션 설명은 우선 액션의 이름을 소개한 다음, 이야기 속 발동 조건을 알려줍니다. 위 예시는 **"장소나 사람, 상황을 세심히 살펴보거나, 적이나 긴장 상황을 두고 재빨리 판단을 내리면"**이 발동 조건입니다. 플레이어는 자신의 캐릭터가 발동 조건에 맞는 행동을 할 때마다 각 액션에 따라 행동합니다. 위 예시에서 플레이어는 **예리** 판정을 한 다음(주사위 두 개를 굴린 합에 캐릭터의 **예리** 특성치를 더하세요), 각 액션에서 설명하는 결과를 따라야 합니다. 액션 대부분은 주사위 판정이 필요하므로 판정 결과가 강한 성공과 약한 성공, 그리고 실패일 때 어떤 일이 일어나는지 설명합니다. 10+ 면 원하는 대로 무언가가 이루어지며, 7-9면 무언가 다른 일이 같이 벌어지고, 6-면 미리 정해진 실패의 결과가 일어나거나 MC가 액션을 할 것입니다. **지식 털어놓기**처럼 주사위 판정이 필요 없는 액션을 할 때는, 캐릭터가 액션의 발동 조건에 맞는 행동을 할 때마다 해당 액션의 절차에 따르세요.

MC: 네뷸라, 당신은 지하 터널 안에서 요란한 굉음을 내는 환풍기 쪽을 향해 조심스럽게 걷고 있어요. 지하 터널은 거대한 환풍기 두 개가 차지한 넓은 공간으로 이어집니다. 환풍기 날개가 단섬유로 만든 창살 뒤에서 공기를 가르네요. 환풍기 중심에는 산스크리트어로 된 마안갈리카 아그로테크의 기업 로고가 새겨졌네요. 헤이저가 말한 대로입니다. 단지 감시용 자동포대가 천장에 장착됐다는 점을 빼면 말이지요. 지금 총구는 다른 방향으로 향해 있지만, 당신 쪽으로 돌아가고 있습니다. 어떻게 할래요?

네뷸라: 헤이저가 말한 대로 조종판이 근처 벽에 있나요?

MC: 예. 몇 미터 옆에 있습니다.

네뷸라: 자동포대가 절 발견하기 전에 얼른 달려가서 헤이저가 알려준 백도어 코드를 입력합니다.

MC: **위험 견디기**네요. **냉철**로 판정하세요..

스프롤의 규칙에 따르면, 이 시점에서 세 가지의 결과가 나올 수 있습니다. **위험 견디기**에서 완벽하게 성공해서(10+) "캐릭터는 별 문제 없이 성공합니다"의 결과가 나오면 다음과 같을 것입니다:

네뷸라: 10이 나왔어요!

MC: 당신은 얼른 코드를 입력했습니다. 마치 까마득한 시간이 지난 듯한 후에, 환풍기가 느려지기 시작합니다. 자동포대 역시 움직임을 멈췄습니다.

네뷸라: 휴! 환풍기가 멈추기를 기다리면서 창살을 뗍니다.

부분 성공(7-9)이 나와서 "캐릭터는 휘청대거나, 주저하거나, 움츠립니다. MC는 덜 좋은 결과, 어려운 선택, 또는 불리한 거래를 제시할 것입니다"의 결과가 나오면 다음과 같을 것입니다:

네뷸라: 이런. 8밖에 안 나왔어요.

MC: 당신은 얼른 코드를 입력했습니다. 마치 까마득한 시간이 지난 듯한 후에, 환풍기가 느려지기 시작합니다. 하지만 자동포대는 계속 당신 쪽으로 돌아갑니다. 어떻게 할래요?

위험 견디기는 판정이 실패했을 때(6-) 어떤 일이 일어나는지 언급하지 않으므로, MC 는 액션을 합니다. 다음은 MC가 "누군가를 곤경에 빠뜨린다." 액션을 선택했을 때의 결과입니다(여기에서 "누군가"는 네뷸라를 가리킵니다)

네불라: 으아……5!

MC: 당신은 얼른 코드를 입력했습니다. 마치 까마득한 시간이 지난 듯한 후에… 아무 일도 일어나지 않습니다. 포대의 제어 장치가 휙 돌아가면서, 무지막지하게 큰 4연발 총구가 당신을 나란히 겨눕니다. 마안갈리카의 싸이-7801 끝 당신을 갈기갈기 찢을 참나입니다. 어떻게 할래요?

어떤 액션은 7-9와 10+ 대신 7+일 때 어떤 일이 일어나는지 설명합니다. 이런 액션은 7+와 7-9일 때, 그리고 10+일 때 어떤 일이 일어나는지 따로따로 설명할 수도 있습니다. 해당하는 결과를 모두 따르세요. 예를 들어, **거리에 나서기**는 7+와 10+일 때 무슨 일이 일어나는지 따로따로 설명합니다. 8을 굴렸다면 7+일 때의 결과만 따르지만, 11을 굴렸다면, 7+와 10+일 때 결과를 모두 따르세요. **한판 붙기**는 7+일 때와 7-9일 때 무슨 일이 일어나는지 각각 설명합니다. 11을 굴렸다면 7+ 결과만 따르세요. 8을 굴렸다면 7+와 7-9일 때 결과를 모두 따르세요.

자신의 캐릭터가 이야기 속에서 액션 발동 조건에 맞는 행동을 했다면 액션을 사용하세요. 즉, 액션을 사용하려면 캐릭터가 이야기 속에서 액션을 발동할만한 행동을 어떻게 했는지 묘사해야 합니다. 그러므로 꼭 다음 절차에 따라 액션을 처리하세요: 1) 이야기 속에서 캐릭터의 행동을 선언하고 묘사한다. 2) 액션의 발동조건대로 행동한다. 3) 액션의 규칙에 따라 처리한다. 4) 다시 이야기로 돌아간다. 때로, 플레이어는 이야기를 무시한 채 어떤 액션이 있는지만 관심을 기울이기 쉽습니다. 하지만 **스프롤**은 이야기를 만들기 위해 플레이하는 RPG입니다. 묘사를 제대로 하지 않은 채 성급하게 주사위를 굴리지 마세요.

MC: 스마일러는 케노비를 네온 드래곤 나이트 클럽에서 매일 봤다고 말합니다.

사라 (제로를 플레이합니다): 클럽을 **파악해서** 케노비가 뭘 하나 알아보고 싶어요. (사라는 주사위를 듭니다)

MC: 잠시만요. 제로가 실제로 어떤 방법으로 파악했는지 알려주세요.

사라: 좋아요. 클럽이 아직 붐비지는 않지만 날이 어두워지는 저녁까지 기다렸다가, 인접한 창고로 몰래 들어간 다음 클럽 쪽으로 갈고리총을 쏴서 연결된 밧줄을 타고 잠입합니다. 그다음 환풍구를 열어서 안으로 기어들어간 후, 높은 천장의 구석진 그늘을 따라 매달려서 온도 측정 기능이 있는 사이버웨어 눈으로 점점 붐비는 사람들을 감시합니다.

MC: 훌륭합니다! **예리**로 판정하세요.

캐릭터가 이 상황에서 무엇을 할지 생각할 때는, 이야기 속에서 무엇을 할지에 초점을 두세요. 액션 목록을 확인하느라 버벅이지 마세요. MC가 캐릭터의 행동을 규칙으로 어떻게 해석할지 도와줄 것입니다.

앨런 (알리프를 플레이합니다): 알리프는 밴에서 내린 다음, 넥타이를 고쳐 매면서 안뜰을 지나 정문으로 향합니다. 보안요원이 검문하러 오면 더플백을 풀고 타이탄 퍼시파이어 자동산탄종을 드러냅니다. 과장된 몸짓으로 종구를 보안요원의 얼굴 쪽으로 향하고는 냉정하게 계속 정문으로 걷습니다. 움직이기만 해 봐요.

MC: 보안요원이 뭔가 수상한 짓을 하면 방아쇠를 당길 작정이군요.

앨런: 당연하죠!

MC: 그럼 **세계 나가기**입니다. **예리**로 판정하세요!

때로 MC가 선언한 액션이 플레이어의 의도와 맞지 않는 경우도 있습니다. 이런 일은 보통 캐릭터가 하려고 한 일을 MC가 잘못 해석할 때 발생합니다. 이때 플레이어는 의도를 명확하게 밝히세요. 캐릭터가 무엇을 어떻게 하는지, 무엇을 달성하기를 바라는지 구체적으로 말하세요. 그래야 모든 플레이어에게 현재 상황을 정확하게 이해시키고 이야기를 잘 흘러가게 도울 수 있습니다.

MC: 후트는 출입구 밖으로 뛰쳐나간 다음, 번들번들 빛나는 주변의 흰색 플라스틱 의자들을 마구 쓰러뜨리면서 광장을 가로지릅니다. 그 뒤로는 푸른색 MDI 기업 로고가 새겨진 직직한 검은색 방탄조끼를 입은 보안요원들이 꼬리를 물고 뒤쫓아갑니다. MDI 파이어호크 기관권종 소리가 요란한 가운데 의자들이 산산조각 납니다.

알리프: 이런 망할! 옴니다이나믹스 레빈저를 뽑아서 조준간을 전자동으로 바꾼 다음 저 얼간이들한테 마구 갈겨요!

MC: 좋아요! **한판 붙기**입니다. **육체**로 판정하세요.

알리프: **한판 붙기**요? 전 그저 후트가 도망칠 수 있도록 엄호사격을 하려는 거예요.

MC: 훌륭하네요! 후트가 잘 도망치나 봅시다. 후트와 맺은 **유대**로 **돕기**를 판정하세요. 후트, MDI 보안요원들이 당신을 산산조각 내려는 중입니다. 어떻게 할래요?

기본 액션은 **스프롤**의 모든 캐릭터가 가장 많이 사용하는 액션입니다(2장: 기본 액션 참조). 그러므로 기본 액션은 게임의 기본 분위기를 결정합니다. **스프롤**이 어떤 게임인지는 기본 액션을 보고 알 수 있습니다.

플레이북 액션은 특정 플레이북을 선택한 캐릭터만 사용할 수 있는 액션입니다. 예를 들어 해커는 컴퓨터 네트워크 침투의 달인으로, **접속, 콘솔 카우보이, ICE 브레이커, 신경의 상혼** 등 해커의 대부분 플레이북 액션은 이 역할에 초점을 맞춥니다. 플레이북과 관련 액션은 4장: 플레이북을 참조하세요.

기본 액션으로 처리할 수 없는 상황에서는 **커스텀 액션**을 사용해야 할 때도 있습니다. 예를 들어 해커가 AI에게 정보를 얻으려고 한다면, **스타일** 대신 **신스**로 **거리에 나서기** 액션을 하는 것이 어울릴 것입니다. 12장:스프롤 해킹하기에서 좀 더 자세하게 설명하겠습니다. 어떤 종류의 액션을 사용하든, 앞서 말한 규칙을 모두 적용하세요.

용어 설명

이 시점에서 알아두어야 할 액션과 장비(이후 자세히 설명하겠습니다) 관련 용어 몇 가지를 소개하겠습니다.

어떤 액션은 다음 판정에 보너스를 줍니다("다음 판정에 +1 보너스"). 이는 캐릭터가 다음 주사위 판정에 +1의 보너스를 받는다는 뜻입니다. 어떤 액션은 특정한 행동이나 액션에만 보너스를 주기도 합니다("다음 **한판 붙기** 판정에 +1 보너스", 또는 "대답에 따라 행동할 때 다음 판정에 +1 보너스"). 이 경우 제시된 조건에 따를 때만 보너스를 받습니다. +1 보너스를 당장 쓰지 않는다면 사용 조건도 같이 적어두세요.

어떤 액션은 계속 보너스를 줍니다("계속 +1 보너스"). 이는 캐릭터가 앞으로 행하는 모든 판정에 +1의 보너스를 받는다는 뜻입니다. 어떤 액션은 특정한 액션이나 이야기 속 상황에만 보너스를 주기도 합니다("할당된 업무에 관련된 행동을 할 때 +1", 또는 "**날재주 부리기**로 구슬릴 때 +1"). 계속 +1 보너스를 받았다면, 사용 조건과 보너스가 언제 어떻게 보너스가 끝날지도 같이 적어두세요.

예비를 주는 보너스도 있습니다. 예비는 나중에 해당 액션에서 설명한 다양한 효과를 낼 때 사용할 수 있는 점수입니다. 예비를 받았다면, 어디에서 몇 점이나 받았는지 적어두세요. 예를 들어 **콘솔 카우보이** 액션을 판정한 해커는 "콘솔 카우보이, 예비 3점"처럼 적어 둘 것입니다. 예비를 사용할 때 남은 횟수를 잊지 말고 빼세요.

MC 액션

스프롤의 모든 플레이어는 모두 액션을 사용하며, MC 역시 마찬가지입니다. 다만 MC의 액션은 플레이어 액션과는 조금 다릅니다. 이야기 속에서 적당한 사건이 일어났을 때 몇 가지 규칙을 적용하는 플레이어 액션과는 달리, MC 액션은 플레이어들이 제공한 기회에 반응해 사용합니다. MC는 다음 경우에 액션을 사용합니다:

» 다들 어떻게 될지 궁금해하며 MC를 쳐다볼 때.

» 이야기에서 필요할 때.

» 판정에서 실패했을 때.

MC 액션은 약한 액션(플레이어들에게 나쁜 결과를 피할 기회를 줍니다)일 수도 있고, 강한 액션(플레이어들에게 즉시 나쁜 결과를 줍니다)일 수도 있습니다. 약한 액션과 강한 액션은 반드시 명확하게 나누어지지 않습니다. 대신 두 끝 사이 어딘가 위치할 뿐입니다.

MC 액션의 전체 목록은 9장: 스프롤 MC 플레이에서 다루지만, 주로 사용할 MC 액션은 다음과 같습니다:

» 캐릭터에게 총부리를 보여줍니다.

» 캐릭터의 삶을 당장 곤란하게 만듭니다.

» 누군가를 곤경에 빠뜨립니다.

» 피해를 줍니다.

» 자원을 소모합니다.

» 대가를 요구하는,또는 대가없는 기회를 제공합니다.

» 조건이나 결과를 내걸고 의향을 묻습니다.

» 기업이나 임무, 위험요소의 액션을 사용합니다.

사라 (제로를 플레이합니다): 이런, 케노비를 찾기 위해서 클럽을 파악하는 판정에 5가 나왔네요.

MC: 음, 그럼 실패군요.

사라: 예…

MC: 캐릭터들의 삶을 당장 곤란하게 만드세요 액션을 선택한 다음, MC의 원칙에 따라 이야기로 시작해서 이야기로 끝냅니다.(원칙은 곧 간략하게 설명하겠습니다) 제로는 점점 수가 불어나는 사람들을 감시하던 중, 케노비가 클럽으로 들어와서 클럽 보안요원들한테 무언가 몇 마디 말을 하고는 카운터로 가는 모습을 포착했습니다. 케노비가 술 한 잔을 주문하는 동안, 남자 두 명이 들어오네요. 다른 사람들과 확연히 다른 복장입니다. 기업에서 왔네요. 남자들은 주위를 둘러보더니 한 명은 케노비에게 다가가고, 다른 사람은 클럽 안을 죽 훑어봅니다. …전장도 말이지요. 남자의 크롬 눈이 조명에 번득이며 점점 제로 쪽을 향합니다. 어떻게 할래요?

MC는 액션을 사용할 기회를 얻었을 때, 이야기 속 사건에 어울리는 액션을 선택한 다음 새로운 전환점을 도입합니다. MC는 현재 장면에서 일어나는 사건에 직접 관련지어 액션을 사용할 수도 있고(누군가를 곤경에 빠뜨리세요), 장면 뒤에서 액션을 사용할 수도 있습니다(캐릭터들에게 총부리를 보여주세요). 이 부분은 9장: 스프롤 MC 플레이에서 더욱 자세하게 설명하겠습니다.

강령과 원칙

MC의 강령은 "반드시 실행해야 하는 목적"이며, **스프롤**을 플레이할 때 MC가 금과옥조처럼 지킬 사항입니다. MC는 강령과 원칙을 보고 어떤 액션을 사용할지 결정합니다. MC의 강령은 다음과 같습니다.

»   **스프롤**을 더럽고, 첨단기술이 가득하며, 무분별하고 과도하게 만듭니다.

»   캐릭터들의 삶을 액션과 음모, 역경으로 가득 채웁니다.

»   캐릭터들을 **스프롤**에 옭아맵니다.

»   어떤 일이 일어나는지 플레이를 해서 알아냅니다.

강령은 액션이나 주사위 판정과 같은 규칙이며, MC 역할의 핵심입니다. 게임의 분위기는 강령을 따르면서 만들어집니다.

강령을 지키는 이유는 캐릭터를 죽이기 위해서가 아닙니다. MC는 플레이어와 경쟁하지 않습니다. MC는 캐릭터들의 삶을 액션과 음모, 역경으로 채워야지, 좌절과 죽음으로 채워서는 안 됩니다. 캐릭터들이 기업의 책략과 배반을 헤쳐나가면서 액션이 가득한 모험을 만끽한다면, MC의 역할을 제대로 하는 것입니다. MC의 강령은 9장: 스프롤 MC 플레이에서 더욱 자세하게 설명하겠습니다.

원칙은 강령을 실현하기 위해 사용하는 구체적인 수단으로, 강령을 달성하기 위한 가장 모범적인 방식입니다. MC의 원칙은 다음과 같습니다.

- » 모든 것을 번쩍이는 크롬으로 덮은 다음 너덥니다.
- » 이야기로 시작해서 이야기로 끝납니다.
- » 플레이어가 아니라 캐릭터에게 말을 겁니다.
- » 질문을 하고 답변을 활용합니다.
- » 모든 사람에게 이름을 줍니다.
- » 모든 것에 기업의 흔적을 남깁니다.
- » 모든 일을 캐릭터 자신의 문제로 만들어서 골치를 썩입니다.
- » NPC를 쓰고 버리는 자산처럼 다룹니다.
- » 화면 밖의 일도 생각합니다.
- » 캐릭터들의 팬이 됩니다.

MC의 원칙은 플레이 전 임무를 제작할 때이든, 플레이 중 대화를 나누는 도중이든, 기회가 와서 MC 액션을 사용할 때이든 이야기를 만들어갈 때 반드시 지킬 금언입니다. MC의 원칙은 9장: 스프롤 MC 플레이에서 더욱 자세하게 설명하겠습니다.

장비

스프롤의 장비는 사이버웨어와 나머지 모든 것으로 나눕니다. 사이버웨어는 인체의 중추 신경계와 연결하여 상호작용하는 기계 삽입물입니다. 사이버웨어 중에서는 육체의 원래 능력을 강화하는 종류가 있는 한편(근육 이식물이나 목표 추적 장치), 사지나 장기를 대체하는 종류도 있습니다(사이버웨어 팔이나 사이버웨어 눈 등). 사이버웨어는 5장: 사이버웨어에서 더욱 자세하게 설명하겠습니다. 임무를 달성하는 데 필요한 나머지 장비(무기, 보호구, 차량, 사이버덱 등)는 6장: 자산을 참조하세요.

태그

태그는 이야기 속에서 중요한 특징이나 상태를 묘사하는 단어입니다. **스프롤**에 등장하는 많은 물건과 사람들은 태그를 지닙니다. 기업에 추적당하는 캐릭터들은 「추적」이라는 태그를 얻으며, 싸구려 사이버웨어는 「성능미달」이라는 태그를 지닐 것입니다. 또한 강력한 무기는 「지저분」을, 충성스러운 무리는 「충성」을, 비싸고 으리으리한 차량은 「화려함」을, 기체가 약한 드론은 「빈약」을 지닐 것입니다. 태그는 MC나 캐릭터들의 행동을 제약하거나 기회를 주는 이야기 속 신호입니다.

태그를 지닌 물건이나 사람은 태그의 묘사에 따라 이야기 속에서 영향을 받습니다. 「충성」을 지닌 무리는 캐릭터를 배반하지 않을 것이며, 「빈약」을 지닌 드론은 악천후나 유탄에도 망가질 수 있습니다. 「화려함」을 지닌 차량은 사람들의 눈에 띕니다. 플레이어는 태그의 긍정적인 면을 유용하게 활용할 수 있습니다. 긍정적인 태그는 플레이어들의 행동을 돕고, 태그를 어떻게 사용해야 할지 힌트를 제시합니다. 반면 MC는 태그의 부정적인 면을 사용해 이야기에 새로운 문제를 집어넣을 수 있습니다. 즉, 부정적인 태그는 MC가 액션을 하도록 기회를 제공하고, 곤경을 불어넣을 때 태그를 어떻게 사용할지 영감을 줍니다. 태그는 이야기 속 신호로서, 이야기의 흐름에 자연스럽게 결합하여야 합니다.

MC는 액션을 사용할 때 부정적인 태그를 항상 반영할 필요는 없지만(「빈약」을 가진 드론이 늘 부서지지는 않으며, 「화려함」을 지닌 차량이 언제나 눈에 띄는 것은 아닙니다), 이야기에 어울린다면 충분히 고려할 수 있습니다.

제로는 기업 보안요원들이 가득한 방을 점거하려 합니다. 보안요원들은 전부 제로와 가깝게 있기 때문에(「한걸음」), 「범위」 무기로 공격하면 여러 사람을 쓰러뜨릴 수 있을 것입니다. 그래서 제로는 단섬유 재킷(4-피해 한걸음 지저분 범위 위험)으로 **한판 붙기**를 사용하려 합니다. 「범위」가 아닌 무기로 판정에 성공해도 목표를 이룰 수는 있지만, 많은 이들을 쓰러뜨리기는 어려울 것입니다. 만약 보안요원들이 중요한 과학자를 인질로 잡았다면, 제로는 「위험」이 있는 무기를 사용하지 않을 것입니다. 판정에 실패할 경우 「위험」 태그는 MC가 강한 액션을 사용하기 좋은 구실이 되기 때문입니다.

허브는 판정에 실패했고, MC는 허브가 자신의 경호원들(지원)과 문제를 빚기 원합니다. 만약 경호원이 그저 고용된 사람들이었다면 험악한 표정으로 허브에게 와서 눈앞에서 거칠게 보수를 요구했겠지만, 이들은 「충성」이 있으므로 충성스러운 동료로서 우려하는 얼굴로 도움을 요청합니다.

MC는 임무를 만드는 중입니다. MC는 캐릭터들의 태그를 훑어본 다음, 코어가 MDI 사에게 「빚」을 졌고, 오클레이는 버츄어테크 사에게 「추적」 상태임을 알았습니다. 그래서 MC는 MDI 사에 있는 코어의 정보 제공자가 코어를 불러 MDI의 골칫거리를 처리해 달라고 요청한다고 정합니다. 또한 MC는 만약 사전조사 단계의 시계가 지나치게 높아지면 버츄어테크가 오클레이와 동료들을 잡기 위해 기동부대를 투입한다고 참고사항에 기록했습니다.

태그의 가장 중요한 역할은 이야기에 미치는 효과입니다. 태그가 이야기에 영향을 미칠 때는, MC는 태그를 묘사와 선언 일부로 결합해야 합니다. 태그가 규칙상 어느 효과를 주는지 모르겠다면, 확인하느라 시간 낭비하지 마세요. 대신 어떻게 해야 이야기에 잘 어울리는지를 판단하세요. 「소음」이나 「지저분」 같은 태그는 즉시 행동에 반영할 수 있으므로 결합하기 쉽습니다(「소음」은 달갑지 않은 관심을 끌며, 「지저분」은 빨리 감출 수 없는 흔적을 남깁니다). 다른 태그는 조금 어려울 수도 있습니다. 예를 들어 「화려함」이 있는 자동차는 특정 사람들과 거래를 하는 데 도움을 줄 수 있지만, 도망칠 때는 발각되기 쉬울 것입니다. 어쨌든, 자신들을 제거하려는 기동 부대의 정체를 조사하고 싶은 캐릭터들은 먼저 지금까지 잔뜩 붙은 「추적」부터 파악해야 할 것입니다. 캐릭터들은 쓰고 버릴 수 있는 자산인 만큼, 아마 살펴볼 곳이 적지는 않겠지요…

어떤 태그는 이야기뿐만 아니라 규칙에도 영향을 줍니다. 예를 들어 무기가 지닌 거리 태그에 맞지 않는 거리에서 무기를 사용하려면 판정에 -1 페널티를 받으며, 「자동화기」는 캐릭터가 다른 태그를 사용할 수 있도록 합니다. 특히, 사이버웨어와 무기 태그는 규칙에 영향을 주는 경우가 많으며, 이는 각 장의 태그 목록에 설명했습니다. 플레이북 액션에 있는 일부 태그도 규칙에 영향을 줍니다.

> 각 태그의 종류에 관한 좀 더 자세한 설명은 해당 장에 있습니다.
>
> 사이버웨어 태그(p.123)
>
> 장비 태그(p.131~132)
>
> 차량 태그(p.134~135)

임무: 사전조사와 임무실행 단계

스프롤의 기본 플레이 단위는 임무입니다. 임무는 보통 2~4시간 정도 들며, 플레이어늘에 따라 좀 더 길어지거나 짧아질 수도 있습니다. 대부분은 한 세션(플레이하러 모였다 헤어질 때까지 시간)마다 임무 한 번을 마칩니다.

다음은 임무의 기본 이야기 구조입니다.

» **일거리 얻기** (기본 액션)
» 사전조사 단계
» 임무실행 단계
» **보수 받기** (기본 액션)

플레이어들이 좀 더 경험을 쌓고 규칙에 익숙해지면 시간의 흐름과 사건의 경과에 맞춰 구조를 다양하게 바꿀 수도 있지만, 보통 어떤 형태로든 위의 기본 구조를 바탕으로 합니다. 플레이 시간과 이야기 대부분은 사전조사와 행동 단계에 할애됩니다.

사전조사는 캐릭터들이 임무를 준비하는 단계입니다. 캐릭터들은 임무와 관련된 사람들과 장소를 조사하고, 물품을 얻으며, 무언가 행동을 하면서 임무 준비를 마칩니다.

임무실행 단계가 오면 캐릭터들은 지금까지 모은 정보를 활용하면서 임무를 수행합니다.

캐릭터들은 임무 관련 정보를 모두 알 필요도 없고, 임무를 위해 세세한 것 하나하나까지 준비할 필요도 없습니다. **스프롤**의 캐릭터들은 프로입니다. 항상 프로답게 행동하지는 않더라도, 프로답게 준비하고 그에 걸맞은 경험을 갖추었습니다. 반면, 플레이어들은 아마도 비밀 작전의 전문가가 아닐 것입니다. 그래서 **스프롤**은 플레이북과 기본 액션에서 플레이어들이 임무를 수행하면서 각 상황에 프로처럼 대응할 수 있도록 돕는 몇 가지 액션을 준비했습니다.

또한, **스프롤**은 캐릭터와 플레이어 사이의 간격을 메우기 위해 두 종류의 특수한 예비([첩보]와 [장비])도 준비했습니다. 캐릭터들은 사전조사 단계에서 조사하고 계획을 짜면서 [첩보]와 [장비]를 축적합니다. 그다음 임무실행 단계 동안 플레이어들은 적절한 시기에 이 두 가지를 사용해서 캐릭터들이 얼마나 프로 답게 준비했으며 계획을 잘 짰는지 서술할 수 있습니다. [첩보]와 [장비]를 활용하면 플레이어들은 모든 긴급상황에 대비해 플레이 시간 내내 계획을 짜며 준비할 필요 없이 곧바로 행동에 들어갈 수 있습니다. [첩보]나 [장비]를 얻으면 적어 두세요. 때때로 어떤 액션은 [첩보]나 [장비]를 특정한 방식으로 사용할 것을 명시합니다(사냥꾼의 **자취 밟기** 등). 이런 액션은 꼭 명심해두세요.

몇 가지 사전조사를 하고, 이야기를 만들어 가세요. [첩보]와 [장비]를 얻으세요. 임무실행 단계 동안, [첩보]와 [장비]를 사용해서 대담하게 행동하고 임무를 완수하세요.

임무를 짜는 방식은 11장: 임무에서 자세히 설명하겠습니다.

카운트다운 시계

스프롤에는 중요한 규칙이 한 가지 더 있습니다. 바로 카운트다운 시계입니다. 카운트다운 시계는 다음과 같이 만듭니다:

카운트다운 시계는 문자 그대로 "자정(0000)"까지 시간을 세는 규칙입니다. GM은 이야기 속에서 특정한 사건이 일어났을 때 카운트다운 시계를 "전진"시킵니다. 카운트다운 시계의 맨 왼쪽부터 빈칸을 채우세요. 현재까지 채워진 칸은 카운트다운 시계의 현재 값입니다. 즉, 만약 처음 두 칸이 채워졌다면, 카운트다운 시계는 1800입니다. 시계가 특정 값에 다다르면 이야기 속에서 특정한 효과가 발동되며, 0000에 다다르면 무언가 중요한 사건이 일어납니다. 특히 신경을 기울여야 하는 카운트다운 시계는 피해 시계, 임무 시계, 기업 시계가 있습니다.

피해 시계

모든 캐릭터는 현재 상태가 얼마나 심각한지를 나타내는 피해 시계를 각자 가집니다. 피해 시계가 1500, 1800, 2100인 캐릭터는 심하게 얻어맞고 여기저기 성한 데가 없지만 아직은 괜찮은 편입니다. 이 단계의 부상은 기초적인 응급처치 기술을 아는 사람이라면 누구든 다룰 수 있습니다. 피해 시계가 2200, 2300에 다다른 캐릭터는 숙련된 의료 전문가의 치료가 필요하며, 0000은 바로 지금 당장 응급차가 필요한 상태입니다.

위험한 상황에 뛰어든 캐릭터는 주로 무기로 피해를 주고받습니다(6장: 자산을 참조하세요). 무기는 4-피해, 2-피해, 0-피해, 충격-피해 등으로 피해 수준을 나타냅니다. 앞의 숫자는 무기로 얼마나 큰 피해를 주는지, 또는 어떤 종류의 피해를 줄 수 있는지를 보여줍니다. 피해 수준은 해당 무기에 피해를 본 캐릭터가 피해 시계를 몇 칸이나 채울지를 나타냅니다. 0-피해나 충격-피해는 당장 피해 시계를 채우지는 않지만 공격당한 캐릭터는 **피해** 액션을 해야 하며(2장: 기본 액션을 참조하세요), 판정 결과 피해 시계를 채울 수도 있습니다.

임무 시계

임무 시계는 두 가지 종류가 있습니다. 사전조사 시계는 캐릭터의 팀이 임무를 준비하고 **조사**를 하는 과정에서 얼마나 잡음을 일으켰는지를 나타냅니다. 임무실행 시계는 임무 중에 적들이 얼마나 경계를 기울이는지를 나타냅니다. 사전조사 시계가 0000에 도달하면 임무 목표는 캐릭터들의 계획을 완전히 파악합니다. 임무실행 시계가 0000에 도달하면 임무는 실패로 끝나고, 목표는 완전히 사라지거나 압도적인 병력을 투입합니다. 임무 시계는 11장: 임무에서 자세히 설명하겠습니다.

기업 시계

스프롤을 플레이하기 시작할 때, MC를 포함한 모든 플레이어는 이야기에 등장할 기업 몇 군데를 만듭니다. MC는 이렇게 만든 기업마다 각자 기업 시계를 기록합니다. 기업 시계는 각 기업이 캐릭터들을 얼마나 잘 아는지, 캐릭터들의 방해 활동에 얼마나 신경 쓰는지를 나타냅니다. 기업 시계가 채워지면서 해당 기업은 캐릭터들의 행동을 방해하기 시작하고, 심지어는 캐릭터들과 관련 인물들을 직접 노리고 행동에 나서기도 합니다. 기업은 잠든 사자나 마찬가지입니다. 귀찮게 굴지 마세요. 팔을 뜯겨 먹힐 테니까요. 하지만 **스프롤**은 사자를 귀찮게 구는 이야기입니다.

행동수칙과 성장

캐릭터는 기업에 맞서 임무를 수행 하면서, 자신의 전문 분야를 숙달하고 세계를 더욱 깊이 이해합니다. **스프롤**은 이러한 모습을 캐릭터의 행동수칙에 좌우되는 성장 규칙으로 나타냅니다.

플레이어는 캐릭터를 만들 때 캐릭터가 지킬 행동수칙 두 가지를 선택합니다. 선택한 행동수칙은 그에 따르는 방향이든, 반대되는 방향이든 플레이 중 보고 싶은 요소를 MC 에게 알려주는 역할을 합니다. 예를 들어 플레이어가 행동수칙으로 **동정심**을 선택했다면 (7장: 성장을 참조하세요), 플레이어는 MC에게 자신의 캐릭터가 곤경에 처한 사람들을 어떤 상황에서 도울지, 어떤 상황에서 외면할지 알아가는 플레이를 하고 싶다고 알려준 것입니다. 행동수칙에는 개인별 행동수칙뿐만 아니라, 임무마다 따를 임무 행동수칙도 있습니다. 임무 행동수칙은 각 임무에서 할 일을 알려주는 이정표 역할을 하며, 임무를 완수하기 위해 구체적인 행동을 하는 캐릭터에게 주는 포상이기도 합니다.

캐릭터는 개인 행동수칙을 따르고 임무를 완수하는 방향으로 행동할 때마다 경험치를 얻습니다. 경험치 10점을 얻은 캐릭터는 새로운 성장 하나를 선택합니다. 선택할 수 있는 성장은 각 플레이북에 있으며, 캐릭터는 특성치 중 하나를 올리거나 새로운 플레이북 액션을 얻습니다. 다섯 번 **기본 성장**을 한 다음부터는 캐릭터의 앞날에 더욱 큰 영향을 미치는 **주요 성장** 목록 중 하나를 선택할 수도 있습니다. 하지만 **주요 성장** 중 일부는 선택하기 위해 반드시 추가 필요조건을 채우거나 비용을 내야 합니다.

이야기 속 위치

스프롤의 모든 규칙이 주사위 판정이나 액션에 직접 영향을 주지는 않습니다. 어떤 규칙은 캐릭터가 이야기 속에서 특정 종류의 행동을 할 수 있도록 명분을 제공하기도 합니다. 예를 들어 **스프롤**은 수직 벽을 어떻게 올라야 하는지 규칙으로 직접 다루지는 않습니다. 캐릭터가 벽을 오를 수 있을지 없을지는 플레이어들이 함께 만든 이야기 상황에 달렸습니다. 캐릭터가 등반가나 파쿠르 전문가라면 가능할 것이고, 전직 월급쟁이라면 불가능할 것입니다. 하지만 등반용 장착대를 갖추고 머리에 호사카 *사이버스포츠 에버레스트 101* 기술칩을 꽂았다면 어떨까요? 어서 올라가세요. 이야기 속 위치를 제공하는 규칙은 주사위 판정에 수정치를 주는 규칙만큼, 아니 그 이상 중요합니다. 이야기는 실제 플레이가 일어나는 장소이며, 주사위는 사람들의 관심을 붙들기 위해 이야기 속에 임의의 요소를 더할 뿐입니다.

MC 역시 이야기 속 위치에 영향을 받습니다. 캐릭터가 「추적」 상태라면, MC는 캐릭터의 뒤를 쫓는 추적자들을 이야기 속에 등장시킬 구실을 얻습니다(정확히 말해서, 꼭 등장시킬 책임이 생긴 것입니다!) 「성능미달」 사이버웨어를 단 캐릭터가 판정에서 실패하면, MC는 사용할 수 있는 여러 MC액션 중에서 캐릭터의 사이버웨어에 결함을 일으킬 수 있는 선택지 역시 고를 수 있습니다. 플레이어가 이런 이야기 속 위치를 선택했다면, 자신의 캐릭터가 부딪힐 수 있는 흥미로운 말썽거리가 무엇인지 선언한 것이나 다름없습니다. 이러한 플레이어의 선택은 "플래그"라고 부릅니다.

플래그

플래그는 플레이어가 자신의 캐릭터나 배경 세계의 특정한 일면에 특히 관심이 있다고 MC에게 알리는 신호입니다. 이 중에서는 **스프롤**의 어떤 점이 흥미 있는지 함께 논의해서 겉으로 드러난 플래그도 있지만, 대부분은 캐릭터 시트에 암시되어 있습니다.

스프롤은 플레이어가 플레이북에서 고른 모든 선택이 플레이어의 관심사를 나타낸다고 추정합니다. 이는 다음 두 가지 합의를 전제로 합니다.

- » 플레이어는 오직 관심 있는 것만 선택합니다.
- » MC는 플레이어가 선택한 요소를 게임에 집어넣습니다.

"캐릭터들을 **스프롤**에 옭아맵니다"라는 MC의 강령은 이 부분을 가리킵니다. MC는 반드시 각 세션 사이와 플레이 중 각 플레이어가 선택한 플래그를 염두에 두고 이야기 속에 꼬박꼬박 집어넣으세요. 또한, 플래그들을 끄집어내 플레이어들에게 골칫거리와 어려운 선택을 제공하는 도구로 활용하세요.

플레이북에서 찾을 수 있는 몇몇 흔한 플래그는 다음과 같습니다:

- » 개인 행동수칙은 플레이어가 플레이 중 겪기 원하는 골칫거리입니다.
- » 플레이어가 선택한 플레이북은 어떤 종류의 임무에 관심이 있는지를 보여줍니다.
- » 사이버웨어에 관한 질문은 캐릭터가 기업과 어떤 관계를 맺었는지, 제어에 어떤 문제가 있는지, 어떤 기술을 갖췄는지, 팀에서 어떤 역할을 하는지를 나타냅니다. 3장: 플레이 준비에서 질문을 확인하세요.
- » 선택한 액션과 사이버웨어, 장비는 캐릭터가 임무를 완수하기 위해 어떤 수단을 동원할지 보여줍니다.

MC는 위 정보를 사용해 플레이 준비를 편하게 할 수 있습니다. 임무를 짤 때나 플레이 중 액션을 할 때 플레이어들이 선택한 플래그를 반영하세요. 플레이어들을 직접 겨냥하면 더욱 좋습니다.

캐릭터들의 팬이 되어야 한다는 사실을 잊지 마세요. 플레이어가 특정 분야에서 뛰어난 캐릭터를 만들었다면, 특기를 발휘할 기회를 주세요! 킬러를 선택한 플레이어는 폭력으로 문제를 해결하기를 원하기 때문입니다. 기회를 주세요! 플레이어가 가장 좋아하는 사이버웨어로만 해결할 수 있는 문제를 던지세요! 뒤를 밟는 적에게 일격을 날릴 순간을 주세요. 단지 캐릭터가 곤경에서 쉽게 달아날 수 있도록 놔두지만 마세요.

MC는 보통 캐릭터의 강점에 주목해야 하지만, 때로는 약점을 노려 플레이해도 좋습니다. 캐릭터가 강하고 멋진 프로 용병이라는 점을 확실하게 해 둔 다음, 약점을 점을 드러내는 순간을 마련해 도전하세요.

라시드는 엘르에게 자신이 데리러 가겠다고 말했다. 다만, 그가 7구로 들어오기 위해 사용한 통행증이 위조라서, 들어온 다음 엘르를 찾아 함께 빠져나갈 수 있는 시간이 45분 밖에 없다는 사실은 말하지 않았다. 키 작은 파리지앵 여인은 차 안으로 달려들듯이 들어와, 떨리는 손으로 조수석 문을 쾅 닫았다.

"고마워요." 차가 도로변을 떠나고 몇 블록 바깥에서 어렴풋이 보이는 에펠탑의 번쩍거리는 불빛에서 멀어지자 엘르의 호흡이 가빠졌다. 그녀는 호흡을 진정시키려고 애를 썼지만, 여전히 숨소리는 거칠어서 마치 과호흡증후군 환자처럼 보일 지경이었다.

라시드는 엘르가 내뱉는 신음에 분노와 당혹감이 섞여있음을 알았다. 그는 눈을 백미러에 고정한 채 엘르가 진정하기를 기다렸다.

"여기 오라고 부탁하지 말걸 그랬어요."

"괜찮아요, 엘르."

"하지만 오늘 밤은 당신 쉬는 날이었잖아요."

라시드는 생각을 더듬으면서 자신이 언제 그렇게 말했는지 기억해 내려 했다. 물론 거짓말이었다. 하지만 자신이 꾸민 거짓말을 기억하지 못한다면 이후 자신을 죽일 수도 있는 끔찍한 덫으로 바뀌는 암울한 경우가 많았다. 분명 술집에서 말했을 터이다. 엘르가 기업 보안부에서 말하지 말라고 한 엘르 자신의 일과 관련된 갖가지 사실을 술에 취해 털어놓은 그때 말이다. 엘르가 아는 한 라시드는 그곳에서 일했으니까.

라시드의 야윈 얼굴에 환한 미소가 그려졌다. "친구의 부탁을 어떻게 거절할 수 있겠어요? 제가 그럴 것 같나요?" 엘르는 아직도 망설이는 얼굴이었지만, 라시드의 미소를 보며 어느 정도 어깨에서 긴장이 풀어지는 듯했다.

신호등 앞에서 멈추어 섰을 때 라시드는 엘르의 서류가방을 힐끗 바라보며 한숨을 쉬었다. "가방 그렇게 좀 들지 마세요. 감시 카메라에 잡히면 마치 폭탄을 든 것처럼 보일 테니까." 엘르는 허둥지둥 서류가방을 내려놓았지만, 수많은 차량의 행렬 속으로 들어오면서도 여전히 긴장되어 보였다. 너무 당황해서 그런지, 아니면 신경이 곤두서는 경험은 처음이라서 그런지 라시드가 알아차린 무언가를 전혀 눈치채지 못했다. 바로 자신들을 뒤따라오는 차량을 말이다.

라시드는 프레스부르 거리나 틸싯 거리로 갈 수도 있고, 아니면 다음 10분 동안 상대방 운전자의 삶을 생지옥으로 만들 수도 있었다. 라시드의 차가 합법적으로 인정될 제한속도보다 훨씬, 훨씬 속도를 높이며 에투알의 원형교차로를 꽉 막은 교통지옥 속으로 뛰어들기 시작했다. 엘르는 욕설을 내뱉고는, 손을 뻗어 조수석 문의 도어바를 꽉 움켜잡았다.

>>>>.2장.>>>>>00002>>>>>>>

BASIC
MOVE

기본액션

계속하시겠습니까? [Y / N]

////움직임 감지///
장소: 위험함
요원: 파견

기본 액션

로딩 중...

스프롤은 사이버펑크 세계의 임무를 다루는 게임입니다. 캐릭터들은 임무를 달성하기 위해 장르에 충실한 특정 행동을 해야 합니다. 이러한 행동은 기본 액션으로 나타냅니다. 이번 장은 기본 액션을 소개하고, 기본 액션이 어떻게 게임의 나머지 부분과 좀 더 고도로 상호작용하는지 설명하겠습니다.

위험 견디기 (냉철)

시간에 쫓길 때, 또는 위험을 감수하거나 위험을 피할 때 **냉철**로 판정하세요.

10+: 캐릭터는 별문제 없이 성공합니다.

7-9: 캐릭터는 휘청대거나, 주저하거나, 움츠립니다. MC는 덜 좋은 결과, 어려운 선택, 또는 불리한 거래를 제시할 것입니다.

캐릭터가 임무를 수행하는 중 다른 액션에 해당하지 않는 행동을 한다면, 아마 시간에 쫓기거나 위험에 맞닥뜨렸기 때문일 것입니다. **위험 견디기**는 캐릭터가 본능적으로 반응할 때나 최선의 결과를 얻기 위해 용기를 내어 무언가 행동을 하지만 다른 액션으로 다룰 수 없는 경우를 모두 포함합니다. 즉시 숨을 곳을 찾을 때, 보안요원들의 코앞에서 광장을 가로질러야 할 때, 보안 카메라를 망가뜨린 것을 들키기 전에 금고 문을 열어야 할 때 모두 **위험 견디기**를 사용하세요. **파악하기**와 몇몇 플레이북 액션은 캐릭터가 **위험 견디기**를 사용하는 대신 예비를 소모해서 문제를 해결할 수 있도록 돕습니다. 이 경우, 캐릭터는 사전 준비나 주의 깊은 위치 선정, 영리한 움직임 덕분에 문제가 생길 수도 있는 요소를 제거한 것입니다.

////움직임 감지////
장소: 위험함
요원: 응답 없음

MC: 썸발리나 호가 요란한 엔진음을 내면서 골목으로 맹렬하게 들어갑니다. 아큐먼 대응팀은 무장한 호버크라프트가 등장하자 기겁하며 쓰레기통 뒤로 숨네요.

네뷸라: 그동안 몸을 뻗어 스펙터를 붙잡고 대응팀이 정신을 차리기 전에 부양정에 끌어넣겠습니다.

MC: 요원들이 다시 정신을 차리고 골칫거리가 되기 전에 스펙터를 태울 수 있을지 **위험 견디기**로 판정해 보세요.

네뷸라는 7을 굴렸고, **냉철** 특성치 1을 더해 결과가 8이 나왔습니다.

MC: 네뷸라는 몸을 뻗어 스펙터를 잡고 호버크라프트로 끌어넣기 시작했습니다. 주변 감시 장치로 보니, 어느 아큐먼 요원 하나가 몸을 굽힌 채 여러분 두 명에게 총을 겨누려 하네요. 스펙터를 선실에 집어넣는 데에 집중하면 스펙터를 태울 수 있을 것 같지만, 그 사이에 요원이 총을 한 발 쏠 겁니다. 어떻게 할래요?

응급처치 (냉철)

적절한 의료도구를 사용해 누군가의 상처를 치료한다면, **냉철**로 판정하세요.

10+: 피해 시계가 2100 이하이면 피해를 두 단계 줄입니다. 피해 시계가 2100 보다 높다면 피해를 한 단계 줄입니다.

7-9: 피해를 한 단계 줄입니다. 피해를 줄인 후에도 피해 시계가 2100보다 높다면 환자는 **응급처치** 후 적절한 치료를 하기 전까지 판정에 계속 -1 페널티를 받습니다.

한번 **응급처치**를 받은 캐릭터는 다시 피해를 입을 때까지 추가로 **응급처치**를 받을 수 없습니다. 또한 **응급처치**로는 잃어버린 **육체** 부위를 회복하거나 망가진 사이버웨어를 고칠 수도 없습니다. 이런 문제를 해결하려면 다른 누군가와 거래를 해야 할 것입니다.

2100 이하의 상처를 치료하려면 상처 부착제로 충분하지만, 더 심각한 상처는 응급처치 세트가 **필요합니다**.

룩의 승합차는 공격을 받고 전복해서 세차게 굴렀고, 내부 객실에 탄 헤이저는 마치 배낭북 포냇자루처럼 여기저기 부딪혔습니다. 알리프가 그를 꺼냈을 때, 헤이저는 의식을 잃고 피해 시계가 2200에 다다랐습니다. 시큐리테크의 요원들이 김밥에 마는 김처럼 주위를 둘러싸기 시작했습니다. 알리프는 승합차 옆에 넣어둔 응급처치 세트를 꺼내 응급처치를 했습니다. 판정 결과는 8. 헤이저는 피해 1단계를 회복해 피해 시계가 2100으로 낮아졌고, 계속 −1 페널티를 받지 않아도 됩니다. 헤이저는 각성제 덕분에 번쩍 눈을 떴고, 지금 당장은 괜찮습니다.

파악하기 (예리)

장소나 사람, 상황을 세심히 살펴보거나, 적이나 긴장 상황을 두고 재빨리 판단을 내리면 **예리** 판정을 하세요.

10+: 예비를 3점 받습니다.

7-9: 예비를 1점 받습니다.

플레이어는 뒤따른 행동 중 언제든지 예비를 1점 써서 MC에게 다음 목록에 있는 질문을 하나 할 수 있습니다. 해당 질문은 캐릭터가 관찰한 결과 파악할 수 있어야 합니다. MC 는 플레이어에게 질문의 의도를 명확하게 하라고 요청할 수 있습니다. 캐릭터는 대답에 따라 행동하면 다음 판정에 +1 보너스를 받습니다.

- ⏻ 어떤 잠재적인 골칫거리를 주의해야 하나요?
- ⏻ 숨기려고 했지만, 내가 알아차린 것은 무엇인가요?
- ⏻ 내가 활용할 수 있는 목표의 약점은 무엇인가요?
- ⏻ 여기서 곤경을 피하거나 숨으려면 어떻게 해야 하나요?
- ⏻ 탈출/잠입/우회하기에 제일 좋은 방법은 어느 것인가요?
- ⏻ 어디서 가장 이점을 얻을 수 있나요?
- ⏻ 현재 상황에서 누가 나에게 가장 위협을 끼치나요?
- ⏻ 누가 여기를 장악했나요?

파악하기는 유용한 정보를 얻기 위해 장소나 인물, 상황을 관찰하는 액션입니다. 사전조사 단계에서 정보를 수집하거나 긴장 상황에서 전술적 이점을 얻기 위해 사용하세요. 질문 목록은 한정되었지만 보기보다 훨씬 폭넓게 쓸 수 있습니다.

MC는 플레이어가 정확하게 이야기를 상상하고 캐릭터의 행동을 묘사할 수 있도록 장면을 상세하게 묘사하고, **파악하기** 액션을 사용했을 때 관대하게 정보를 제공하세요. 명심하세요. MC는 플레이어들이 이야기 속으로 들어갈 수 있는 창구입니다. 모든 액션은 이야기 속에서 시작되어 이야기 속에서 끝나므로, MC는 캐릭터들이 현재 어디 있는지, 장소는 어떤 모습인지, 누가 있는지, 누가 중요한 인물인지, 당장 닥친 위험이 무엇인지 플레이어들에게 자세한 정보를 제공해서 플레이를 원활하게 이끌어야 합니다. 정보를 얼마나 제공할지는 게임을 즐기는 테이블과 상황에 따라 다를 수 있지만, 장면 묘사는 강령과 원칙에서 요구하는 대로 **스프롤**을 크롬으로 뒤덮고 매연으로 더럽힌 다음, 네온빛으로 물들일 좋은 기회입니다. 플레이어들이 알아차렸으면 하는 무언가가 장면 속에 있다면, 명백히 드러나는 단서를 던져서 플레이어들이 **파악하기**를 사용하도록 유도하세요. 플레이어들에게 정보를 준 다음, 얻은 정보를 가지고 무엇을 하는지 지켜보세요.

플레이어들은 **파악하기**로 다음 판정에 +1 보너스를 받을 때 잊지 말고 기록하세요.

셰이머스 라일리는 쓰레기장 폐창고에서 수상할 정도로 관리가 잘 되어 있고 굳게 닫힌 문을 발견하고 조사를 하는 중입니다. 문을 막 조사할 때, 셰이머스는 창고 콘크리트 바닥을 울리는 발소리를 듣고 얼른 문에서 물러났습니다.

셰이머스: 이런, 좋아요. 우선 주위를 살펴본 다음 뭘 할 수 있는지 생각해보겠습니다.

MC: **파악하기**를 사용하세요. **예리**로 판정합니다.

주사위는 10이 나왔고, 셰이머스의 **예리** 수지 2를 더해 판정 결과는 12입니다.

셰이머스: 무난하네요! 예비 3점을 받습니다. 우선 어디에서 숨을 수 있을까요?

MC: 창고 전장은 매우 높습니다. 겉으로 드러난 대들보를 타고 올라갈 수 있어요.

셰이머스: 좋아요! 그럼 누가 여기를 장악했나요?

MC: 점점 다가오는 발소리를 듣고 있을 때, 이탈리아어로 된 음성 신호가 사이버웨어 통신기에 포착됩니다. 아마 커피 가게에서 봤던 폭력배들인 것 같아요.

셰이머스: 서까래 위로 기어오른 다음, 단섬유 재킷을 뽑고 기다릴게요. 마지막 예비는 저들이 도착할 때까지 아끼겠습니다.

세계 나가기 (예리)

상대를 진심으로 해칠 생각을 품고 폭력을 쓰겠다고 위협한다면 **예리**로 판정하세요.

10+: 상대가 NPC라면 캐릭터가 시킨 대로 합니다. 상대가 PC라면 상대 PC의 플레이어가 선택합니다. 시킨 대로 하거나, 진행된 이야기에 맞춰 해를 입으세요.

7-9: 상대가 NPC라면, MC는 다음 중 한 가지를 선택합니다.

⏻ 진행된 이야기에 맞춰 해를 입은 다음, NPC는 캐릭터를 위험대상으로 여기고 제거하려 합니다.

⏻ NPC는 캐릭터가 시킨 대로 하지만 보복하기를 바랍니다. 해당 NPC를 위험요소로 추가하세요.

⏻ NPC는 캐릭터가 시킨 대로 하지만 누군가에게 자초지종을 설명합니다. 알맞은 임무 시계를 전진시키세요.

상대가 PC라면, 상대 PC의 플레이어가 선택합니다. 시킨 대로 하거나, 진행된 이야기에 맞춰 해를 입으세요. 협박당한 PC는 캐릭터를 상대로 한 다음 판정에 +1 보너스를 받습니다.

케네디: 몸을 가까이 기울일게요. 저편에서 비치는 네온불빛 한 줄기가 땀이 송글송글 솟은 트라이나의 이마 위에서 번득입니다. 케네디는 칼날을 트라이나의 목에 가까이 대지요. "개수작 부리지 마. 칩 어딨어?"

MC: 허세예요?

케네디: 당연히 아니죠. **세계 나가기**입니다.

케네디는 주사위를 굴리고 **예리**를 더해 9가 나왔습니다. MC는 트라이나가 협박에 굴복했지만 보복하기를 바란다고 정했습니다.

MC: 트라이나는 눈에 들어간 땀 때문에 눈을 깜빡입니다. "저,저 뒤에 있소. 헬리스택 사 상자 뒤에."

케네디: "헤이저, 확인해 봐."

MC: 거기 있네요. 남은 유기물 저장 상자 뒤에 쑤셔 넣은 낡아빠진 플라스틱 통을 열어보니, 메모리폼으로 감싼 칩이 있습니다.

케네디: 일어나서 칼날을 트라이나 가슴 아래로 쓱 내립니다. "다음번에는 좋게 이야기할 때 그냥 넘기라고." 그리고 다 같이 떠나죠.

MC: 일행이 떠난 다음, 트라이나는 잠깐 바닥에 죽 늘어져 주저앉아 있다가, 무겁게 숨을 내쉬고는 얼굴을 딱딱히 굳힙니다. 그리고 일어나서 문을 잠근 다음, 전화기를 들어요.

MC는 트라이나를 위험요소로 적습니다. 자세한 내용은 나중에 살을 붙일 예정입니다.

세계 나가기는 캐릭터가 원하는 바를 이룰 때까지 상대를 위협하는 액션입니다. 물러나면 얕잡아 보일 뿐입니다. 그러므로 돌이킬 수 없습니다. 경비 요원의 손가락을 부러뜨리겠다고 위협했지만, 단순히 겁만 주는 목적이라면 이는 단순한 엄포입니다. **말재주 부리기**로 판정하세요. 기업 중역의 머리에 총부리를 들이대고 비밀번호를 불지

않으면 사무실 벽을 산산이 조각난 뇌수로 장식할 작정이라면 **세게 나가기**입니다. 폭력은 원하는 바를 빨리 이룰 수 있는 수단이지만, 그 대가로 적을 만들 수밖에 없습니다.

폭력을 쓰겠다는 협박은 사전조사 단계에서 정보를 얻을 때도, 임무실행 단계에서 목표를 완수할 때에도 유용하게 사용할 수 있지만, 위험이 따릅니다. 모든 일이 잘 돌아간다면 캐릭터는 조용하게 목적을 달성할 수 있지만, 일이 엇나간다면 싱횡이 순식간에 고조되어 캐릭터들의 행적이 뉴스 속보로 방방곡곡 퍼질 것입니다.

고깃덩어리 챙기기 (육체)

캐릭터의 피해 시계가 0000에 도달하면, **육체**로 판정하세요.

> **10+**: 캐릭터는 의료진이 올 때까지 살아남습니다.

> **7-9**: 캐릭터는 살아남지만, 대가가 따릅니다. 다음 중 하나를 선택합니다: 「빚」, 열악한 치료(특성치 하나가 1 감소), 사이버웨어 손상(사이버웨어 중 하나에 부정적인 태그를 붙입니다).

> **6-**: 캐릭터는 피투성이가 되어 거리에 나뒹굽니다.

빠르든 늦든, 언젠가 캐릭터는 0000이라는 숫자와 마주칩니다. 이는 상황에 따라 죽음을 의미할지도 모르지만, 어쩌면 응급처치를 받고 입원을 했다는 뜻일 수도 있습니다. 한마디로 말하자면, 캐릭터가 의료 시설을 지닌 기업이나 거리의 의사와 맺은 관계가 운명을 결정합니다. MC에게 이 액션은 골칫거리를 등장시킬 좋은 기회입니다. 캐릭터가 받는 치료를 기존 기업이나 세력과 묶거나, 새 플레이어를 등장시키는 데에 활용하세요. 다친 캐릭터를 연줄이나 위험요소, 사이버웨어 이식물, 중독성 마약, 해독제와 연관 지으세요. 기업은 캐릭터를 어떻게 이용할지만 관심을 가지지, 합법성이나 윤리에는 전혀 신경을 쓰지 않습니다.

MC: "빌어먹을, 설마—" 탕! 간트의 대답은 리가 쏜 산탄총 굉음에 가로막힙니다. 간트는 4-피해를 받습니다.

간트: 피해 시계가 0000이 됐네요. "젠장."

MC: 피범벅이 된 가슴을 내려다보니, 세상이 빙빙 도는 것처럼 느껴집니다. 마치 골목길이 홱 뒤집히는 것 같고, 주위가 어두워집니다. **육체**로 판정하세요.

간트: 으으윽 제발… 주사위 결과가 6이네요. **육체** 1을 더해서 7!

MC: 아슬아슬했네요! 카메라가 간트의 몸에서 멀어지고, 배경음악이 잠잠해집니다. 카메라가 잠시 주변을 돌더니, 골목 끝에서 구급차 한 대가 요란하게 브레이크를 밟는 모습이 보입니다. 차에서 중무장한 보안요원 두 명이 뛰어내리더니, 구조대원들이 간트에게 달려가는 동안 엄호 자세를 취합니다. 간트, **고깃덩어리 챙기기** 액션에 있는 대가 중 하나를 선택합니다. 선택하는 동안, 환기통 안에 있던 안티K—테라의 이야기로 돌아가죠.

한판 붙기(육체)

무장한 병력에 맞서 폭력을 동원해 특정한 목표를 이루려면, 목표를 정한 다음 **육체**로 판정하세요.

> **7+**: 목표를 이룹니다.
>
> **7-9**: 다음 중 두 가지를 고르세요.
>
> ⏻ 지나치게 요란합니다. 관련 임무 시계를 전진시킵니다.
>
> ⏻ 캐릭터는 진행된 이야기에 맞춰 피해를 받습니다.
>
> ⏻ 동료 하나가 진행된 이야기에 맞춰 피해를 받습니다.
>
> ⏻ 무언가 귀중한 것이 부서집니다.

한판 붙기는 적을 거칠게 제압하는 기본 액션입니다. "모두 죽인다"라는 목표를 선택할 일은 거의 없을 것입니다. 캐릭터들은 임무를 수행하는 프로이지, 사이코패스가 아니니까요. "서버실을 장악하고 보안요원들이 빠져나가지 못하게 한다"나 "매복에서 벗어난다", "팀원들이 연구실에서 빠져나올 수 있도록 충분하게 시간을 번다" 같은 목표가 훨씬 적합합니다. **한판 붙기**는 폭력을 동원해 목표를 강제로 달성하는 액션입니다. 상대에게 주는 피해는 부차적인 효과입니다.

플레이어는 판정에서 7-9가 나왔을 때 대가를 피할 수 있도록 목표를 맞출 수 없습니다. 무언가 은밀하게 해야만 하는 목표라도, '지나치게 요란합니다.'를 선택하면 행동 중이든 그 후든 어떠한 다른 이유로 발각됩니다. 발각되지 않으려면 이 선택을 하지 마세요.

MC: "꼼짝 마, 길거리 쓰레기들!" 4족 보안 드론이 적재 구획으로 가는 입구를 가로막았습니다.

케네디: 말로 해결할 방법은 없는 것 같군요! 인조 신경을 발동해서 재빠르고 유연하게 앞으로 뛰쳐나간 다음, 몸을 날려 드론의 밑으로 굴러 들어가 솔라 암즈 엑스포서 55G를 두 정 모두 뽑아 드론 아랫부분에 마구 쏩니다. 팀원들을 위해 길을 트려고요.

MC: 그게 목적이군요. **육체**로 판정하세요.

케네디: 9네요. **육체** 2를 더하면 11입니다.

MC: 드론은 몸을 피하려고 했지만, 너무 느렸습니다. 케네디의 큼지막한 총구가 불을 뿜으며 드론의 제어 장치와 회로를 갈가리 찢었습니다. 곧 드론의 몸통에서 불꽃이 튀더니 움직임이 멈췄습니다. 나머지 보안요원들이 잠시나마 여러분을 막기 위해 총을 쐈지만, 케네디는 무력화된 드론을 엄폐물로 삼아 다른 동료들이 적재 구획으로 가는 동안 적들을 묶었습니다.

조사하기 (정신)

도서관이나 서류, 데이터베이스 등을 활용해 사람이나 장소, 물건, 서비스 등을 조사하려면, 아래 목록에서 질문을 한 가지 선택하고 **정신**으로 판정하세요.

10+: [첩보]를 얻습니다. MC는 질문에(아래 목록에서 선택) 대답한 다음, 추가 질문에도 대답합니다.

⏻ _____를 어디서 찾을 수 있나요?

⏻ _____는 보안이 얼마나 철저한가요?

⏻ 누가 _____를 소유하거나 고용했나요?

⏻ 누가 _____를 가장 아끼나요?

⏻ 누가 _____와 관계가 있나요?

⏻ _____와 _____는 어떤 관계인가요?

7-9: [첩보]를 얻습니다. MC는 질문에 대답합니다.

6-: MC는 질문에 대답한 다음, MC 액션을 사용합니다.

안티K-테라는 컨테이너선 골든 스파이럴 호에 침투할 준비를 합니다.

안티K-테라: 어쏘리티 항의 매트릭스 시스템을 해킹해서 야간 순찰 계획을 확인하겠습니다.

MC: 항구 시스템은 포장을 막 뜯고 설치한 상태인 것 같습니다. 당연히 쉽게 해킹할 수 있습니다. 시스템에 침투했습니다. **조사하기** 판정을 하세요.

안티K-테라: 골든 스파이럴 호 주위의 물리적인 보안은 얼마나 엄중한가요? 9가 나왔네요. **정신** +2를 더해서 11! 판정에 성공해서 [첩보] 하나를 얻습니다. 플레이어는 나중을 위해 시트에 적어둡니다.

MC: 답을 들은 다음, 추가 질문을 하나 하세요. 마스터는 미리 준비한 항구 보안 관련 내용을 훑어봅니다. 어쏘리티 항의 보안은 아무래도 무척 허술해 보여요. 매시간 아무 사이버웨어도 달지 않은 경비원들이 한 쌍으로 순찰을 합니다. 하지만 골든 스파이럴 호 주변에는 추가 경비 인력이 배치되었습니다. GDT라는 기업이 경비 계약을 맺고 사설 경비 병력과 드론 지원을 준비했어요.

안티K-테라: 흥미롭네요. 그럼 추가 질문을 하죠. 골든 스파이럴 호와 GDT 사이에는 어떤 관계가 있나요?

MC: 어쏘리티 항의 시스템에서 어떻게 지금 질문의 답을 찾았나요?

안티K-테라: 배의 정박 관련 서류를 뒤져보죠. GDT가 받은 허가증이나 자금 기록이 있나요?

MC: 좋은 계획 같네요. 골든 스파이럴 호는 캐릭터들이 이번 임무에서 맞서야 하는 헬릭스텍이 소유한 배이며, 경비 역시 헬리스텍이 맡았습니다. 양쪽 자료를 모두 뒤져본 다음, 매트릭스 내의 일반 데이터들을 검색해보니 배와 GDT 모두 헬릭스텍 계열의 어느 지주회사 소속이네요.

안티K-테라: 아하!

조사하기는 유용한 정보를 얻기 위해 각종 자료를 검토하는 액션입니다. 비록 질문 목록은 한정되있지만, 플레이어는 이 질문을 융통성있게 응용할 수 있습니다.

MC는 아낌없이 질문에 답하세요. 특히 판정 결과가 10+일 때는 말입니다. 플레이어가 **조사하기**에 성공했다면 편안한 마음으로 임무를 짜고 실행하도록 돕는 힌편, 이 기회를 활용해 강렬과 원칙에 따라 캐릭터가 접하는 정보와 배경세계를 크롬으로 도금하고, 매연으로 더럽히고, 네온빛으로 물들이세요. 캐릭터들의 고용주, 기업의 동기, 반전 요소, 그 외 골칫거리에 관한 정보는 좀 더 숨겨도 좋습니다. 하지만 플레이어들이 관련 내용을 묻고 판정에 성공했다면, 유용한 첩보를 주세요! 캐릭터들은 자신들이 맡은 분야에서 전문가입니다. 캐릭터들이 기업의 기만적인 책략을 파헤치기 원한다면 의심쩍은 단서를 던진 다음 무엇을 하는지 지켜보세요. MC는 캐릭터들의 팬이 되어야 한다는 사실을 잊지마세요.

플레이어는 **조사하기** 결과 [첩보]를 얻었다면 잊지 말고 시트에 적으세요.

말재주 부리기 (스타일)

상대에게 약속이나 거짓말, 엄포 등으로 무언가 시키려면, **스타일**로 판정하세요.

10+: NPC는 시키는 대로 합니다. 상대 PC는 시키는 대로 할지 말지 선택할 수 있습니다. 시키는 대로 하면 경험을 얻습니다. 시키는 대로 하지 않으면 요구 사항에 거스르기 위해 **위험 견디기**를 판정해야 합니다.

7-9: NPC는 시키는 대로 하지만, 이 사실이 누군가에게 알려집니다. MC는 알맞은 카운트다운 시계를 전진시키세요. 상대 PC에게 시킨다면, 캐릭터의 플레이어가 먼저 다음 중 하나를 선택합니다.

- ⏻ 시키는 대로 한다면, 상대 PC는 경험치를 얻습니다.
- ⏻ 시키는 대로 하지 않는다면, 상대 PC는 요구 사항에 거스르기 위해 **위험 견디기**를 판정해야 합니다.

시키는 대로 할지는 상대 PC의 플레이어가 정합니다.

말재주 부리기는 상대에게 그다지 이익이 되지 않을 수도 있는 일을 하도록 설득하는 액션입니다. **세게 나가기**가 당장 나쁜 일이 닥칠 거라며 폭력으로 상대를 위협하는 액션이라면, **말재주 부리기**는 순수한 말솜씨에 의존하는 액션입니다. 캐릭터는 폭력을 쓰겠다고 말재주로 위협할 수도 있지만, 지금 단계에서는 그저 말에 불과합니다. 말을 듣지 않았을 때 정말 폭력을 쓴다면, **세게 나가기**로 판정하세요.

상대 PC에게 **말재주 부리기**를 썼을 때 10+와 7-9 사이의 차이를 알아두세요. 7-9 면, **말재주를 부린** 플레이어는 당근(경험치)과 채찍(**위험 견디기**) 중 하나를 선택해서 사용합니다. 10+면 당근과 채찍 두 가지를 모두 사용합니다.

후트: 에버렛 박사를 군중 사이로 몰래 따라다니면서 조용하게 대화를 나눌 기회를 엿봅니다

MC: 박사는 잠깐 샴페인 바와 전채 요리가 있는 테이블을 오가더니. 서늘한 밤바람을 쐬러 옥상 정원으로 나가서 정원 끝자락에 앉아 전화를 확인하기 시작하네요

후트: 슬그머니 빠져나가 박사를 뒤따라가서 앉은 자리 옆으로 갑니다. "에버렛 박사님. 잠시 이야기 좀 나눌 수 있을까요?"

MC: 박사는 전화기에서 눈을 뗍니다. "물론이죠."

후트: 변조한 감시 사진을 담은 태블릿 컴퓨터를 넘기겠습니다. "박사님이 리치몬드 연구소에서 일한다는 사실은 압니다. 그 기업이 박사님 가족을 트윈 시티 단지에 데려간 것도요. 만약 지금 당장 연구실에 접근할 수 있는 암호를 넘겨 주시면 대기 중인 저희 팀이 가족분들을 모시고 나가겠습니다. 화면을 넘겨서 안티K-테라가 만든 영상 중계 화면을 보여줍니다

MC: 박사의 얼굴이 창백해지더니, 덜덜 떨기 시작하네요. **스타일**로 **말재주 부리기** 판정을 하세요.

후트: 8입니다.

MC: 박사는 몇 분 동안 마지 못 박히듯 태블릿 컴퓨터 화면에 눈을 고정하더니, 품속에서 데이터칩 하나를 꺼냅니다. 박사는 데이터칩을 후트에게 말없이 넘겨주네요.

후트: 데이터칩과 태블릿 컴퓨터를 넘겨받은 다음, 연못을 지나쳐 파티장으로 돌아가 룩과와 접선할 장소로 갑니다.

MC: 엘리베이터가 닫힐 때, 연못 바닥에서 빛나는 조명 너머로 에버렛 박사가 건물의 경비 요원들에게 말을 거는 모습이 언뜻 보인 것 같습니다.

거리 나서기(스타일)

연줄에게 도움을 요청하려면, **스타일**로 판정하세요.

> **7+**: 도움을 얻습니다.

> **10+**: 추가로 작은 도움을 얻습니다. ([첩보]나 [장비] 중 하나를 선택합니다).

> **7-9**: 아래 목록 중 두 가지를 선택합니다.
> - ⏻ 추가로 비용을 내야 합니다.
> - ⏻ 도움을 얻는 데 일정 시간이 걸립니다.
> - ⏻ 원하지 않는 관심을 끌거나, 골칫거리를 겪거나, 대가를 치러야 합니다.
> - ⏻ 연줄이 도움을 요청합니다. 거절한다면 캐릭터가 이 문제를 바로잡을 때까지 거리 나서기 판정에 계속 -1 페널티를 받습니다.

임무를 조사하고, 준비하고, 실행하는 동안 팀은 전문가의 지원이나 특정한 장비, 사이버웨어, 중요 정보가 필요할 때가 있습니다. **거리 나서기**는 이러한 도움을 얻기 위해 연줄과 교섭을 할 때 사용하는 액션입니다. **거리 나서기**를 사용하려면 얻으려 하는 도움을 줄 수 있는 연줄이 있어야 하므로, 누가 적절한 전문가인지 선언하거나, 이미 알던 연줄에게 혹시 도움을 줄 수 있는 전문가가 있는지 물어보세요. 특히 사이버웨어를

얻으려면 먼저 **거리 나서기**로 획득한 다음, 몸에 장착하기 위해 거리의 의사에게 요청해서 **수술대 오르기**를 사용해야 합니다. 양쪽 모두 5장: 사이버웨어에서 자세히 다룹니다.

연줄은 자선가가 아닙니다. 제공한 도움이나 장비마다 비용을 청구할 것입니다. 적절한 가격은 6장: 자산에 실렸습니다. 제공하는 도움 역시 준비할 시간이 필요할 수도 있고, 원치 않는 관심이나 호기심을 끌어서 임무를 복잡하게 만들 가능성도 있습니다. 연줄이 겪는 사적인 문제나 직업상의 문제 역시 골칫거리가 될 수 있습니다. 플레이어가 이 선택지를 골랐다면, MC는 이러한 말썽을 일으킬 적당한 액션을 사용하세요.

네뷸라: 리틀 모스크바에 있는 연줄인 보리스에게 혹시 실종된 소녀를 본 사람이 있는지 물어보겠습니다.

MC: 보리스와 어떻게 만나는 편인가요?

네뷸라: 때로는 전화를 하지만, 보통 그 사람 식당에 식사를 하러 가면서 만나요. 이번에도 그렇게 하려고요.

MC: 좋네요. 그래서 네뷸라가 식사를 마치자, 보리스가 뒷문에서 나와서 네뷸라가 앉은 식탁에 동석해요. "무엇을 도와드릴까요, 네뷸라 씨?"

네뷸라: "몇 가지 정보가 필요해요." 그러면서 보안 카메라에 찍힌 사진을 보여줍니다. "이 소녀 본 적 있어요?" **거리 나서기** 판정 결과는 9입니다.

MC: 선택지 중 두 가지를 고르세요.

네뷸라: 예... 시간이 없으니, 오래 걸리는 것은 싫어요. 관심을 끌고 싶지도 않고요. 그래서 추가 비용이랑 보리스에게 문제가 있다는 선택지를 고르겠습니다.

MC: 보리스는 소녀의 사진을 잠깐 본 다음, 뒤로 기대앉네요. "예, 있고 말고요. 그다지 좋지 않은 소식입니다. 좋지 않은 소식은 원래 비싼 법이죠."

네뷸라: 한숨을 쉽니다. "얼마나 부를 셈이에요." 그가 선호하는 옛날식 종이 지폐뭉치를 꺼냅니다.

MC: 보리스는 네뷸라가 지폐를 식탁에 내려놓는 모습을 지켜보다가, 2 크레드 어치가 되자 손을 뻗어 지폐뭉치를 자기 쪽으로 가져갑니다. 그다음 볼펜과 종이 한 장 가져와서 무언가 주소를 끄적이고 네뷸라에게 넘겨줍니다. "이 주소로 가서 앙드레에게 제가 보냈다고 말하세요. 그리고..." 탁자에 손가락을 탁탁 두들기다가 비닐로 싼 꾸러미 하나를 가져옵니다. "이걸 건네주세요."

네뷸라: "심부름꾼 노릇을 하라는 소리군요, 보리스."

MC: "이 정보의 대가로요? 그럼요."

연줄 선언하기

새로운 연줄에게 도움을 청해야 한다면, 누구인지, 무엇을 하는지 서술한 다음 이 연줄이 왜 캐릭터에게 신세를 졌는지, 또는 캐릭터가 왜 이 연줄에게 신세를 졌는지 설명하세요. MC는 플레이어에게 이 연줄이 어떤 사람인지, 캐릭터와 어떤 관계인지 몇 가지 더 물어볼 수 있습니다. 설명을 끝낸 다음 캐릭터의 연줄 목록에 추가하세요.

플레이어는 임무마다 한 번씩 새로운 연줄을 한 명씩 선언할 수 있습니다. 특정 플레이북은 유사한 방법으로 더 많은 연줄을 추가할 수 있습니다.

연줄 선언하기는 **스프롤**에서 매우 중요합니다. 플레이어는 **연줄 선언하기**로 협조적인 NPC를 이야기 속에 등장시키고 **거리 나서기**에서 도움을 청할 수 있는 연줄을 늘릴 뿐만 아니라, 세계를 구축하는 데 기여할 수 있습니다. 연줄은 각자 문제를 지녔고, 캐릭터는 문제 해결사이므로, 빠르든 늦든 연줄의 문제는 곧 캐릭터의 문제가 될 것입니다. 알고 지내는 장물아비가 마피아와 얽혔나요? 그럼 이제 이 세계에는 마피아가 등장합니다. 에콰도르에서 벌어진 궤도 엘리베이터 전쟁에 참전한 용병 전우가 제대로 작동하지 않는 사이버웨어 팔을 달았나요? 플레이어는 이 세계에 뒷이야기를 보탰을 뿐만 아니라, 전우의 사이버웨어 팔 때문에 발생하는 이야기를 보고 싶다고 MC에게 신호를 보낸 셈입니다.

주저하지 말고 특화된 기술을 갖춘 연줄을 선언하세요. 지금 당장 큰 도움이 될 수 있습니다. 하지만 길게 보면 여러 분야로 폭이 넓은 연줄을 더욱 많이 찾을 것입니다. 물론 캐릭터가 번지르르한 수직이착륙기 조종사를 연줄로 두었다면 모든 임무가 공중 침투처럼 될지도 모릅니다. 하지만 그럼 뭐 어떤가요! 특정한 방식으로 임무를 진행하고 싶다면 원하는 방향으로 초점을 맞춘 연줄을 선택한 다음 가능한 한 자주 활용하세요.

헤이저는 버추어테크 사의 아콜로지 내 서버를 살펴보면서 블랙 ICE가 있는지 의심을 합니다.

헤이저: 저는 버추어테크를 위해 일하던 화이트 해커를 친구로 두었어요. 이름은 진이죠. 진은 회사 생활이 지긋지긋해져서 자기 기록을 모두 삭제하고 은퇴했어요. 제가 기록을 삭제하는 데 도움을 주었으니, 저한테 빚을 졌죠.

MC: 그렇다면 지금은 잠적한 상태일 텐데, 어떻게 접촉하죠?

헤이저: 암호로 된 메시지를 원예용품 게시판에 올린 다음 연락을 기다리죠. 진이 깔아둔 감시용 봇 프로그램이 메시지를 탐지하면 진한테 알려줘요. 보통은 무척 빠르죠.

MC: 반 시간도 안 돼 보안 링크 하나가 번쩍, 하고 뜨네요. 접속하면 진이 만든 가상 환경으로 들어갑니다. 진의 아바타는 어떻게 생겼나요?

헤이저: 백마를 타고 검은 망토를 두른 베두인족 전사처럼 보입니다.

MC: 진의 가상 환경은 도시의 폐허처럼 보입니다. 진의 뒤에는 불타는 주유소가 보이네요. 배경 효과가 정말로 근사합니다. 먼지가 일면서, 한 줄기 연기가 희미하게 아랍어처럼 보이는 모양을 갖추다가 눈앞에서 사라져요. "안녕, 헤이저, 어떻게 지내?"

장비 얻기

적합한 시기에 필요한 장비를 얻으려면, 캐릭터가 어떻게 선견지명과 전문성을 발휘해서 이번 임무에 필요한 장비를 가져왔는지 설명한 다음 [장비]를 소모하세요. **장비 얻기**를 하려면 반드시 [장비]를 소모해야 합니다.

장비 얻기는 캐릭터가 사전조사 단계에서 얻은 장비를 같은 사전조사 단계에서, 또는 임무실행 단계(보통은 이때 사용합니다) 중 더 명확한 이점으로 바꾸는 액션입니다. 플레이어가 **장비 얻기**를 사용하면 MC는 캐릭터가 어떤 장비를 어떻게 얻었는지 물어보세요. 답변은 반드시 이번 임무와 이야기의 흐름, 그리고 테이블에서 정한 게임 분위기에 어울려야 합니다. 캐릭터는 원래 갖출 법하거나 쉽게 구할 수 있는 장비만 얻을 수 있습니다.

> MC: 쾅! 무언가 거대한 것이 부딪히는 충격에 문이 흔들립니다. 하지만 문 앞에 임시로 댄 쇠막대 덕분에 데이터칩을 뽑아 개조형 버추어테크 세이버-7에 집어넣을 시간은 벌었네요. 벽 너머로 무언가 명령을 내리는 소리가 희미하게 들립니다. 아마 저쪽 시스템을 손댄 것이 마음에 들지 않았나 봅니다. 저 사람들은 아파트에서 나갈 수 있는 유일한 통로를 막았습니다. 어떻게 할래요?
>
> 헤이저: 제길... 옆 건물까지는 얼마나 멀어요?
>
> MC: 옆 건물은 골목 저편에 있어요. 창문으로 뛰어서 건너갈 수도...
>
> 헤이저: [장비]를 소모해서 갈고리총을 얻을 수 있나요?
>
> MC: 당연하죠! 어떻게 얻었나요?
>
> 헤이저: 간트가 쓸 총기 가방을 비스-리가 내게 건네줄 때 갈고리총도 같이 넣어 줬어요. 더플 백에서 갈고리 총을 꺼내죠. "비스, 당신 X나 똑똑한 예언자야." 창문 밖 골목 너머로 갈고리총을 조준한 다음 쏩니다.

지식 털어놓기

상대가 어떤 준비를 했는지, 어디에 무엇을 배치했는지, 주변 환경은 어떤지 털어놓으려면, 캐릭터가 어떻게 정보를 얻었는지 묘사한 다음 [첩보]를 소모하세요. **지식 털어놓기**를 하려면 반드시 [첩보]를 소모해야 합니다. 정보로 얻은 기회를 활용하면 다음 판정에 +1 보너스를 받습니다.

지식 털어놓기는 캐릭터가 사전조사 단계에서 캐낸 정보를 같은 사전조사 단계에서, 또는 임무실행 단계(보통은 이때 사용합니다) 중 더 명확한 이점으로 바꾸는 액션입니다. 플레이어가 **지식 털어놓기**를 사용하면 MC는 캐릭터가 어떤 지식을 어떻게 얻었는지 물어보세요. 플레이어의 답변은 반드시 이번 임무와 이야기의 흐름, 그리고 테이블에서 정한 게임 분위기에 어울려야 합니다.

주앙지 사의 시드니 아콜로지에 침투한 후트는, 예상치 못했던 보안요원들에게 길을 가로막힙니다.

후트: 이전에 조사했을 때 얻은 [첩보]를 소모해서 이 구역에 환기구가 있는 것을 알았다고 하겠습니다.

MC: 어떻게 알았나요?

후트: 맥이 하역용 갑판 구역의 저에게 경비 계획을 전달했을 때, 환기구 평면도를 포함해서 몇 가지 잡다한 시설 유지 관련 정보도 같이 포함했어요. 제 고글에 평면도를 띄운 다음, 저들을 우회해서 갈 수 있는 경로로 가지요.

돕기 또는 방해하기 (유대)

다른 캐릭터를 돕거나 방해하려면, 상대와 맺은 **유대**로 판정하세요.

> **7+**: 의도에 따라 상대는 판정에 +1 보너스나 -2 페널티를 받습니다.

> **7-9**: 상대의 액션 결과에 같이 영향을 받으며, 이 때문에 위험에 빠지거나, 보복을 당하거나, 대가를 치를 수 있습니다.

돕기 또는 **방해하기**는 다양한 방식으로 사용할 수 있는 액션입니다. 다른 캐릭터가 액션을 사용할 때 돕거나 방해하고 싶다면, 이 액션을 사용하세요. 킬러를 도와 보안요원들을 제거하거나, 침투요원이 주차장을 가로지를 수 있도록 엄호하거나, 온라인 보안 프로그램을 사용해 군인이 과학자를 빼내 탈출로로 가도록 안내하는 등의 행동은 모두 **돕기**입니다. 하지만 **돕기**는 도박성 짙은 행동입니다. **돕기** 결과가 약한 성공 (7-9)이면, 캐릭터는 상대가 겪는 실패에 얽힙니다. 상대의 판정 결과가 10+이면 아무 문제도 없지만, 약한 성공이나 실패가 나올 경우 도움을 준 캐릭터 역시 곤란한 상황에 빠지며, MC는 캐릭터에게 MC 액션을 사용합니다. 하지만 판정에 받는 +1 보너스가 임무의 성공과 실패를 가를 수도 있다는 중요한 사실을 잊지 마세요.

방해하기 역시 비슷합니다. **방해하기** 결과가 10+이면 마음껏 방해할 수 있으며, 판정이 실패하면 MC는 평상시처럼 MC 액션을 사용합니다. **방해하기** 결과가 7-9이면 캐릭터는 상대의 행동에 얽힙니다. 방해받는 상대가 -2 페널티에도 불구하고 판정에 성공하면 (+7), MC는 캐릭터가 상대에게 약점을 노출하도록 MC 액션을 사용합니다. 캐릭터는 어쩌면 상대의 손아귀에 들어갔거나, 상대를 피해 도망치다가 더욱 나쁜 문제에 휘말린 것일지도 모릅니다.

돕기 또는 **방해하기**를 많이 할 계획이라면, **유대** 대신 특성치로 판정하는 플레이북 액션을 선택하는 것도 좋습니다.

MC: 후트는 출입구를 뛰쳐나가, 번들번들 빛나는 주변의 흰색 플라스틱 의자들을 마구 쓰러뜨리면서 광장을 가로지릅니다. MDI 보안요원들이 바로 뒤에 붙었네요. MDI 파이어호크 기관권총이 요란한 총성을 울리면서 의자들을 산산조각 냅니다. 어떻게 할래요?

후트: 전력질주로 광장을 가로지르면서, 옴니 베어스톱퍼를 들어 강화유리에 큼지막한 구멍을 내고 거리로 뛰어들죠.

MC: 여기를 무사히 빠져나가려면 **위험 견디기**로 판정해야 합니다.

알리프: 도울 수 있나요?

MC: 어떻게 도울래요?

알리프: 옴니다이나믹스 레비저를 철컥, 장전하고 자동화기 모드로 바꾼 다음 제가 탄 벤에서 제압사격을 합니다!

MC: 완벽해요! 후트와 맺은 **유대**로 **돕기**를 판정하세요.

알리프: 9입니다.

MC: 후트, **위험 견디기** 판정에 +1 보너스를 받지만 만약 일을 망치면 알리프까지 말려들 거예요. **냉철**로 판정하세요!

수술대 오르기 (크레드)

거리의 의사에게 새로운 사이버웨어 이식 수술을 받으려면, 수술비로 줄 크레드로 판정하세요. (최대 +2)

> **10+**: 수술은 완벽하게 성공합니다.
>
> **7-9**: 사이버웨어는 광고한 만큼 좋지는 않습니다. 다음 중 하나를 선택합니다: 「불안정」, 「성능미달」, 「하드웨어 부식」, 「신체 손상」.
>
>> 「신체 손상」: 때로 죽을 듯이 아프고, 결국은 영구적인 신경 손상을 일으킬 것입니다.
>>
>> 「하드웨어 부식」: 지금은 작동하지만, 곧...
>>
>> 「성능미달」: 작동은 하지만 성능이 뒤떨어집니다.
>>
>> 「불안정」: 때로 작동하지 않습니다.
>
> **6-**: 문제가... 있습니다.

기업과 계약을 맺어 새 사이버웨어를 달았다면, 모든 나쁜 요소를 무시하세요. 사이버웨어는 의도한 대로 정확히 작동됩니다. 대신 캐릭터는 「빚」을 집니다.

게임을 시작한 이후 새 사이버웨어를 달려면 우선 **거리 나서기**를 사용해 사이버웨어와 이를 달아 줄 의료 전문가를 구한 다음, **수술대 오르기**를 사용해 사이버웨어를 달아야 합니다. 어두운 뒷골목에서 불법 수술을 마다하지 않을 의사를 구하려면 위험을 감수해야 합니다. 차라리 기업과 계약을 맺는 편이 더 쉽지 않겠어요?

거리 나서기와 **수술대 오르기**로 사이버웨어를 구하는 방법은 5장: 사이버웨어에서 다룹니다. 장비(사이버웨어 포함)의 적절한 가격은 6장: 자산에 있습니다.

셰이머스는 킨샤사에서 맡은 임무가 엉망이 된 탓에 한쪽 팔을 완전히 날려버렸습니다. 그래서 새 팔을 달려합니다... 무기가 내장된 팔을 말이지요. 셰이머스는 기업의 품에 안길 생각은 없었으므로, 연줄의 도움을 받고 **거리 나서기**에서 좋은 결과를 얻어 거리의 의사인 면도날 니콜라이를 찾습니다.

MC: 간호사가 작고 어두운 방에서 수술 준비를 합니다. 옆 방에서는 문신 새기는 소리가 윙윙 올리네요. 간호사는 으스스한 통로로 수술 침대를 끌고 가더니, 무광택 플라스틱 기계와 번쩍거리는 콘솔 표시 장치, 금속빛 로봇 팔로 가득한 깔끔하고 밝은 방으로 데리고 갑니다. 누운 채로 따뜻한 마취제 연기 속에 잠기는 가운데, 확대경을 쓴 니콜라이의 모습은 마치 기계 부엉이처럼 보입니다. 셰이머스, 이번 수술에 크레드를 얼마나 썼나요?

셰이머스: 저번 임무 이후 돈을 그다지 못 모았어요. 1크레드만 쓰겠습니다.

MC: 좋아요. 판정한 다음 1을 더하세요.

셰이머스 (3을 굴립니다): 젠장... 4밖에 안 나왔네요.

MC (MC 액션을 사용합니다): 눈앞이 어질어질해지더니, 정장을 입은 두 사람의 모습으로 합쳐집니다. "마침내 라일리 씨가 왔군. 일거리를 가져왔소." 그중 한 남자가 일그러진 미소를 지으며 셰이머스의 새 팔을 툭툭 두들깁니다. "임무를 맡으시오. 아니면 팔이 펑, 하고 날아갈 테니."

일거리 얻기 (예리)

일거리 조건을 협상하려면, **예리**로 판정하세요.

> **10+:** 아래 목록에서 3개를 선택합니다.

> **7-9:** 아래 목록에서 1개를 선택합니다.

> ⏻ 고용주가 유용한 정보를 제공합니다. ([첩보])

> ⏻ 고용주가 유용한 장비를 제공합니다. ([장비])

> ⏻ 보수가 짭짤합니다. (보수를 세 배로 받습니다)

> ⏻ 눈길을 끌지 않고 만납니다.

> ⏻ 고용주의 정체를 알 수 있습니다.

스프롤에서는 매 임무가 시작될 때마다 누군가가 일거리를 줍니다. 보통 MC는 고용주가 캐릭터 중 한 명에게, 또는 캐릭터 전원에게 어떻게 접촉했는지, 어디에서 만나는지, 고용주, 또는 고용주의 대리인이 어떻게 생겼는지 묘사합니다. 대리인은 만난 자리에서 일거리의 기본 정보를 제공합니다(임무는 어떤 종류이며, 아마도 목표는 누구인지까지).

여기에서 캐릭터들이 좀 더 자세한 정보를 묻거나 보수 조건을 교섭한다면, 교섭을 이끄는 캐릭터나 질문을 한 캐릭터가 **일거리 얻기** 판정을 합니다.

처음 세 가지 선택지는 다가올 임무에서 캐릭터들에게 이점을 주거나([장비]나 [첩보]) 임무가 끝난 다음 더 큰 보상을 제공합니다(크레드). 마지막 선택지는(고용주의 정체를 알 수 있습니다) 배신에 대비한 잠재적인 보험입니다. 만약 고용주와 만난 일이 눈길을 끈다면, MC는 골칫거리를 추가하거나 카운트다운 시계 중 하나를 전진시킵니다. 캐릭터들의 삶을 액션과 음모, 역경으로 가득 채우는 것이 MC의 강령 중 하나임을 명심하세요! 11장: 임무에서 **일거리 얻기**를 더욱 자세히 소개합니다.

판정에서 실패한다면(-6) 고용주가 정보의 흐름과 보수를 철저히 틀어쥐거나, 골칫거리가 될 만한 또다른 정보를 부주의하게 캐릭터들에게 흘립니다.

MC는 간트가 블랙워터-버라이즌 사와 접촉해 일거리를 가져왔다고 정했습니다. 간트는 매일 아침 확인하는 익명의 수신함을 통해 고용주가 될지도 모르는 자와 접선합니다....

MC: 간트. 아침에 눈을 뜨고 메시지를 확인해 보니, 블랙워터-버라이즌에 다니는 연줄이 일거리를 물고 왔으니 씨 호스 클럽에서 만나고 싶다고 하네요.

간트: 어, BV요? 씨 호스 클럽을 검색해보죠.

MC: 가본 적은 없지만 들어보기는 했어요. 쿰발라 힐에 세워진 정부 소유 마천루 "뭄바이 원" 에 있는 개인 고급 음식점입니다. 회사 중역들이 기업 간 식사 약속을 하기 위해 주로 들르는 장소이자, 우수한 보안시설 덕분에 서로 잘 모르는 사람들이 은밀하게 거래할 때 만나는 곳이기도 합니다.

간트: 케네디한테 전화합니다.

케네디: "무슨 일이야, 간트?"

간트: "일거리 제안이야. 옷 좀 차려입어야 할 것 같은데?"

케네디: "터틀넥으로. 턱시도로?"

간트: "턱시도로. 8시에 데리러 갈게."

케네디: "알겠음."

[계속하려면 아무 키나 눌러주세요]

MC: 뭄바이 원의 서비스는 끝내줍니다. 간트의 낡아빠진 옴니를 보고도 별말 없이 대리 주차를 해 주네요. 둘은 전망탑 안에서 친절하게 안내를 받아 곧바로 아라비아 해가 넓게 보이는 씨호스 클럽으로 갑니다. 연줄이 반갑게 인사하네요. 간트, 블랙워터-버라이즌에 다니는 당신 연줄은 어떤 사람이에요?

간트: 압부드 브람헷이라는 친구입니다. 헬릭스텍을 위해 일할 때 같은 사람 밑에서 일했죠. 이후 압부드는 기업으로 갔고, 전 프리랜서로 남았어요. 계속 연락을 주고받는 사이죠.

MC: 압부드는 여러분을 열렬히 환영합니다. "간트! 정말 오랫만일세! 블라디보스토크 이후 자네와 다시 같이 일할 기회를 얼마나 기다렸는지 몰라!" 압부드는 여러분에게 자리로 오라고 손짓한 다음, 탁자 위의 "사생활 보호" 버튼을 누릅니다. 그러자 주변이 백색 소음의 장막으로 둘러싸입니다.

간트: "그때만큼이나 괜찮은 건이면 좋겠군, 압부드."

MC: "당연히 그럴 거야. 단순히 뭘 빼내기만 하면 되니까." 압부드가 눈을 깜박거리면서 안경에 신호를 보내자, 앞의 탁자 위에 화면이 펼쳐집니다. 동양계 기업인의 얼굴이 나타나네요. "이 사람은 토마스 리야. 헬리스텍 소속인데 빠져나오고 싶어 하지. 엣 회사를 이용해 먹을 기회를 놓치고 싶진 않겠지?"

간트: "구미가 당기는군. 조건을 이야기해 보자고."

MC: **예리**로 **일거리 얻기** 판정하세요.

간트: 6이 나왔어요. 2를 더하면 8입니다. 약한 성공이라서 한 가지만 고를게요. 추가 [정보]를 선택하겠습니다. "토마스 리에 관해 뭘 이야기해 줄 수 있나요?"

MC는 목표 대상과 임무의 내용을 자세히 설명해줍니다. 장면이 끝난 다음, MC는 MC 액션으로 "종부리를 보여준다."를 선택하고 사전조사 시계를 전진시킵니다.

MC: 여러분이 씨호스 클럽을 나가려고 할 때, 검붉은 정장을 입은 턱수염 기른 남자가 이쪽을 유심히 지켜보는 모습이 보입니다.

보수 받기 (사전조사)

보수를 받기 위해 고용주를 만난다면, 사전조사 시계에서 아직 채우지 않은 칸 수를 수정치로 해서 판정하세요.

10+: 아래 목록에서 3개를 선택합니다.

7-9: 아래 목록에서 1개를 선택합니다.

- ⏻ 함정이나 매복이 아닙니다.
- ⏻ 약속한 보수를 제대로 받습니다.
- ⏻ 고용주의 정체를 알 수 있습니다.
- ⏻ 외부 세력의 눈길을 끌지 않고 만납니다.
- ⏻ 임무와 관련해서 무언가를 알 수 있습니다. 캐릭터 전원이 경험치를 얻습니다.

한 임무가 성공리에 끝날 때 캐릭터는 고용주에게 보수를 받으려 할 것입니다. 접선 장소의 시간과 장소, 분위기는 임무의 성공 여부, 양 측의 선호사항, 서로에게 미치는 영향력에 따라 정해집니다. 보통 고용주는 자기 뜻대로 보수조건을 강요하지만, 원하는 사람이나 물건을 캐릭터가 가졌다면 조건이 훨씬 유연해질 것입니다. 양 측이 세부사항을 합의했다면, 플레이어는 캐릭터가 어떻게 접촉할지 설명해야 합니다(원하는 대로 자세히 묘사합니다). 다른 장면과 마찬가지로 접선 장면을 플레이하세요. 접선을 시작하면, 캐릭터 중 한 명이 **보수 받기**를 판정합니다. **보수 받기**는 11장: 임무에서 좀 더 자세히 설명합니다.

MC에게는 "캐릭터의 삶을 액션과 음모, 역경으로 가득 채웁니다"라는 강령이 있습니다. 마지막에 벌어지는 최후의 배반 역시 그 일부입니다. 플레이어는 위 선택지를 사용해 배반이 어떻게 흘러갈지 한도를 정할 수 있습니다. 플레이어가 고르지 않은 선택지는 MC가 이번 임무의 마지막 순간에서, 또는 이후 임무에서 골칫거리로 사용할 수 있는 아이디어를 제공합니다.

"함정이나 매복이 아닙니다"를 선택했다면, 고용주는 팀을 제거하려는 음모를 꾸미지 않습니다. "약속한 보수를 제대로 받습니다"를 선택했다면, 고용주는 보수를 깎거나, 어음을 주는 등 술수를 부리지 않습니다. "외부 세력의 눈길을 끌지 않고 만납니다"를 선택했다면, 만남 장소에는 오직 캐릭터들과 고용주, 그리고 서로 가져온 물건이나 사람 외에 아무것도 없습니다.

"고용주의 정체를 알 수 있습니다"를 선택했다면, 고용주가 누구인지 단서가 남을 것입니다. 이는 캐릭터들이 좀 더 폭넓게 조사를 한다면, 혹은 이야기 요소로써 저절로 도움이 될지도 모릅니다. 무언가를 알기로 선택한다면 캐릭터 전원이 경험치를 얻습니다.

MC는 캐릭터의 선택에 따라 행동할 기회를 얻습니다. 물론 반드시 나쁜 일이 일어난다는 보장은 없습니다. 마찬가지로, 화면 바깥에서 무언가 나쁜 일이 발생해 기업 카운트다운 시계가 진행될 수도 있습니다.

MC: 갼트와 임원의 딸이 먼저 탑승한 다음, 케네디는 벤에 올라타고 남은 밈 좀비들이 있는 방향으로 총을 몇 방 더 발사합니다. 룩은 엔진을 켜고 **스프롤**의 거리를 요란하게 질주합니다. 어떻게 할래요?

네뷸라: 도니 씨에게 전화해서 딸을 확보했다고 전화합니다. 돈 받으러 가죠.

MC: 도니는 공업 지구에 있는 주소 한 군데를 말해주면서 이곳으로 곧바로 오라고 합니다. 한 시간 내에 만나자고 하네요.

네뷸라: 여기서 얼마나 걸려요?

MC: 25분 이내에 갈 수 있어요. 그럼 새벽 1시 정도지요.

케네디: 곧장 가서 먼저 장소를 점검하죠. 근처에서 날 내려줘. 직접 둘러볼게.

네뷸라: 룩, 드론을 먼저 보내줄 수 있어?

룩: 당연하지. 이글 아이를 보내서 탐색 프로그램을 돌릴 거야.

갼트: 자료가 들어오면 내가 분석할게.

MC: 좋아요. 분위기는 평범해 보입니다. 이 주소는 작은 사무용 건물이네요. 드넓은 공업단지 주차장 내에 마치 바닷속 섬처럼 건물 하나가 달랑 있습니다. 여러분은 몇 구역 저편에서 차를 댔고, 케네디는 차에서 나와 어둠 속으로 터벅터벅 걸어갑니다. 누구든 한 명이 **보수 받기**를 판정하세요. 여러분은 교회의 밈 좀비들을 사살하기 전까지는 별달리 잡음을 일으키지 않았네요. 사전조사 시계는 세 칸이 남았습니다.

네뷸라: 제가 굴리죠. 7이네요... 3을 더하면 10입니다.

MC: 훌륭합니다. 세 가지 선택합니다!

네뷸라: 우리 고용주가 누구인지는 이미 파악한 거 같아요. 그러니 이건 빼고... 약속한 보수를 모두 받는 것과 함정이나 매복이 아닌 것을 선택할게요. 마지막으로... 우리 경험치를 얻을까, 외부 세력의 개입을 막을까?

케네디: 나 경험치 조금만 더 얻으면 성장해.

네뷸라: 나도. 그럼 모두 경험치를 얻는 거로 선택할게요.

MC: 그래서 고용주가 누군지 더 캐지 않고, 외부의 눈길을 끌겠다는 거군요.

MC는 시계와 위험요소를 살펴본 다음, 헬릭스텍의 요원이 도니의 약점을 캐기 위해 여기 왔다고 결정합니다. 만약 캐릭터들이 요원을 찾아내 제거하지 않으면 MC는 헬릭스텍 쪽 기업 시계를 전진시킬 것입니다.

MC: 케네디는 어두컴컴한 길을 걸어 접선 장소 근처까지 도착했습니다. 건물 내에 조명 몇 개가 켜져 있네요. 하지만 이를 제외하면 한밤중인 만큼 공업 지구 전체가 쥐 죽은 듯이 조용하고 사람의 모습은 어디에도 없습니다. 어떻게 할래요?

피해

바깥 세상은 위험합니다. 특히 캐릭터가 몸을 담은 세상은 더욱 위험하지요. 캐릭터는 피해를 받았을 때(0-피해나 충격-피해도 포함합니다), 착용한 방어구의 장갑 단계만큼 (방어구를 입었다면) 피해를 낮춘 다음, 남은 피해만큼 피해 시계 칸을 전진시키고, 전진한 수치만큼을 수정치로 더해 **피해** 판정을 합니다. 장갑 단계가 피해보다 높다면 0-피해로 간주합니다.

> **10+**: 1개를 선택합니다.
>
> ⏻ 행동 불능이 됩니다: 의식을 잃거나, 궁지에 몰리거나, 정신이 오락가락하거나, 공황에 빠집니다.
>
> ⏻ 방어구로 낮춘 피해까지 전부 받습니다. 이미 피해를 전부 받았다면 피해가 1점 증가합니다.
>
> ⏻ 수리할 때까지 사이버웨어 중 하나가 망가집니다.
>
> ⏻ 신체 부위 중 한 군데를 잃습니다(팔, 다리, 눈)
>
> **7-9**: MC가 1개를 선택합니다.
>
> ⏻ 헛디딥니다.
>
> ⏻ 잡은 것을 놓칩니다.
>
> ⏻ 지키던 사람이나 물건을 잃어버립니다.
>
> ⏻ 기선을 제압당합니다.

완전한 피해 규칙은 9장: 스프롤 MC 플레이에서 설명합니다.

피해 판정은 다른 판정과 결과가 반대임을 명심하세요. 낮을수록 좋고, 높을수록 문제가 발생합니다. 신체 부위를 잃거나, 사이버웨어가 망가지는 결과는 끔찍해 보일지도 모릅니다! 하지만 몸이나 사이버웨어는 대체나 수리를 할 수 있음을 잊지 마세요. 간단히 인공사지로 교체할 건가요, 강화된 사이버웨어를 부착할 건가요, 불구가 된 사실을 받아들이고 감내할 건가요? **스프롤**에서 인공사지는 원래 신체와 같은 역할을 하며, 액션을 적용할 때 사이버웨어로 간주하지 않습니다. 겉보기로만 사이버웨어로 바꾸는 것은 비용이 들지 않습니다.

스프롤에서 매 세션 사이에 피해를 치료하는 데 비용과 시간이 얼마나 들지는 규칙으로 정하지 않았습니다. 이야기상 필요하지 않거나 치료하는 과정에 아무도 관심을 두지 않는다면 다음 임무에서 캐릭터의 피해 시계는 모두 비우고 시작합니다.

MC: 루시퍼 호의 차체가 RPG를 얻어맞고 굉음을 내며 요란하게 흔들립니다. 뒷좌석 창문에 금이 가고 왼쪽 뒷바퀴는 뭉텅 뜯겨 나갔어요. 룩이 흔들리는 차를 바로잡으려고 고군분투했지만, 속도를 내어 달리던 루시퍼 호는 스포일러가 뜯겨 나가면서 제어를 잃고 빙글빙글 돌면서 밤길을 미끄러집니다. 제어 디스플레이에 연료 탱크 근처에 불꽃이 튀었다는 표시가 나타나네요. 그리고는 펑! 루시퍼 호는 데굴데굴 굴렀고, 안에 탄 룩은 차량이 보도까지 굴러가 전복된 채로 멈출 때까지 충돌 테스트용 더미처럼 이리저리 부딪혔습니다. 3-피해를 받고 **피해** 액션을 사용하세요.

룩: 낮게 나와야죠? 7… 3을 더하면 10이네요. 으윽.

MC: 블랙워터-버라이즌 제 밴은 백 미터 정도 떨어진 곳에서 끼익 소리를 내며 멈추고, 트렁크가 열리면서 안에 실은 물건이 이리저리 흩어졌습니다. 어떤 선택지를 고를 건가요?

룩: 후회할 것 같지만… 사이버웨어가 망가지는 것을 고르겠습니다. 사고가 나는 순간 전기가 제어 시스템으로 역류해서 CPU를 태워 먹었습니다.

MC: 어이쿠, 룩은 다가오는 제거 팀에 강제로라도 신경을 쏟으려 하지만, 머릿속이 마치 불타오르는 것 같습니다. 어떻게 할래요?

다른 남자가 벌거벗은 채 전당포 문 앞으로 헐레벌떡 달려왔다면 지나는 그냥 쏴 버렸을 것이다. 하지만 그 남자는 카를로스였다. 어딘가에서 주인 없이 옷만 발견되었다던 그 카를로스 말이다. 지나는 권총을 다시 차고 찌푸린 눈으로 문 안으로 발을 디디는 카를로스를 죽 훑어보았다. "카를로스, 같이 벌거벗을 여자를 구하는 거라면 잘못 찾아왔어."

카를로스는 항변하듯 손을 들어 올리고는 어깨를 으쓱거렸다. "슬프게도 여긴 아가씨를 찾을 수 있는 가게가 아닌가 보군. 사우스 레이크 유니언 같은 곳은 붙임성 좋은 분들이 많은데 말이야." 카를로스는 문가를 지나쳐 전당포 한가운데로 들어온 다음, 지나가 곧바로 원격 자물쇠를 잠그는 동안 가만히 서 있었다. 지나가 계산대 아래에서 보던 지역 채널의 소리를 다시 키우는 동안, 카를로스는 그녀 앞에 놓인 유리 상자를 유심히 보았다. 상자 안의 권총이 눈을 붙잡았다. 근처 모 기업의 시설 아래에 위치한 지하 터널에 두고 온 탄약 바닥난 총 대신 쓸 수 있겠다는 생각이 들었다. 상자를 가리키면서 정보를 검색 중이던 지나를 불렀다. "저 총, 저걸로." 그러면서 그는 자신을 가리켰다. "반드시 돌아와서 갚을게." 지나는 삐딱하게 몸을 기울였다. 피어싱한 눈썹이 꿈틀거렸다.

"내 가게에 벌거벗은 채로 들어와서, 총을 원한다고? 그리고는 나중에 돌아온다고?"

카를로스는 밝은 미소를 지었다. 비록 눈가에만 머무른 미소지만 말이다. 여기저기 문을 두들겨서 반응이라도 해 주는 사람을 만난 게 어딘가? "지나, 당신은 장사꾼이잖아. 내가 실력 좋은 건 알 테고. 값을 세 배로 부른다고 해도 불평하지 않을 거야. 나 때문에 오늘 일찍 장사를 접었어야 하니까. 솔직히 말하자면, 오늘은 하루 종일 문을 닫는 게 좋겠다고 추천하고 싶어. 저놈들이 온종일 내 사진으로 채널을 채운다면 말이지." 카를로스는 지나의 얼굴에 언뜻 스쳐 지나간 반신반의하는 표정을 보았다. 무언가 잃을 게 있는 사람은 기업 보안 부서에 개수작을 걸지 않는 법이다. 시애틀에서는 말이다.

그저 '모범시민'이라는 딱지 외에 잃을 게 없는 사람은 제외하고.

>>>>.3장.>>>>>00003>>>>>>>

플레이준비

계속하시겠습니까? [Y / N]

////보고 요약///
온도: 233°C (451°F)
데이터디스크: [파괴]

플레이 준비

로딩 중...

스프롤을 플레이할 때는 무엇보다도 먼저 플레이할 세계를 함께 만들어야 합니다. MC 와 플레이어들은 첫 번째 플레이에서 우선 어떤 기업이 게임 속에서 캐릭터들과 매번 부딪힐 주요 적수가 될지 함께 정합니다. 기업을 정했으면, 플레이어들은 플레이북을 선택하고 해당 내용에 따라 캐릭터를 만듭니다. 이 단계에서 모든 플레이어는 질문을 던지면서 세계를 구축하고 기업과 캐릭터들이 어디에 있는지 설정해야 합니다. MC가 이 과정 동안 자신의 역할을 어떻게 수행할지는 10장: 첫 세션에서 설명합니다.

플레이어들이 무엇을 바라는지, 어떤 질문을 던질지는 팀마다 다르지만, 단골로 등장하는 요소는 몇 가지 있습니다. 준비 단계에서 다음 질문을 언제 해야 하는지 정해진 시간은 없으니, 자연스럽게 화제가 될 때 질문하세요.

스프롤의 시간대는 언제인가요? 플레이어들 마음대로입니다! 다만 **스프롤**은 현 21 세기의 흐름을 더욱 그럴듯하게 과장해서 기업이 사회를 장악하고, 사람의 가치와 노력을 상품화하며, 빈부 격차를 극대화하고, 사회 구석구석에 첨단 기술이 자리 잡은 세상에서 플레이할 때 가장 재미있습니다. 배경 세계의 시간대를 언제로 정해야 할지 필요성을 느낄 때 함께 의논하세요.

기술 수준은 얼마나 되요? 좀 까다로운 문제입니다. **스프롤**은 광범위한 무선 통신 기술이 발달하기 전인 1980~90년대 사이버펑크 소설과 게임, 영화의 각종 유형을 모델로 삼았습니다. **스프롤**의 기술 대부분은 펑크족들이 머리에 장착한 잭에 전선을 꽂아 지저분한 뒷골목 전화기에 연결하는 어두컴컴한 1980년대풍 분위기를 연출하든, 해커들이 손바닥 크기의 무선장비나 이식물을 사용해 무선 네트워크의 취약한 점을 파고드는 21세기풍 분위기를 연출하든 문제없도록 의도적으로 모호하게 소개했습니다. 플레이어들은 서로 자신이 생각하는 사이버펑크란 무엇인지, 어떤 이미지를 떠올리면서 플레이할지 함께 논의해야 합니다.

캐릭터들은 서로 친구인가요? 아마도 아닐 것입니다. 플레이를 처음 시작할 때 캐릭터들은 서로 직업상 아는 사이입니다(캐릭터들의 직업상 연결고리는 플레이 준비 9단계: 유대에서 설정합니다). 플레이 중 서로 친구가 되요? 훌륭합니다. 같은 업무를 함께 하는 직업상 지인으로만 계속 남나요? 그래도 좋습니다. 플레이를 하면서 알아가세요!

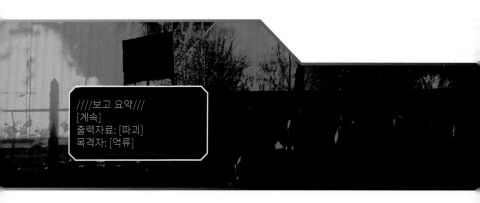

////보고 요약///
[계속]
출력자료: [파괴]
목격자: [억류]

플레이어 캐릭터는 유일무이한 존재인가요? 스프롤에서는 절대 아닙니다. 캐릭터들은 처분 가능한 자원일 뿐입니다. 해커 캐릭터가 실패하면 다른 해커가 일거리를 빼앗고 캐릭터의 덱도… 아니, 캐릭터의 구형 덱을 한껏 비웃은 다음 최신 모델을 구할 것입니다.

그렇다면 두 명의 플레이어가 같은 플레이북을 사용해도 된다는 소리인가요? 스프롤의 임무 대부분은 다양한 기술을 갖춘 소수정예 팀을 필요로 하기 때문에 추천하지 않습니다. 최소한 처음에는 말입니다. 만약 두 명의 플레이어가 같은 플레이북을 사용하고 싶어 한다면, 플레이어들이 모두 찬성해야 합니다. 그다음 왜 이 팀에 왜 사냥꾼이나 기자, 킬러가 두 명씩이나 있는지 의논하세요. 플레이어들이 선택한 플레이북은 팀이 맡을 임무의 종류에 큰 영향을 미칩니다. 즉, 크게 보면 게임의 방향까지 달라질 수 있습니다.

캐릭터들은 어떤 팀인가요? 어떤 종류의 임무를 수행하나요? 이는 플레이어들이 선택한 플레이북에 따라 정해질 수 있습니다. 고용주는 능력 있는 요원을 고용하기 원합니다. 제시하는 임무의 종류는 팀이 갖춘 기술에 따라 달라질 것입니다. 각자 어떤 플레이북을 선택해야 "최적화"를 할 수 있을지 고민할 필요는 없습니다. 서로 다른 플레이북을 사용하는 2~4명의 캐릭터가 있으면 충분합니다. 하지만 플레이북의 조합에 따라 팀이 나아가는 방향도 달라질 것입니다. 기업 중개인에게 캐릭터들의 팀을 어떻게 소개할지, 어떤 상품 가치를 내세울지 고려해 봐도 좋습니다.

플레이 준비는 열 가지 단계로 이루어집니다. 반드시 순서대로 엄격하게 따를 필요는 없습니다. 예를 들어, 플레이어는 플레이북에서 어떤 액션을 선택했는지에 따라(5단계: 플레이북 액션을 선택합니다) 배정한 특성치를 바꿀 수도 있습니다(3단계: 특성치를 배정하세요).

사라와 타쿠미, 아냐, 존, 노라는 스프롤을 플레이하기 위해 모였습니다. 플레이어들은 자신이 이해하는 사이버펑크가 어떤 것인지, 어떤 분위기를 내고 싶은 지 논의합니다. MC를 맡은 노라는 9장에 수록된 질문 중 몇 가지를 다른 플레이어들에게 물어보고, 사회와 기술의 어떤 측면에 관심이 있는지 알아봅니다. 플레이어들은 현재 사는 도시의 미래 모습을 플레이하기로 결정한 다음, 이 도시의 스프롤은 어떤 모습인지 의견을 나눕니다.

0단계: 기업을 설정합니다.

외계인이 있다고 상상해봐, 언젠가 폭스가 말한 적이 있어. 이 행성을 지배하는 지성체가 누구인지 알아보기 위해 지구에 온 외계인을 말이야. 외계인은 한번 쓱 보더니, 그다음 선택했어, 누구를 고를 거 같아? 나는 아마 어깨를 으쓱거렸던 것 같아.

자이바츠야. 폭스가 대답했어. 다국적기업 말이지. 자이바츠의 피는 정보야, 사람이 아니라고. 자이바츠의 구조는 그 안에 포함된 각 개인의 삶과는 별개로 돌아가지. 기업은 곧 생명체라고.

New Rose Hotel, 윌리엄 깁슨

MC를 포함한 모든 플레이어는 각자 하나씩 거대 기업(혹은 범죄 조직이나 정부 같은 유사한 범위의 집합체)의 이름을 대고, 어떤 분야의 기업인지 간략하게 묘사하세요. 얼마나 자세히 묘사할지는 플레이어 취향과 팀, 게임 상황에 따라 다를 수 있습니다. 단편 플레이나 RPG 행사에서 플레이할 때는 각 기업이 주로 활동하는 분야만 묘사해도 충분합니다. 캠페인을 진행할 때는 기업의 조직 목표와 기업 내 중요 부서, 대표적인 장소나 비밀 시설 등도 묘사해야 할 것입니다. 사이버펑크나 근미래를 묘사한 작품, 또는 오늘날 기업을 다룬 뉴스에서 아이디어를 얻으세요. 현재 활동하는 기업들을 하나로 모아 거대한 복합 기업으로 합쳐보세요.

각종 매체에서 아이디어를 모은 기업 이름과 사업 분야의 예시는 **참고자료 1: 기업 이름**을 참조하세요.

플레이어들이 정한 기업은 함께 만들어 갈 이야기 속에서 주요한 역할을 할 존재입니다. 그러므로 플레이 중 보고 싶은 디스토피아의 면모를 강조할 수 있는 기업을 만드세요. 자신이 만든 기업에 너무 애착을 가지지는 마세요. 언젠가 이 기업은 캐릭터들을 죽이려 들 테니까요.

노라 (MC): 좋아요. 0단계는 우리 게임에서 주요한 역할을 할 기업을 설정하는 단계입니다. 저부터 시작하죠. 전 우리 게임에서 기업의 군사력이 중요한 역할을 했으면 좋겠어요. 그래서 방위산업 분야에서 세계의 정부 절반과 계약을 맺고, 나머지 절반한테는 비밀 작전을 펼치거나 노골적인 전쟁을 벌여서 적극적으로 약화하려 하는 영국-홍콩 기대기업인 상하이 시큐리티를 목록에 추가하고 싶습니다.

노라는 기업 목록에 "상하이 시큐리티: 군사-중공업 기업"이라고 적은 다음 테이블 한가운데에 놓습니다.

존: 멋지네요! 음, 전 생명공학과 사이버네틱스 연구에 비중을 두고 싶어요. 그래서 헬릭스텍을 목록에 추가할게요. 헬릭스텍은 유전자 배열로 시작해 사이버네틱스 연구의 최신 분야까지 분야를 확장했어요. 이들의 정예 사설부대는 최고의 사이버웨어로 무장했고, 상하이 시큐리티가 순순히 복종하지 않는 정부를 공격할 때 해당 지역으로 가 비밀리에 첨단 모델의 성능을 시험하곤 하죠.

존은 상하이 시큐리티 아래에 "헬릭스텍: 유전공학, 사이버네틱스, 군용 신체 강화" 라고 적습니다.

타쿠미: 흠, 전 우주에서 임무를 수행해 보고 싶어요. 솔라 인베스트먼츠를 집어넣죠. 솔라 인베스트먼츠는 정보 보안과 갑부들을 위한 전용 공동체 분야를 독점하는 지구 궤도권의 재벌입니다.

타쿠미는 "솔라 인베스트먼츠: 재정 운영과 고급 거주지"를 목록에 적습니다.

사라: 그거 좋네요, 타쿠미. 저는 솔라 인베스트먼츠의 가장 큰 경쟁상대가 에콰다인 페트로켐일 거로 생각해요. 에콰다인 페트로켐은 석유와 광산 분야에 진출한 재벌입니다. 소행성 채굴 계획의 일부로 우주 엘리베이터를 건설 중이죠. 그 과정에서 솔라 인베스트먼츠의 독점분야였던 지구 궤도 운송과 거주지 건설에 위협을 끼치고 있어요.

타쿠미: 근사하군요!

사라는 "에콰다인 페트로켐: 석유, 광산, 중공업, 우주로 진출 중." 이라고 적습니다.

아냐: 좋아요. 이제 저만 남았습니다.... 전 사이버스페이스에 중점을 둔 거대기업이 나오면 좋겠어요. 아, 미디어 분야도요. 이그지스턴스 엔터테인먼트가 좋겠네요. "현실보다 낫습니다!"

아냐는 "이그지스턴스 엔터테인먼트: 가상현실 미디어와 심센스"라고 적습니다.

[계속하려면 아무 키나 눌러주세요]

사라: 심센스가 뭔가요?

아냐: 사람들이 행동할 때 오감으로 느끼는 경험을 사이버웨어에 저장한 다음, 다른 사람들이 그 경험을 느낄 수 있도록 파는 거죠. 고고도 낙하나 포뮬러 원 경주를 체험하고 싶나요? 아니면 총격전이나 은행 강도질에 뛰어들어보고 싶나요?

사라: 오오, 그거 무섭네요!

아냐: 예! 전원을 켜고, 접속하고, 영원히 현실과 작별해버리는 거죠!

노라: 아주 훌륭해요! 방위산업, 사이버네틱스, 궤도 금융, 석유, 가상현실 미디어 분야의 재벌이 등장했네요. 임무 몇 개는 어떻게 만들지 벌써 보이네요!

1단계: 플레이북을 선택합니다.

스프롤에는 모두 열 가지 기본 역할이 있습니다. 모든 플레이어는 각자 하나씩 플레이북을 선택합니다.

운전사는 차량과 두뇌를 연결해 드론 사이와 매연의 구름 속을 질주합니다.

중개인은 사람들에게 장비나 일거리, 친구, 문젯거리 등을 제공합니다.

해커는 컴퓨터 네트워크를 파고들어 목표를 훔치고 여러 가지 일을 합니다.

사냥꾼은 거리를 샅샅이 훑어서 사람이나 물건을 찾습니다.

침투요원은 보안이 엄중한 장소에 침투해 무언가 나쁜 일을 하는 데 명수입니다.

킬러는 첨단기술을 사용해 폭력을 행사합니다.

선동가는 한 명씩 한 명씩 세상을 바꾸려 합니다.

기자는 진실을 파헤치고 범죄를 폭로합니다.

군인은 기업 전쟁에서 임무를 계획하고 수행합니다.

기술자는 장비를 만들고, 고치고, 부수는 대가입니다.

플레이북에 있는 모든 내용은 플레이어가 MC에게 어떤 내용의 플레이를 하고 싶은지 요청하는 플래그입니다. 하지만 플레이어가 각 플레이북이 어떤 역할을 하는지 명확하게 파악하지 않는다면 플레이북은 플래그 역할을 할 수 없습니다. 따라서 MC는 반드시 플레이어가 자신이 어떤 종류의 캐릭터를 선택하는지 알도록 자세하게 플레이북을 설명해야 합니다

노라 (MC): 이제 기업이 준비됐으니, 플레이북을 선택하고 주인공으로 활약할 캐릭터를 만드세요.

노라는 3장에 소개된 간략한 설명글을 읽고 각 플레이북이 어느 종류의 일에 중점을 두는지 짧게 이야기하면서 플레이북을 하나하나 설명한 다음, 플레이어들이 볼 수 있도록 테이블 한가운데에 플레이북을 놓습니다.

사라: 침투요원이 되고 싶어요! 다들 괜찮나요?

존: 전 침투요원이나 킬러 중 하나를 생각했는데, 그럼 제가 킬러를 맡죠.

아나: 전 해커로 할게요.

타쿠미: 완벽하네요. 전 운전사가 마음에 드네요.

2단계: 이름을 짓고 캐릭터가 어떤 인물인지 설명합니다.

캐릭터가 쓰는 가명이나 거리의 이름을 지은 다음 외모를 묘사하세요. 플레이북에는 눈과 얼굴, 피부색, 몸, 옷차림을 몇 가지 선택할 수 있는 목록이 있습니다. 외모 목록은 게임과 각 플레이북의 분위기를 설정하는 데 도움이 되지만, 플레이어는 꼭 플레이북에 나온 목록에 국한하여 선택할 필요는 없습니다. 목록은 그저 아이디어를 북돋기 위한 역할일 뿐입니다. 이름 역시 플레이어가 직접 정할 수도 있고, 플레이북에서 제공하는 목록에서 선택해도 됩니다.

캐릭터를 좀 더 꾸며보세요. 개성 없는 얼굴과 매서운 눈초리를 한 다른 용병들과 차별되는 캐릭터만의 특징이 있나요 눈에 띄는 문신? 인공 피부나 머리칼, 혹은 장식용 이식물? 제복을 입었나요, 아니면 특정한 종류의 다른 옷을 입었나요? 혹시 장비에 기업 상표가 덕지덕지 붙었나요? 캐릭터는 항상 탄약을 씹는 버릇이 있나요? 사이버웨어 눈 바깥에 테이핑을 붙였나요?

노라: 좋아요. 플레이북 맨 위에 나온 이름과 외모부터 고르면서 시작하죠. 이 목록은 예시일 뿐입니다. 반드시 그것만 선택하라는 건 아니에요.

플레이어들은 플레이북을 읽고 선택하기 시작합니다.

타쿠미: 사실 전 운전사보다 좀 사회적인 캐릭터를 플레이해보고 싶어요. 중개인으로 바꿀 수 있나요?

노라: 당연하죠!

존은 킬러의 이름을 오클레이로 선택했습니다. 오클레이는 인공 눈과 흉터가 난 얼굴, 근육질 몸, 문신으로 치장한 흰 피부에 펑크족 옷을 입었습니다.

[계속하려면 아무 키나 눌러주세요]

존: 오클레이는 시커먼 수염에 서바이벌 나이프로 싸우다가 생긴 듯한 긴 칼자국 흉터가 관자놀이에서 턱선까지 길게 도드라져 보이는 거친 외모의 남자입니다. 눈동자는 온통 검어요. 비밀 습격 임무에서 기업 시설을 지키다가 섬광탄에 눈이 노출되어서 탱크에서 배양한 눈으로 대체했기 때문입니다. 팔에는 여행 기념으로 새긴 다양한 문신이 가득해요. 복장은 기업 군복을 의도적으로 펑크족 스타일로 바꿨어요. 기업 상표는 반기업 구호 마크로 바꿨고, 옷은 여전히 쓸만하지만 가장자리는 뜯어지고 헤졌습니다.

타쿠미는 중개인 캐릭터의 이름을 허브로 정했습니다. 허브는 신뢰할 만한 눈에 친근한 얼굴, 가는 몸에 갈색 피부, 기업복을 입었습니다.

타쿠미: 허브를 거리에서 본다면, 그저 잘 차려입은 회사원처럼 보일 거예요. 허브는 기업 세계에서 활동하는 사람들에게 좋은 인상을 남기기 위해 그렇게 입죠. 존경도 받고 싶고, 돈도 원하거든요. 피부는 인종을 쉽게 가늠할 수 없는 밝은 갈색이에요. 얼굴은 무척 믿음직스럽고, 누구든 경계심을 누그러뜨릴 만한 친근한 미소를 짓죠.

사라는 침투요원의 이름을 제로라고 지었습니다. 제로는 별 특징 없는 얼굴과 불안한 듯한 눈빛, 유연한 몸, 아시아계 피부, 거리의 복장을 갖췄습니다.

사라: 제로는 어디든 주변에 쉽게 녹아들 수 있도록 옷을 입어요. 큰 옷장에 여러 옷을 두고 항상 복장을 바꾸죠. 얼굴은 별 특징이 없어요. 다만 눈은 항상 여기저기 움직이면서 주변의 정보를 수집하고 출입 경로를 파악하죠. 얼굴은 일본인과 페루 토착민의 피가 섞인 외모에요. 어딘가로 잠입할 때는 고양이처럼 날렵하게 움직이고, 언제나 주변 지형과 유사한 복장을 해요.

아냐는 해커의 이름을 코어라고 지었습니다. 코어는 의기양양한 눈에 매끈한 얼굴, 작은 몸과 검은 피부를 갖췄으며 해진 옷을 입었습니다.

아냐: 코어는 16살 정도 되는 젊은 여자이고, 해킹의 최고수에요. 자신도 그 사실을 잘 알고요. 코어는 항상 경쟁자의 허를 찌르는 방법을 찾고, 상대가 A급 해커가 아니라면 말을 나눌 가치도 못 느낄 거예요. 현실 외모는 전혀 신경 쓰지 않지만, 매트릭스 속 아바타는 팔이 여섯 개에 거대한 박쥐 날개를 단 거대한 불꽃 악마입니다.

3단계: 특성치를 배정합니다

여섯 가지 특성치(**스타일, 예리, 냉철, 정신, 육체, 신스**)에 다음 수치를 배정하세요: +2, +1, +1, +0, +0, -1. 각 플레이북은 해당 플레이북에서 중심을 이루는 기본 액션과 플레이북 액션이 무엇인지에 따라 특히 비중을 두는 특성치가 한두 가지씩 있습니다. 어떤 특성치가 중요한지는 각 플레이북에 제시했습니다. 플레이어는 중요 특성치에 +2 나 +1을 배정하는 편이 좋습니다. 특히 처음 **스프롤**을 한다면 말이지요.

다른 특성치와 달리 **신스**는 기본 액션에서 사용하지 않습니다. 하지만 사이버웨어를 단 캐릭터는 때로 특정한 행동을 할 때 원래 사용하는 특성치 대신 **신스**를 사용하는 경우가 있습니다.

예를 들어 **예리**가 낮지만 **신스**가 높고 사이버웨어 눈을 단 캐릭터는 원래 가진 능력 대신 사이버웨어 눈과 관련 펌웨어를 사용해 상황을 파악할 수 있습니다. **스프롤**에서 크롬과 전기 회로는 육신의 약점을 대체할 수 있습니다.

노라: 캐릭터 이름과 외모를 정했으면, 이제 특성치를 배정할 시간입니다.

노라는 여섯 가지 특성치를 소개한 다음, 어떤 액션에 사용되는지, 판정은 어떻게 하는지 설명합니다.

노라: 원한다면 나중 단계에서 배정한 특성치를 바꿀 수도 있어요. 플레이북에서 원래 특성치 대신 다른 특성치를 사용하는 액션을 선택해도 좋습니다.

존은 킬러 플레이북을 훑어봤습니다. 플레이북에 따르면 오클레이는 육체나 **신스**에 +1 이상 배정해야 합니다. 존은 사이버웨어를 많이 활용하고 싶으므로 **신스**에 +2를 배정하기로 결정했습니다. 또한 존은 오클레이가 사이버웨어 없이도 충분히 강하고 멋진 인물이기를 바라기 때문에 **육체**와 **예리**에 +1을 배정했습니다. 존은 **냉철**과 **정신**은 그다지 관심 가지 않아 +0으로 정했으며, 오클레이가 사회적인 상황에서 곤란을 겪는 모습이 보고 싶어서 **스타일**에 -1을 배정했습니다.

중개인 플레이북에 따르면 허브는 **스타일**에 +2나 +1을 배정해야 합니다. 그래서 타쿠미는 +2를 배정했습니다. 그리고 허브는 사람들에게 사랑받는 사람이지, 전사가 아니므로 **육체**에 -1을 배정하고 **냉철**에 +1을 배정했습니다. **정신**과 **신스**는 +0으로 남겼습니다.

사라는 스프롤을 플레이해본 적이 있어서 침투요원은 혼란스러운 상황에서도 침착해야 한다는 사실을 잘 압니다. 그래서 곧바로 **냉철**에 +2를 배정했습니다. 사라는 제로가 사전조사 단계에서 뛰어난 능력을 발휘하기를 바라므로, **예리**와 **스타일**에 +1을 넣었습니다. 제로는 목표 지점에 침투하기 전 최대한 정보를 얻기 위해 **파악하기**와 **거리 나서기**를 사용할 수 있을 것입니다. 제로는 최대한 전투를 피하는 성향이지만 문제가 발생했을 때 낮은 능력 때문에 골칫거리를 겪고 싶지 않아서 **육체**를 +0으로 두었습니다. 제로의 **신스**는 -1이지만, 다른 특성치 대신 반드시 **신스**로 사용할 필요는 없으므로 사라는 좋은 사이버웨어를 훑어봅니다.

아냐는 해커가 **예리**, **신스**, **정신**이 필요하다는 점을 확인합니다. 액션을 살펴보니, 건물 시설의 시스템에 접속하고 조종하려면 **신스**를, 매트릭스의 보안을 깨뜨리고 조사를 하려면 **정신**을, ICE를 무력화시키려면 **예리**가 필요합니다. 아냐는 코어를 ICE를 부수는데 특화된 악당으로 만들고 싶어서 **예리**를 +2로 배정하고, **신스**와 **정신**을 +1로 정했습니다. 아냐는 어린 해커의 관점에서 플레이하고 싶었기 때문에 **육체**를 -1로 두었습니다. 남은 **스타일**과 **냉철**은 +0으로 정했습니다.

4단계: 사이버웨어를 선택합니다

스프롤에서 모든 캐릭터는 사이버웨어를 답니다. 하지만 인간의 조직을 기계와 플라스틱으로 대체하기란 그다지 쉬운 일이 아닙니다. 플레이북에서 제시하는 사이버웨어 중 하나를 선택하세요. 캐릭터가 어떻게, 왜 사이버웨어를 얻었는지 생각하세요. MC는 플레이어에게 두 가지 질문을 합니다.

> 1. 왜 신체 일부를 자르고 기계로 대체했나요?

> 하나를 선택합니다: 신체결함, 강제, 충성심, 열정, 불가피한 상황, 중독, 유전자, 직업, 사상, 추억, 군대

> 2. 신체 일부를 자르고 기계로 대체할 만큼의 여유자금을 어떻게 마련했나요?

> 하나를 선택합니다:

> ⏻ 돈을 아껴 직접 장만했습니다. 다음 태그 중 하나를 선택해 사이버웨어에 추가하세요: 「불안정」, 「성능미달」, 「하드웨어 부식」, 「신체 손상」.

> ⏻ 누군가가 돈을 내주었습니다. 이제 캐릭터는 그들에게 「빚」을 졌습니다. 누구에게 빚을 졌는지 선택하세요.

> ⏻ 사이버웨어를 얻기 위해 누군가를 등쳤습니다. 이제 캐릭터는 「추적」 당하는 신세입니다. 누구를 배반했는지 설명하세요.

MC는 캐릭터가 누구에게 빚졌는지, 누구에게 쫓기는지, 어떤 장비를 몸에 달았는지, 기술적인 문제가 있는지 기록해 두세요. 플레이어는 확실히 재미있겠다고 생각되는 선택지를 골라야 합니다. MC는 이 선택지를 보고 플레이어가 어떤 골칫거리를 겪고 싶어 하는지 알 수 있으며, 플레이에 반영할 수 있습니다.

만약 플레이어가 사이버웨어를 추가로 얻는 액션을 선택했다면, 플레이북에 나온 목록 외에 다른 사이버웨어를 달 수도 있습니다. 5장: 사이버웨어에서 전체 목록을 보고 선택합니다. 하지만 사이버웨어를 달 비용을 어떻게 마련했는지는 위와 똑같은 방법으로 설명해야 합니다. 때로 각 캐릭터의 플레이북에 소개하는 사이버웨어는 5장: 사이버웨어나 다른 플레이북에 나온 사이버웨어와 차이가 날 수도 있습니다. 이 경우는 캐릭터의 플레이북에 나온 규칙을 적용하세요.

노라: 다음으로, 플레이북에 있는 사이버웨어 선택지를 보세요. 선택하는 동안 제가 두 가지 질문을 할 테니 생각해 두세요. "왜 신체 일부를 자르고 기계로 대체했나요?"와 "사이버웨어를 달 비용을 어떻게 마련했나요?" 입니다. 첫 번째 질문은 자유롭게 생각해보세요. 아이디어를 위해 선택 사항을 드릴게요: 보조수단, 강제, 충성심, 열정, 불가피한 상황, 중독, 유전학, 직업, 사상, 기억, 군대. 두 번째 질문은 세 가지 중 하나를 골라 답하세요: 돈을 아껴가면서 모아 직접 장만했다면, 사이버웨어의 품질이 그다지 좋지 않습니다. 몇 가지 태그 중 하나를 고르세요. 아니면 다른 누군가가 돈을 내줘서 빚을 지거나, 누군가를 등쳐서 쫓기는 중인가요? 그렇다면 누구에게 빚을 졌거나 추적당하는지 선택합니다.

존 (오클레이를 플레이합니다): 전 인조 신경, 그리고 조준 프로그램을 추가한 신경 인터페이스를 선택할래요. 오클레이는 자신이 그저 대체품에 불과한 보안요원 이상의 존재가 되고 싶다면 몇가지 강화를 해야 한다는 사실을 알아요. 그래서 중신 계약을 맺었죠... 존은 0단계에서 만든 기업 목록을 살펴봅니다. 상하이 시큐리티랑 말이죠.

노라 (MC): 그럼 아직 같이 일하는 중인가요. 아니면 추적을 받는 중인가요?

존: 아, 그거요. 2년 후에 중앙아시아에서 비밀 작전을 한 다음 그냥 빠져나왔죠. 무단이탈한 후 지금은 추적받고 있어요.

노라는 MC 시트에 '오클레이는 상하이 시큐리티에 추적받는 중이다'라고 적었습니다.

노라: 허브는 어떤가요? 어떤 사이버웨어를 부착했어요?

타쿠미 (허브를 플레이합니다): 허브는 항상 네트워크에 접속해 있습니다. 「암호화」와 「전파방해」 태그를 단 사이버웨어 통신기를 달았지요. 예전 페루에서 임무를 수행하던 중 선두에 선 적후병이 협곡에서 통신기를 잃어버린 탓에 팀 전체가 상하이 시큐리티 대응 부대의 공격을 받아 전사했고, 허브는 심한 화상을 입었습니다. 그 후로는 통신 네트워크에서 절대로 접속을 끊지 않겠다고 맹세했어요. 허브는 그 당시 헬릭스텍에서 일했고, 기업이 사이버웨어 비용을 댔어요. 그래서 빚을 졌습니다.

노라는 '허브는 헬릭스텍에 빚을 졌다'고 적었습니다.

사라 (제로를 플레이합니다): 다음은 저요! 제로는 기술칩을 장착했어요. 제로는 십대 시절에 독성 물질에 오염되어서 신경계가 엉망이 됐어요. 사고를 일으킨 에콰다인 페트로켐은 피해자들에게 보상했지만, 피해자들은 특허가 붙은 약을 사면서 점점 빚이 불어나거나, 운동 신경을 제어하는 기술칩을 구입하기 위해 노예계약이나 다름없는 조건으로 일할 수밖에 없었어요. 제로는 항상 에콰다인을 증오했고, 몰래 도망쳐 기업의 손아귀에서 빠져나왔어요.

노라: 그럼 지금은 추적당하는 중이겠네요?

사라: 예!

노라는 MC 시트에 '제로는 상하이 에콰다인에 추적받는 중이다'라고 적었습니다.

아나 (코어를 플레이합니다): 좋아요. 운 좋게 마지막이군요... 코어는 정보 저장장치를 추가한 신경 인터페이스를 장착했어요. 왼편 관자놀이 아래에 인터페이스 잭을 일렬로 부착했고, 오른편 관자놀이 아래에는 메모리 카드 슬롯을 붙였어요. 직접 디자인하고 만들었고, 친구가 부착해줬죠.

노라: 친구가 뇌수술을 한 건가요?

아냐: 예. 뒷골목 사이버웨어 외과의사예요.

노라: 쓸 만한 사람을 알고 있네요! 직접 만들어서 장착한 만큼, 부정적인 태그 하나를 선택해야 해요. 「불안정」, 「성능미달」, 「하드웨어 부식」, 「신체 손상」 중 어느 태그인가요?

아냐: 과열되어 작동되는 나머지 조금씩 뇌를 구워버리고 있죠. 「신체 손상」입니다.

노라: 끔찍하네요!

노라는 MC 시트에 '코어의 신경 인터페이스는 「신체 손상」을 입힌다.' 라고 적습니다.

5단계: 플레이북 액션을 선택합니다

플레이북에는 캐릭터가 처음부터 가지고 시작하는 액션이 한두 개 정도 있습니다. 일부 액션은 규칙상, 또는 이야기상 세부 사항을 정합니다. 지금 하세요,

캐리터는 또한 플레이북 액션을 추가로 몇 개 더 선택할 수 있습니다. 어떤 액션을 가질지 역시 지금 선택하세요.

사이버웨어를 추가로 얻는 액션을 선택한다면, 4단계로 돌아가 질문에 답하세요. 캐릭터는 같은 사람들에게 여러 번 빚을 질 수 있지만, 누군가를 등칠 때는 매번 새로운 적을 선택해야 합니다. MC는 새롭게 생긴 문제를 기록하세요.

노라 (MC): 다음은 플레이북 액션을 선택하는 단계에요. 각 플레이북에는 처음부터 가지고 시작하는 액션이 한두 개 있고, 여기에 플레이북에 나온 대로 추가 액션을 몇 개 더 선택합니다. 몇몇 액션은 해당 액션이 각 캐릭터에게 어떻게 적용되는지 확실히 규정하기 위해 추가로 정하는 사항이 있어요. 이 것도 지금 같이 정합니다.

타쿠미는 중개인 플레이북의 액션을 읽은 다음, 허브가 **뒷골목 장사**와 **그 친구 알아**라는 두 가지 액션을 가지고 시작하는 것을 확인했습니다. 타쿠미는 허브가 부업을 활용해 주요 임무도 지원할 수 있는 중개인이기를 바랍니다. 그래서 **뒷골목 장사**의 종류로 감시와 기술직을 선택한 다음 '부하 2명'을 적었습니다. 허브는 플레이북 액션을 하나 더 가집니다. 타쿠미는 허브가 다른 동료들과 개인적으로 어떤 관계이든 상관없이 잘 도울 수 있도록 **매끄럽게 처리하기(돕기 또는 방해하기**를 할 때 유대 대신 **스타일**로)를 선택했습니다.

아냐는 해커가 콘솔 카우보이와 접속을 가지고 시작하는 것을 확인했습니다. 양쪽 다 추가로 정할 사항은 없습니다. 아냐는 나머지 액션을 살펴본 다음, 어떤 것을 고를지 고민했습니다. 아냐는 코어가 ICE를 깨부수는 멋진 악당이기를 바랐지만, 동시에 어느 정도 악명을 가지고 시작했으면 좋겠다고 생각했기 때문입니다. 결국, 아냐는 코어가 실력은 좋지만 이름은 알려지지 않았다고 결정했습니다. 그래서 코어는 자신만만하고 유능하며, 명성을 얻지 못한 것에 불만을 품은 젊은 신인이 되었습니다. 명성은 나중에 쌓을 수도 있으니까요. 아냐는 코어가 모든 종류의 ICE와 싸울 때 이점을 얻을 수 있도록 추가 액션으로 **ICE 분쇄**를 선택했습니다.

침투요원은 **은밀한 침투**를 자동으로 얻습니다. 사라는 제로가 얼굴을 드러내기보다는 은밀하게 활동하는 편이라고 생각하기 때문에 **도둑**을 선택했습니다. 또한, 제로는 **예리** 수치가 높으므로 사라는 사전조사 단계에 집중하기 위해 **사전답사**를 추가로 얻었습니다. 제로는 추가로 얻는 장비(**도둑**으로 얻습니다)와 첩보(**사전답사**로 얻습니다) 덕분에 임무 중에 곤란한 상황에서 빠져나올 때 여러 방법을 쓸 수 있습니다.

[계속하려면 아무 키나 눌러주세요]

존은 킬러의 액션을 읽은 다음, 몇 가지 선택지를 눈여겨봤습니다. 킬러가 기본으로 얻는 액션은 **주문 제작 무기**입니다. 존은 대형 유탄발사기를 장착한 총을 만들기로 했습니다. 우선 산탄총을 기본 형태로 선택한 다음, 「자동화기」와 「고화력」, 「폭발력」을 추가했습니다. 총의 이름은 '상하이 스페셜'로 정했습니다(4 피해 근거리/중거리 굉음 위험 관통)

마지막으로 존은 오클레이가 가질 액션을 선택했습니다. 오클레이는 이미 전투 상황에서 충분히 강하므로, 존은 비전투 관련 액션을 추가하기로 했습니다. 존은 **스타일**로 판정하는 **진짜 무서운 놈**과 세게 나갈 때 **예리** 대신 **신스**로 판정하는 **무정함**이 눈에 들어왔습니다. 오클레이는 이미 **예리**가 +1이므로 **무정함**을 선택해도 큰 이득이 없고, 존은 오클레이가 낮은 **스타일** 때문에 이런저런 문제에 휘말리기를 바라기 때문에 **진짜 무서운 놈**을 선택했습니다.

6단계: 장비를 선택합니다

각 플레이북에는 캐릭터를 만들 때 고르는 몇 가지 장비 세트가 있습니다. 설명에 따라 선택합니다. 플레이어는 특별히 원하거나 캐릭터가 반드시 갖춰야 한다고 생각되는 장비나 물건이 있다면 지금 이야기하세요. 캐릭터가 처음부터 어떤 종류의 장비를 가질 법한지 MC와 상담하세요.

예를 들어, **스프롤**의 모든 캐릭터는 통신과 온라인 정보 검색용으로 스마트폰이나 유사한 휴대 기기를 한 대 이상씩 가지고 다닐 것입니다. 또한 평상시 입는 적당한 분위기의 옷은 필요한 만큼 있을 것이며, 음식과 대중교통을 이용할 만큼 충분히 돈을 가졌을 것입니다. 명심하세요. 캐릭터는 임무를 적절히 수행할 능력이 있는 프로입니다. 킬러는 무기를 항상 지니고, 기자는 원할 때 인터뷰 내용을 녹음할 수 있으며, 침투요원이 복면과 검은색 터틀넥 옷이 없어서 쩔쩔맬 경우는 없을 것입니다.

캐릭터는 플레이 중, 특히 임무를 어떻게 완수할지 계획을 세울 때 장비와 용역을 사기 위해 돈이 필요할 것입니다. **스프롤**에서는 이를 위해 캐릭터의 순수한 경제력과 명성을 추상적으로 나타내는 '크레드'를 사용합니다. 물론 전당포에서 권총을 살 때 벌거벗은 채 기업 시설에서 도망치는 중이라고 정할 수도 있지만, 그래도 정말 괜찮나요? 또한 캐릭터는 임무를 수행할 때 가진 크레드를 걸어야 하며, 이제 이딴 짓을 하기에는 너무 늦었다고 깨달았을 때 **스프롤**을 벗어나기 위해 크레드를 사용해야 합니다.

모든 캐릭터는 5 크레드를 가지고 시작합니다. 자세한 내용은 6장: 자산을 참조하세요.

노라 (MC): 플레이북 액션을 다 고른 다음에는 장비 부분을 보고 설명에 따라 선택하세요.

킬러는 **주문 제작 무기**와 다른 무기 둘, 그리고 물품 하나를 얻습니다. 좋은 요란한 무기인 상하이 스페셜과 교환을 밫수기 위해 소음기 부착 기관권총과 정글도를 선택했습니다. 다른 장비로는 방탄 상의를 선택했습니다. 전신 방탄복보다는 방어력이 떨어지지만, 눈에 덜 띄기 때문입니다.

중개인은 무기 하나와 다른 물품 둘을 얻습니다. 타쿠미는 허브가 사용할 물품으로 반자동 권총과 상처 부착제, 방탄 코트를 선택했습니다.

침투요원은 무기 셋과 다른 물품 하나를 얻습니다. 사라는 제로의 은밀한 행동을 돕기 위해 잠행복과 소음기 부착 기관단총, 검을 선택했습니다.

해커는 덱을 자동으로 얻습니다. 아나는 성능형 덱을 선택하고 헬블레이드라고 이름 지었습니다. 덱에 설치할 프로그램으로는 코어가 ICE를 발견하고 제압한 다음 덧붙여 짭짤한 이득을 얻을 수 있도록 점거와 조사, 경계를 선택했습니다. 마지막으로 아나는 덱 이외의 장비로 플레셋트 권총, 방탄복, 화려한 오토바이를 선택했습니다.

노라 (MC): 장비를 선택한 다음에는 5크레드를 지녔다고 적어주세요.

7단계: 배경과 인맥을 정합니다.

어떠한 상황에서도, 코코는 주크 라미레즈 같은 비겁한 기생충의 낯짝을 보러 가는 일은 눈에 압정을 쑤셔 박는 것이나 마찬가지라고 생각했다. 침이나 질질 흘리는 트롤처럼 생긴 주크는 신의라고는 눈꼽만큼도 찾아볼 수 없는 위험천만한 녀석으로, 과거 무기 전문 상인으로 활동하면서 기업 사이에서 벌어지는 사소한 싸움에서 양측에 닥치는 대로 무기를 팔곤 했다. 신디케이트 담당자가 예산을 쥐어짠다면 꼭 주크를 찾아가시라. 도덕적인 문제 따위는 신경 쓰지 않는 그 녀석을.

KoKo Takes a Holiday, 키어런 시어

캐릭터의 배경을 생각해 보세요. 거리 출신인가요? 기업 아콜로지에서 자랐나요? 언론계에서 일했나요? 정규군이나 준군사 조직에서 복무했나요? 캐릭터는 옛적부터 여전히 알고 지내는 지인들이 있습니다. 이름은 무엇인지, 어떤 인물인지는 플레이 중에 정할 것입니다. 지금 당장은 인맥들이 어느 분야에서 일하는지 간단하게 정하세요.

노라 (MC): 그다음은 캐릭터의 배경을 생각해보죠. 어디 출신이며, 어디서 자랐고, 누구랑 어울렸나요? 캐릭터는 자신의 과거에 따라 어떤 종류의 인맥을 얻을지 정해집니다. 그러니 참고가 될 만한 사항을 몇 가지 만들어봅시다.

존 (오클레이를 플레이합니다): 오클레이가 군에서 일했다고 아까 이야기했죠? 어릴 적에는 미국 동부해안의 거대도시에서 히스패닉 노동자 집안에서 태어났어요.

사라 (제로를 플레이합니다): 제로는 스프롤 변두리의 교외에 사는 중산층 집안에서 태어났어요. 화학물질 유출 사고가 일어나기 전까지는 행복하고 안락한 가정에서 자랐죠. 사고 후에는 오랫동안 병원에서 지냈어요. 자기 자신과 가족의 치료 때문에 말이지요.

아냐 (코어를 플레이합니다): 전 전형적인 캐릭터를 플레이하려고 해요. 코어는 기업 아콜로지에서 편안한 생활을 저버리고 도망친 버릇없는 반항아입니다. 어머니는 기업 임원이었고, 아버지는 연구원이었어요. 부모는 항상 어딘가 출장을 가느라 오랫동안 코어를 혼자 내버려 뒀어요.

타쿠미 (허브를 플레이합니다): 허브의 어린 시절은 별로 특별할 게 없어요. 하지만 기업 방송업계에서는 상당히 잘 나갔어요. 기업의 문제 해결사로 일하면서 얻는 두둑한 보수와 흥미진진한 일거리에 매료되어서 원래 직장을 그만둘 때까지는 말이지요.

8단계: 행동수칙을 선택합니다.

죄책감을 느꼈느냐고? 내가? 난 세상의 부패와 상스러운 유혹에 물들지 않고 헤쳐 나온 남자다. 욕망도, 두려움도 없이. 나는 변화의 사도이자 촉매였다. 촉매는 변화를 유발하지만, 촉매 그 자체는 변하지 않는다. 나는 도움이 필요한 사람들을 도왔을 뿐, 친구들은 두지 않았다. 행동에 참여했지만 휩쓸리지는 않았고, 관찰하되 내 비밀은 감췄다. 언제나 나 자신을 그렇게 생각했다. 그렇게 나 자신을 상처받도록 몰았다.

When Gravity Fails, 조지 앨릭 에핀저

각 플레이북은 개인 행동수칙을 네 가지씩 포함합니다. 행동수칙은 플레이어가 게임의 분위기와 방향에 기여하는 방법의 하나입니다. MC는 강령에 따라 캐릭터의 행동수칙을 활용해 캐릭터를 **스프롤**과 엮고, 힘든 상황에 빠뜨립니다. 그러므로 플레이어는 캐릭터를 어떤 힘든 상황에 빠뜨리고 싶은지 판단한 다음 행동수칙을 선택해야 합니다. 예를 들어, 캐릭터가 힘없는 사람들과 상호교류를 나누는 모습을 보고 싶다면 **동정심**을 행동수칙으로 선택하세요. MC는 캐릭터가 힘없는 사람들을 도와야 할지 말지 선택해야 하는 상황을 도입하기 위해 노력할 것입니다. 특정 종류의 집단이나 사람을 게임 속에 포함하고 싶다면, 이들이 게임 속에 등장할 만한 행동수칙을 선택하세요.

캐릭터의 동기를 반영할 수 있는 개인 행동수칙을 두 가지 선택하세요. 일부 행동수칙은 특정 개인이나 집단, 조직, 철학적인 관점을 문장에 알맞게 채워 넣도록 빈칸이 있습니다.

캐릭터는 행동수칙에 따라 액션을 할 때마다 경험치를 얻습니다. 행동수칙은 7장: 성장에서 더욱 자세히 다룹니다.

노라 (MC): 이제 플레이북에 소개한 목록에서 행동수칙을 두 가지씩 선택할 차례입니다. 스프롤에서 여러분의 캐릭터는 특정한 조건을 달성할 때마다 경험치를 얻으면서 성장합니다. 경험치를 얻는 방법 중 첫 번째는 이 개인 행동수칙에 따라 행동하는 겁니다. 그러니 롤플레이하고 싶은 행동수칙 두 가지를 고르세요.

또 여러분은 팀으로서 임무 행동수칙에 따라 임무를 수행할 때도 경험치를 얻습니다. 임무 행동수칙은 임무마다 달라지고요. 마지막으로, 특정한 액션을 할 때도 경험치를 얻습니다.

아냐: 제가 코어의 액션으로 선택할까 생각했던 매트릭스 **명성** 액션 같은 거군요. 캐릭터가 자신의 명성 때문에 골칫거리에 부딪히면 경험치를 얻습니다'

노라: 바로 그거에요!

존: 제 플레이북에 있는 개인 행동수칙 중 두 가지는 빈칸이 있네요. 나중에 필요할 때 채워도 되나요?

노라: 예. 말이 되도록 채우기만 하면 됩니다. 보통 집단이나 개인을 넣는데, 때로는 둘 중 하나가 다른 거보다 더 어울릴 수도 있어요.

존: 좋아요. 음, 오클레이는 마조히스트입니다. 피해를 1점 이상 입을 때 경험치를 얻습니다. 그리고 보호도 선택할게요. 오클레이는 딸 하나를 두었어요. 딸을 무척 아끼고, 꼬박꼬박 돈을 송금하죠.

노라: 딸 이야기 좀 해 보죠! 이름은 뭐예요? 나이는요?

존: 이름은... 로빈입니다. 열 살이고, 양부모하고 같이 살아요. 오클레이는 매주 딸을 보러 가요. 로빈은 아빠가 군대에서 일한다고 생각해요. 어떤 면에서는 사실입니다....

노라: 그렇다면 오클레이는 임무보다 로빈을 보호하려는 책임감을 더 우선시할 때 경험치를 얻습니다.

존: 멋지네요!

타쿠미: 허브의 가장 큰 동기는 돈이에요. 그래서 우선 돈을 행동수칙으로 선택하겠습니다. 허브가 추가 이득을 얻으려 해서 임무에 지장이 올 때 경험치를 얻습니다.

[계속하려면 아무 키나 눌러주세요]

N노라 (적어 놓은 참고 사항을 살펴봅니다): 페루에서 팀원들이 죽은 이유도 그 때문인가요?

타쿠미: ...어, 예. 물론이죠! 욕심을 부린 탓에 동료들이 죽었어요.

아냐: 저런!

타쿠미: 그 후, 허브는 사이버스페이스의 어두운 구석에서 연줄을 여럿 만들어 놓고 민감한 정보를 서로 주고받습니다. 허브가 몸을 담은 다크넷 때문에 임무에 지장이 올 때 경험치를 얻습니다.

노라: 소속을 행동수칙으로 선택한 거죠?

타쿠미: 예!

존: 언제쯤이면 허브가 우리를 모두 팔아넘길까요? 와!

아냐: 그러지는 않을 거 같아요. 하지만 골칫거리를 만들겠죠. 전 명성을 선택하겠습니다! 유명해지려는 욕심 때문에 임무에 원치 않는 눈길을 끌 때, 경험치를 얻습니다.

노라: 완벽해요! 두 번째 행동수칙은요?

아냐: 음... 폭로요! 전 허브가 가입한 다크넷을 좀 더 알고 싶어요. 다크넷 관련 정보를 더 많이 발견할 때마다 경험치를 얻습니다.

타쿠미: 근사하네요!

노라: 마지막으로 사라는요?

사라: 예... 책에 나온 모든 행동수칙을 훑어봤지만, 그냥 플레이북에 있는 행동수칙 두 가지를 선택할게요. 돈과 폭력입니다. 제로는 기업을 향해 억눌린 분노를 품었어요. 때로는 임무 중에 분출되기도 하죠. 비폭력으로 해결할 수 있는 상황에서 고의로 폭력을 행사해 문제를 해결할 때 경험치를 얻습니다. 돈 쪽은 허브와 같습니다.

노라: 훌륭해요. 거의 다 끝났습니다. 이제 마지막 단계만 남았어요.

9단계: 유대

"IBM에서 쇼비를 꺼내 미쓰에 데려다 준 분이죠. 그리고 톰스크에서 세메노프도 꺼내줬고요."

"질문인가?"

"터너 씨가 호텔을 날려 버렸을 때 전 IBM 마라켁의 보안 요원이었어요."
터너는 남자의 눈을 마주봤다. 푸른 눈은 차분하고 아주 밝았다."

"그래서 문제가 되나?"

"걱정하지 마세요. 그냥 당신 작업을 봤다는 소리예요." 수트클리프가
말했다.

카운트 제로, 윌리엄 깁슨

플레이 준비의 마지막 단계로, 플레이어들은 캐릭터들을 서로 묶는 직업적인 **유대**를 만들어야 합니다.

1. 각 플레이어는 자신의 캐릭터를 설명하고 소개합니다.

2. 각 플레이어는 0단계에서 설정한 기업 중 한 곳을 상대로 자신의 캐릭터가 벌인 임무를 소개합니다. 캐릭터가 임무 중 어떤 역할을 맡았으며, 어떤 기업을 대상으로 했는지 설명하세요. 캐릭터는 임무의 총 책임자이든, 작전에 필요한 기술을 제공했던 가장 핵심적인 역할을 맡아야 합니다. 캐릭터를 자랑해 보세요.

3. MC는 해당 기업의 카운트다운 시계를 만듭니다. 이미 만들었다면 전진시키세요.

4. 왼쪽에 있는 플레이어는 자신의 캐릭터가 이 임무에 어떻게 참여했는지 설명한 다음, 현재 소개 중인 캐릭터와 **유대**를 +1 얻습니다. MC는 해당 기업의 카운트다운 시계를 전진시킵니다.

5. 다른 플레이어들도 순서대로 왼쪽으로 돌아가면서 자신의 캐릭터가 이 임무에 어떻게 참여했는지 설명한 다음, 현재 소개 중인 캐릭터와 **유대**를 +1 얻습니다. 다른 플레이어들이 현재 소개 중인 캐릭터의 이야기에 기여할 때마다 MC는 기여한 플레이어의 캐릭터가 임무에 어떻게 참여했는지 적은 다음 해당 기업의 카운트다운 시계를 한 단계씩 전진시킵니다.

이전 단계와 이번 단계에서 플레이어들이 고른 선택은 게임의 시작 지점과 방향을 정하는 데 중요한 역할을 합니다. 게임에서는 n명의 캐릭터와 n+1곳의 기업이 등장합니다. 캐릭터들이 여러 기업을 대상으로 임무를 펼쳤다면 적어도 처음에는 캐릭터들의 팀을 특별히 성가시다고 느끼는 기업은 없을 것입니다. 반면 두 명의 플레이어가 같은 기업을 선택하고 다른 플레이어들이 이 임무에 같이 참여했다면, 해당 기업의 카운트다운 시계는 플레이 시작부터 0000까지 전진할 수도 있습니다. 즉, 이 단계는 플레이가 처음부터 얼마나 치열해질지 플레이어들이 조정할 수 있는 버튼입니다. 원하는 만큼 누르세요. 하지만 어떤 결과가 벌어질지는 알아두세요.

이 단계가 끝났을 때, 플레이어의 임무에 참여한 모든 캐릭터는 해당 캐릭터와 **유대**를 +1씩 얻습니다. **유대**가 있다고 해서 서로 친구라는 의미도, 항상 같이 일한다는 의미도 아닙니다(물론 둘 다 맞을 수도 있습니다). 단지 둘은 서로 업무상 아는 사이이며, 상대가 어떤 식으로 일할지 이미 안다는 의미입니다.

여기까지입니다. 이제 일거리를 구하세요!

노라 (MC): 마지막 단계로, 서로 어떻게 알게 됐는지 정합니다. 우선 돌아가면서 서로 자기 캐릭터 소개를 하세요. 그다음 0단계에서 설정한 기업 다섯 군데 중 한 곳을 선택해서 자신의 캐릭터가 이 기업을 상대로 어떤 임무를 펼쳤는지 생각해보세요. 캐릭터의 주특기가 드러나야 합니다. 캐릭터가 그 작전의 핵심이었으니까요. 캐릭터의 역할이 무척 중요했기 때문에 그 작전에 참여한 사람들은 캐릭터가 어떤 사람인지 압니다. 하지만 캐릭터 자신은 같이 참여한 다른 사람들을 모를 수도 있어요. 다들 어떻게 소개할지 생각했으면 타쿠미부터 시작하죠. 각자 자신이 참여한 임무를 설명하세요. 다른 사람들이 끼어들 수 있도록 빈 부분은 남기고요. 그다음 왼쪽에 있는 플레이어부터 각자 그 임무에 자신이 어떤 역할을 맡았는지 덧붙이세요. 그다음 계속 왼쪽으로 돌아가면서 그 임무에 참여할지 선택합니다. 모두 정했다면 사라 차례로 넘어갑니다. 그리고 계속 이 과정을 반복할 거에요.

다른 플레이어의 임무에 참여했다면 그 캐릭터와 **유대**를 +1 얻으세요. 그 대가로 특정한 캐릭터가 어떤 기업을 상대로 임무를 펼쳤다면 저는 해당 기업의 카운트다운 시계를 만들 겁니다. 그리고 다른 캐릭터가 그 임무에 참여할 때마다 이 카운트다운 시계를 한 단계씩 전진시킬 거고요. 만약 시계가 2100까지 전진했다면 그 기업은 여러분 팀을 주시하기 시작합니다. 0000까지 오면 여러분을 노리고 올 거고요. 여러분은 기업 중 누구를 상대할지, 임무에 누가 참여하는지를 정해서 시작 시점의 카운트다운 시계의 상태를 조종할 수 있습니다. 따라서 처음부터 기업에 쫓기고 싶으면 카운트다운 시계를 0000까지 올리세요. 좀 더 차분하게 시작하고 싶다면 여기 다섯 개 기업 사이에서 임무를 분산시키세요.

플레이어들은 각자 캐릭터를 소개합니다.

타쿠미: 허브는 팀원들을 모아 남극에 있는 엄청 호화로운 이그지스턴스 엔터테인먼트의 아콜로지에서 기술자를 빼내는 임무를 맡았습니다. 물론 여유롭게 끝냈고요. 발가락 몇 개를 잃기는 했지만 번쩍번쩍한 새 발가락을 달았습니다.

사라: 제로는 운 좋게 아콜로지로 들어가서 기술자를 확보하는 역할을 맡았습니다. 가장 위험한 역할이었지만 최소한 그 안은 따뜻했어요!

아나: 코어는 평상시처럼 그리스의 해안가 술집에서 모든 일을 할 수 있을 거로 생각하고 계약서에 서명했죠. 하지만 허브가 같이 남극으로 가야 한다고 우긴 탓에 엉덩이가 꽁꽁 얼어붙으면서 환기 및 정비 기지에서 시스템을 해킹했습니다.

존: 오클레이는 끼지 않았어요. 하지만 코어가 그 일을 가지고 하도 징징대는 탓에 마치 자신도 참여한 것처럼 느껴요.

[계속하시려면 2번 디스크를 넣어주세요]

[이어서]

노라: 훌륭하네요. 그럼 제로와 코어는 허브와 **유대**를 +1 얻습니다. 이그지스턴스 엔터테인먼트의 시계는 1800입니다. 그다음은 사라 차례네요. 제로가 맡은 임무를 이야기해주세요

사라: 제로는 아마다바드-바도다라 스프롤에 있는 에콰다인의 시설에 잠입해서 새 우주 엘리베이터에 사용하는 승강기 제동장치의 기술 자료를 훔치는 임무에 고용됐어요.

아냐: 코어는 제로가 시설에 들어갔다 나올 수 있도록 시스템을 해킹했고요.

사라: 코어도 같이 들어갔나요?

아냐: 아뇨. 코어는 바우나가르의 어느 지저분한 여관에서 해킹을 했어요.

노라: 그리고 코어는 부업으로 시설 안에서 뭔가를 빼냈나요?

아냐: 아뇨. 하지만 시설의 메인 서버를 망가뜨린 다음 서버 팜에 있는 녹아버린 하드 드라이브에 코어의 서명을 남겼어요.

노라: 오클레이도 이 작전에 참여했나요, 존?

존: 아뇨. 제로는 이번 일에 지원이 필요할 거라고 생각하지 않았거든요. 그 생각이 맞았죠.

노라: 허브는요?

타쿠미: 사실 B안으로 준비한 구출 팀을 이끌도록 계약을 맺었어요. 아주 근사한 휴가였죠.

노라: 좋습니다! 순조로운 작전이었던 것 같네요. 쉬운 작전에 너무 맛 들이지 마세요! 허브와 코어는 제로와 **유대**를 +1 얻습니다. 에콰다인 페트로켐의 시계는 1800입니다. 아냐. 어떤 임무를 수행했는지 생각 좀 했어요?

아냐: 물론이죠! 모두가 괜찮다면, 이그지스턴스 사의 시계를 좀 더 끌어올리고 싶네요. 모두 동의합니다. 좋아요. 코어는 이그지스턴스 엔터테인먼트를 상대로 임무를 수행하는 동안 허브가 가입한 다크넷에 관한 정보를 발견했어요. 그 임무는 평범한 침투-해킹 작전이었지만 부수적인 수입을 얻으려고 서버 안을 여기저기 뒤지다가 수상한 파일을 발견했어요.

노라: 원래 어떤 목적으로 고용된 건가요?

아냐: 어느 유명한 심센스 스타의 데이터를 전부 수정하는 임무였어요. 코어는 그 스타가 어떤 사람인지 전혀 몰랐고, 관심도 없었습니다. 그저 보수가 평범한 임무인 탓에 코어는 부수입을 얻으려 한 거죠.

존: 오클레이는 침투 임무에서 힘쓰는 역할을 맡았어요. 시간이 너무 지체된 탓에 나갈 때 좀 깔끔하지 못했지만, 그런 일을 하려고 오클레이가 고용된 거죠.

타쿠미: 허브는 직접 참여하지 않았지만, 코어가 다크넷의 연줄들 주위를 기웃거린 후 이그지스턴스 사의 부하들이 문을 부수고 들이닥친 탓에 그 임무를 알게 됐어요.

노라: 그 정도면 **유대**를 맺기 충분하네요!

[계속하시려면 3번 디스크를 넣어주세요]

사라: 음, 제로 역시 뚜렷한 연결점을 만들 수도 있지만, 현재 카운트다운 시계가 1800이고 여기에 세 단계 더 전진하면 2300이 되네요. 게임을 시작도 하기 전에 0000까지 가기는 싫어요. 그러니 제로는 빠지겠습니다.

노라: 예. 그럼 이그지스턴스 쪽 시계는 2300까지 전진했고, 오클레이와 허브는 코어와 유대를 +1 얻으세요. 이제 오클레이만 남았네요.

존: 오클레이가 아직 상하이 시큐리티에서 일할 때였습니다. 오클레이는 만신창이가 된 캘리포니아에서 헬릭스텍이 지원하는 마약왕을 상대하는 임무에 파견됐어요. 이 임무는 오클레이가 지휘하는 순수한 군사작전이었습니다. 시설 내를 습격하는 임무였죠. 무척 혼란스러웠지만 계산 범위 내에서 끝났습니다. 저격수의 총탄이 건물의 방탄유리를 뚫지 못한 탓에 마약왕이 도망치려고 할 때 사제폭탄으로 날려버렸어요.

타쿠미: 허브는 헬리스텍에 「빚」을 진 탓에 그곳에서 조언자'로서 비공식적인 역할을 맡으면서 헬리스텍이 투자한 물품을 감시했어요. 헬리스텍은 허브가 낸 성과에 별로 만족하지 못했죠.

사라: 제로는 좀 더 조용한 임무를 선호해요. 그러니 이번 임무는 넘길게요.

아나: 코어는 임무에 참여했습니다. 마약왕이 있던 건물은 전자보안 네트워크로 엄중하게 경비하는 외딴 시설이었어요. 오클레이의 팀은 네트워크를 마비시키기 위해 코어를 시설 근처까지 호위해야 했죠.

노라: 그렇다면 코어와 허브는 오클레이와 유대를 +1 얻겠네요. 헬릭스텍 쪽 시계는 1800 입니다. 이제 플레이할 준비가 다 됐습니다!

살로메는 피치와 클레런스에게 오목하게 파인 벽감 사이로 들어가라고 눈짓을 주었다. 살로메가 인조 신경을 발동하여 일련의 치명적인 움직임을 전개하는 동안, 피치는 입을 다물고 기꺼이 지시에 따랐다. 클래런스는 이런 장면은 남자친구가 출연한 영화에서나 볼 수 있을 거로 생각했었다. 하지만 불행히도, 비록 어둠이 대부분 피를 가려 주기는 했지만, 지금 벌어지는 일은 진짜 현실이었다. 테이저건에서 빛줄기가 번쩍였고, 수리검이 바람을 가르고 살에 박히는 소리가 들렸다. 소음기를 단 권총의 억눌린 발사음도 들렸다. 피치는 벽에 몸을 숨긴 채 엄호 준비를 했지만, 방아쇠를 당길 필요는 없었다.

살로메는 머리를 흔들면서, 낮고 부드러운 목소리로 통신기를 켰다. "신데렐라, 우리가 이 아래에서 친구들을 만날 거라고 말해주지 않았잖아."

"물리적인 보안이 있을 가능성은 알고 있었잖아! 보안요원들이 그쪽 바로 앞에 나타나기 전까지 여기에서는 아예 보이지도 않았어." 살로메는 신데렐라가 자신에게 이를 갈고 있거나, 혹은 스스로 자책하고 있음을 알아차렸다. 피치와 얼이 나간 클레런스에게 움직이라고 손짓을 하고는, 앞장서서 가벼운 발걸음으로 세 구의 보안요원들 시체를 지나갔다. 시체는 뒤따라올 자들에게 경고로 남겨두었다. "신세는 언제든지 나중에 갚을 수 있어. 저녁 식사는 어때?" 살로메는 가볍게 씩씩거리는 소리와 함께 입을 다문 신데렐라의 통신을 들으며 소리 없이 웃었다. 아무도 보지 않는 미소를 지으며, 사랑에 애태우는 클레런스를 가운데에 두고 피치와 보조를 맞추었다. 살로메가 앞서 살금살금 걷는 동안 피치는 모퉁이에서 엄호를 맡았다.

"난 동료하고 데이트 같은 거 안해." 신데렐라는 간신히 냉정함을 되찾으며 차분하게, 멸시감까지 느껴지는 목소리로 대답했다. 살로메는 눈망울을 굴리며 가볍게 혀를 찼다. "이번 일이 끝나면, 우리는 더 이상 동료가 아니라고."

플레이북

계속하시겠습니까? [Y /ₙN]

////선행 보고///
입구: 위치_확보
출구: 요원_담당

플레이북

스프롤에서 플레이어들은 각자 플레이북을 이용해 캐릭터를 만듭니다. 플레이북은 1) 캐릭터가 이야기 속에서 무엇을 하는지 설명하고, 2) **스프롤**의 분위기와 주제를 부각할 수 있도록 캐릭터를 만드는 방법을 알려주며, 3) 사이버펑크 장르에서 등장하는 임무의 틀에 맞춰 캐릭터의 역할을 돕는 특별 규칙을 제공합니다.

모든 플레이북은 우선 이 플레이북으로 어떤 종류의 캐릭터를 플레이할 수 있는지 설명하면서 시작하며, 마지막에는 플레이어가 고른 선택사항이 캐릭터의 역할에 어떤 영향을 미치는지 논의하면서 끝맺습니다. 플레이북에는 캐릭터의 이름, 외모, 사이버웨어, 플레이북 액션, 장비, 개인 행동수칙을 고르는 선택사항이 있습니다. 각 선택사항은 특정한 주제에 어울리게 제작되었으며, 플레이어가 창의력을 돋굴 수 있도록 지원합니다. 하지만 플레이어는 선택사항에 구애받지 않고 직접 이름과 외모를 정할 수도 있습니다. 목록에 없다고 해서 충분히 가능한 다른 방안을 제한받을 수는 없으니까요.

플레이어들은 함께 만들 게임과 캐릭터를 어떤 분위기로 정할지 동의해야 합니다. MC가 감독을 맡지만, 플레이어들 역시 함께 책임지고 적절한 분위기를 유지해야 합니다.

열 가지 기본 플레이북은 각각 사이버펑크 이야기에서 등장하는 특정한 유형의 임무 전문가를 나타냅니다:

운전사는 두뇌를 차량에 연결해 매연과 드론 사이를 질주합니다.

중개인은 사람들과 장비, 일거리, 친구, 문젯거리를 서로 이어줍니다.

해커는 컴퓨터 네트워크를 침투해서 임무 목표와 그 밖의 것들을 탈취합니다.

사냥꾼은 거리를 뒤져 사람이나 물건, 정보를 찾습니다.

침투요원은 엄중히 지키는 장소에 들어가 나쁜 짓을 하는 전문가입니다.

킬러는 첨단기술을 활용해 폭력을 휘두릅니다.

선동가는 한 사람 한 사람씩 세상을 바꾸려 합니다.

기자는 진실을 파헤치고 죄를 폭로합니다.

군인은 기업 전쟁에서 작전을 짜고 임무를 수행합니다.

기술자는 장비를 만들고, 고치고, 부수는 대가입니다.

시작할 때 얻는 사이버웨어와 액션은 플레이북 내에서만 선택할 수 있지만, 일부 액션은 추가 사이버웨어를 제공합니다. 캐릭터가 얻을 수 있는 주요 사이버웨어 리스트는 5장: 사이버웨어를 참조하세요.

각 플레이북에는 플레이북 내에 선택 사항을 모두 집어넣어 새로운 플레이어들이 읽는 부담을 줄이고 캐릭터 만들기를 빨리할 수 있도록 개인 행동수칙을 일부만 포함했습니다. 이미 **스프롤**을 플레이한 경험이 있고 충분한 시간이 있다면 7장: 성장에 있는 개인 행동수칙 목록을 보고 선택하거나, 직접 자신만의 개인 행동수칙을 만들 수도 있습니다.

운전사

신경전송기가 화학물질을 분비하며 머릿속에 박힌 금속과 결정체를 핥았다. 칩이 뱉어낸 전자가 케이블을 따라 엔진 시동장치로 질주했다. 시동 장치가 신음을 내뱉자, 카우보이는 마지못해 돌기 시작한 터빈 블레이드의 움직임을 열두 개의 감지기로 느꼈다. 곧 불꽃이 연소실 벽을 날름거리고, 블레이드가 끼익끽 비명을 지르며 활발히 돌기 시작했다. 카우보이는 불을 내뿜으며 그르렁대는 배기관을 살펴보았다. 정신 속에 펼쳐진 디스플레이에서... 앞뒤를 살펴보며 엔진 디스플레이를 점검하고, 또다른 녹색 표시등 한 세트를 보면서 이제 움직여야 할 시간임을 깨달았다. 울부짖는 엔진 소리가 감각을 두들기면서... 이글거리는 바이오 연료가 피가 되어 가슴을 타고 흐르고, 배기가스는 숨이 되어 폐에서 쏟아져 나왔다. 두 눈은 레이더 신호를 내뿜었고, 손가락 끝에는 조금이라도 손을 퉁기면 마치 조약돌처럼 발사될 미사일이 닿았다. 카우보이는 센서를 통해 배기가스 냄새를 맡고, 대초원에 지는 하늘의 일몰을 보았다. 마음 한군데에서 요동치는 통신파가 느껴졌다. 적의 수색용 비행기다...

Hardwired, 월터 존 윌리엄스

기사, 배달부, 드론 조종사. 매끈한 쿠페든, 육중한 트럭이든, 드론을 장착한 밴이든, 레이더 교란 장치를 단 군용 헬리콥터든 두뇌로 **접속**하여 금속판을 스치는 바람을 느낄 수 있다면, 여러분은 신이고 차량은 여러분의 화신입니다. 임무가 순조롭게 돌아갈 때는 운전사만큼 쉬운 일이 없습니다. 일요일 한낮에 할머니를 모시고 드라이브 나가는 셈이지요. 하지만 상황이 나빠져서 팀원들이 재빨리 도망쳐야 할 때야말로 돈값을 해야 할 시간입니다.

이름. 아지즈, 카트먼, 카우보이, 데몬, 프랭크, 퓨리오사, 루카, 맥스, 로드킬, 루, 룩, 스쿼럴, 타워, (동물 이름), (거칠어 보이는 이름), (자신만만한 이름)

외모 선택:

눈: 웃는 눈, 냉철한 눈, 엄숙한 눈, 차가운 눈, 딴생각에 잠긴 눈, 인공 눈

얼굴: 무표정한 얼굴, 가린 얼굴, 매력적인 얼굴, 잔뜩 꾸민 얼굴, 강인한 얼굴, 야윈 얼굴

몸: 탄탄한 몸, 유연한 몸, 다부진 몸, 상처투성이 몸, 개조한 신체, 뚱뚱한 체형, 상태가 좋지 않은 몸

옷: 화려한 옷, 정장, 평상복, 기능성 복장, 어딘가에서 대충 얻은 옷, 옛날식 복장, 가죽옷, 군복, 기업 제복

피부: 인공 피부, 아시아계, 동남아계, 흑인, 잔뜩 치장, 히스패닉/라티노, 토착민, 중동계 백인, _____

특성치: 다음 수치를 각 특성치에 배정하세요: +2, +1, +1, +0, +0, -1. **냉철**은 반드시 +2 나 +1이어야 합니다.

사이버웨어

다음 사이버웨어를 얻습니다.

원격 조종 모듈이 장착된 **신경 인터페이스**: 차량이나 무기, 기록 장치, 해킹한 전자 시스템처럼 적절하게 설정한 외부 장치와 신경을 직접 연결해서 조종합니다. **원격 조종 모듈**은 차량과 드론을 원격으로 조종할 수 있는 무선 송수신 인터페이스를 갖췄습니다. 다음 태그 중 두 가지를 선택합니다: 「암호화」, 「다중조종」, 「접근 불가 구획」, 「위성 중계 」

액션

다음 두 가지를 얻습니다.

- ⏻ **차량**: 캐릭터는 사이버웨어로 연결된 사이버링크 차량을 가지고 시작합니다. 차량의 파워가 +2면 무기 시스템 하나를 장착합니다. 차량을 제작하려면:

  기본형 선택: 오토바이, 차, 호버크라프트, 배, 추진기 장착 장갑차, 고정익 항공기, 헬리콥터, 수륙양용차

  용도 선택: 경주용, 레저용, 승객 수송, 화물용, 군용, 고급형, 민간용, 상업용, 배달용

  프로필 선택
  - ⏻ 파워+2, 외관+1, 약점+1, 1-장갑
  - ⏻ 파워+2, 외관+2, 약점+1, 0-장갑
  - ⏻ 파워+1, 외관+2, 약점+1, 1-장갑
  - ⏻ 파워+2, 외관+1, 약점+2, 2-장갑

  파워 수치 1점마다 강점을 하나씩 선택하고, 외관 수치 1점마다 외관을 하나씩 선택합니다. 약점 수치 1점마다 약점을 하나씩 선택합니다. 파워 수치가 2점 이상이면 무기를 하나 장착합니다. 군용 차량은 무기를 추가로 하나 더 장착할 수 있습니다.

  - **강점**: 빠름, 조용함, 단단함, 공격적임, 거대함, 오프로드, 조작성 좋음, 고장나지 않음, 승차공간 넓음, 힘이 셈, 수리 용이
  - **외관**: 날렵함, 고풍스러움, 새 것 같음, 강해 보임, 사치스러움, 근사함, 우락부락함, 특이함, 예쁨, 천박함, 장갑 장착, 무장, 별 특징 없음
  - **약점**: 느림, 빈약, 정비 불량, 반응 느림, 비좁음, 까다로움, 연비 나쁨, 덜 미더움, 굉음
  - **무기**: 기관총 (3-피해 중거리/장거리 범위 굉음 지저분), 유탄발사기 (4-피해 중거리/장거리 범위 굉음 지저분), 미사일 발사기 (5-피해 장거리 범위 지저분 관통), 기관포 (4-피해 중거리/장거리 범위 지저분 관통)

차량 만들기를 완성했으면 이름을 붙이세요.

애로우, 비앙카, 크리스틴, 홉스, 지브스, 루시퍼, 럭키, 맘마, 니들, 닌자, 라.이.노, 쉬트 박스, 실버, 디 아더 카, 텀발리나, 반가드, 기술적인 이름, 임무 지향적인 이름, 의인화한 이름, 성별 특징을 반영한 이름, 동물 이름

⏻ **또 나른 봄:** 신경 인터페이스를 사용해서 사이버 링크가 있는 차량에 **접속**할 때:

- **위험을 견딜 때**, 냉철+차량의 파워 수치로 판정하세요.
- **한판 붙을 때**, 신스+차량의 파워 **수치**로 핀정하세요.
- **세게 나갈 때**, 예리+차량의 외관 수치로 판정하세요.
- **돕거나 방해할 때**, 유대+차량의 파워 수치로 판정하세요.
- 다른 캐릭터는 운전사를 **방해할 때**, 운전사에게 가진 **유대**+차량의 약점 수치로 판정하세요.

한 가지를 더 선택합니다:

⏻ **크롬 육체:** 캐릭터 만들기 또는 캐릭터의 휴식 시간 때 추가로 사이버웨어를 선택합니다. 처음 사이버웨어를 얻을 때와 마찬가지로 어떻게 손에 넣었는지, 어떤 대가를 치렀는지 설명하세요.

⏻ **무모함:** 대비책 없이 위험 속으로 곧장 달려들었을 때, +1 장갑을 얻습니다. 피해를 1점 이상 얻으면 경험치를 얻습니다.

⏻ **드론 조종사:** 캐릭터는 드론을 두 기 가지고 시작합니다. 아래 범주는 드론 별로 선택합니다.

기본형 선택: 회전 날개, 고정익, 네 발, 여덟 발, 무한궤도, 바퀴, 수중용, 수륙양용, 해저용

크기 선택:

- ⏻ 초소형 (곤충 크기):「소형」,「빈약」,「은밀함」, 감지기 하나 선택
- ⏻ 소형 (쥐~고양이 크기): 강점 하나, 감지기 하나, 약점 하나, 아무 범주에서 하나 선택
- ⏻ 중형 (개 크기): 강점 하나, 감지기 하나, 약점 하나, 아무 범주에서 둘 선택
- ⏻ 대형 (곰 크기):「눈에 잘 띔」, 강점 둘, 감지기 하나, 약점 하나, 아무 범주에서 둘 선택

강점: 빠름, 튼튼함, 오프로드, 조작성 좋음, 고장나지 않음, 수리 용이, 은밀함, 철저한 암호화, 무인 조종, 로봇 팔, 무기 장착

감지기: 시야 확대, 적외선 탐지, 전파방해, 화상 강조, 분석 소프트웨어, 음파 탐지기, 의료용 감지기

약점: 느림, 빈약함, 못 미더움, 굉음, 허술한 암호화, 눈에 잘 띔

무기 장착: 무기 장착 강점이 있는 드론에는 무기를 하나 장착할 수 있습니다. 무기 크기는 드론의 크기에 따라 결정됩니다.

- 소형 드론은 거리가 「근거리」 이하인 2-피해 이하, 또는 충격-피해 무기를 장착할 수 있으며, 「자동화기」 태그는 불가능합니다.
- 중형 드론은 거리가 「중거리」 이하인 3-피해 이하 무기를 장착할 수 있습니다.
- 대형 드론은 5-피해 이하 무기를 장착할 수 있습니다.

⏻ **창공의 눈:** 드론을 조종하면서 다른 캐릭터를 **돕거나 방해할 때**, 유대 대신 **예리**로 판정하세요.

⏻ **끝내주는 운전사:** 큰 압박을 받는 상황에서 사이버링크 차량을 운전할 때, **예리**로 판정하세요.

10+: 예비를 3점 받습니다.

7-9: 예비를 1점 받습니다.

플레이어는 다음 행동을 하기 위해 예비 1점을 사용할 수 있습니다.
- 외부의 위험 하나를 피합니다. (로켓, 총알 세례, 충돌 등)
- 추격하는 차량 하나를 따돌립니다.
- 차량의 제어를 유지합니다.
- 누군가를 겁주거나, 감명을 주거나, 깜짝 놀라게 합니다.

냉정함: 누군가에게 **말재주를 부릴 때**, **냉철**로 판정하세요.

적재적소: 사이버링크 차량을 두 대 더 받습니다. (기존 차량과 같은 방법으로 만듭니다.)

근사한 운전: 자기 차량을 몰고 **거리에 나설때**, **스타일**+차량의 외관으로 판정하세요.

장비

주문 제작한 사이버링크 차량 (위에서 설명한 대로).

무기 하나 선택합니다:
- ⏻ 자동 산탄총 (3-피해 근거리/중거리 굉음 지저분 자동화기)
- ⏻ 중권총 (3-피해 근거리/중거리 굉음)
- ⏻ 정글도 (3-피해 한걸음)

하나 선택합니다:
- ⏻ 방탄 상의 (1-장갑)
- ⏻ 인조 가죽옷 (0-장갑, 「은밀함」, **피해** 액션을 판정할 때 결과에 -1)
- ⏻ 상처 부착제 (2100 이하의 피해를 **응급처치**할 수 있습니다)

캐릭터는 5크레드를 가지고 시작합니다.

...나음 중 두 가지를 선택합니다:

...성: 유명해지려는 욕심 때문에 임무에 원치 않는 눈길을 끌 때 경험치를 얻습니다.

...밀함: 가까운 사람인 _____을 임무보다 우선시할 때 경험치를 얻습니다.

...인: 한때 _____에 몸을 담은 탓에 임무에 지장이 갈 때 경험치를 얻습니다.

...수심: _____에게 해를 가하거나 손해를 입힐 때 경험치를 얻습니다.

운전사 플레이하기

...프롤에서 운전사를 플레이한다면, 게임 속에서 벌어지는 이동을 돋보이기 ...해서입니다. 운전사가 참여한 모든 임무는 반드시 기동이 포함되어야 하며, 고속 ...격전이나 끼어들기, 탈취 등의 상황이 벌어질 가능성도 두어야 합니다. 운전사는 ...순히 아슬아슬한 상황에서 택시 서비스를 제공하는 역할에서 그치면 안 됩니다. ...임무에서 자신이 가진 기술과 차량, 드론을 돋보일 수 있는 전략을 세우도록 팀을 ...끼세요.

...택한 **차량** 종류 역시 게임을 특정한 방향으로 이끄는 역할을 합니다. 강력한 경주용 ...를 가진 운전사는 빠른 습격과 요란한 도주, 폭발이 난무하는 추격전이 벌어지는 ...향으로 임무를 이끌 것입니다. 튼튼한 화물용 헬리콥터를 탄 운전사는 전원이나 ...생지대에서 행동하거나 도시 사이를 오고 가며 물자를 수송하는 작전을 선호할 ...것입니다. 군용 호버크라프트를 모는 운전사는 은밀한 상륙작전, 혹은 항구와 소금 ...평지에서 벌어지는 총격전에 참가하기를 원할 것입니다. 어떤 차량을 선택할지 다른 ...플레이어, 그리고 MC와 의논하세요. 테이블 모두가 원하는 플레이 종류에 어울리는 ...차량을 선택해야 합니다.

드론 조종사를 선택한 운전사는 유연하게 역할을 맡아 임무에 대처할 수 있습니다. ...밀한 침투든, 고공비행 감시든, 전투든 그 어느 상황에서도 그에 맞춰 드론을 설정할 ...수 있기 때문입니다. 따라서 드론은 사전조사 단계와 임무실행 단계 양쪽 모두에서 ...역으로, 또는 동료를 돕는 도우미로 유용하게 활약합니다. **창공의 눈**을 가진 운전사는 ...격으로 동료를 **돕거나 방해하는** 능력이 향상합니다.

...정함과 **근사한 운전**을 가진 운전사는 사회적인 상호작용에서 어느 정도 힘을 발휘할 ...수 있습니다.

...MC는 차량이나 드론의 약점을 활용해 이야기 속에 돌발상황이나 문제를 도입할 수 ...있습니다. 빈약한 차는 망가지고, 연비가 나쁜 트럭은 연료가 바닥날 것이며, 못 미더운 ...밴은 계속 시동이 걸리지 않을 것입니다. 이러한 골칫거리들은 그저 캐릭터가 임무 중 ...리해야 할 문제이지, 캐릭터의 특정한 면모를 영구히 제거하려는 공격이 아닙니다. ...재미있어 보이는 약점을 선택한 다음, 이 문제가 플레이에 나타날 때를 대비하세요.

중개인

나는 종이처럼 떠올라, 비행기처럼 높이 뜨지.

국경에서 날 붙잡았다면, 난 내 이름으로 된 비자를 가졌을 거야.

네가 여기에 들른다면, 온종일 내줄 수 있어.

기다려 주기만 한다면 눈 깜짝할 사이에 끝낼 거야..

Paper Planes, M.I.A

사람들이 어찌 믿고 싶어 하든, 암흑가는 인맥의 세계입니다. 누군가 무언가를 원한다면, 그것이 무엇인지는 그리 중요하지 않습니다. 원하는 바를 이루기 위해 누구에게 보수를 내는지가 중요합니다. 정말입니다. 어떻게 해서든 누군가는 반드시 보수를 받아야 합니다. 여러분은 중개인으로서 사람들이 원하는 것을 손에 넣도록, 그리고 적합한 사람들이 보수를 받도록 조정하는 역할을 합니다. 때로 고객들 역시 같은 암흑가에서 살아가며 일합니다. 중개인은 거대기업의 시선과 압력을 피하면서 서민들 사이에서 경력을 쌓을 수 있고, 더욱 흔한 경우로 으리으리한 아콜로지에서 방탄 리무진을 타고 나오는 양복쟁이들을 위해 위험하지만 보수도 좋은 일거리를 맡아줄 프로(혹은 기생충)를 찾는 일을 맡으면서 대박을 노릴 수도 있습니다. 거대 기업의 문화는 중간 관리인을 잔뜩 배출했으며, 이들은 때로 어둠 속에서 일하는 중개인들과 거래를 원합니다. 기업의 양복쟁이들이 자신을 중요한 사람이라고 느끼게 해 주는 것은 여러분이 제공하는 서비스 중 하나입니다.

이름. 건트, 허브, 인트리그, 제신타, 징크스, 릴리아나, 마스터 D, 미스터 존슨, 샐리, 고토, (연결하는 느낌이 나는 이름), (붙임성 있는 이름), (암흑가에서 쓸 만한 이름).

외모 선택

눈: 신뢰가 가는 눈, 집중하는 눈, 인공 눈, 냉철한 눈

얼굴: 매력적인 얼굴, 흉터가 있는 얼굴, 가린 얼굴, 친근한 얼굴

몸: 작은 몸, 야윈 몸, 덩치 큰 몸, 탄탄한 몸, 근육질 몸, 살찐 몸

옷: 기업 제복, 정장, 거리의 옷, 군복, 기능성 복장

피부: 인공 피부, 아시아계, 동남아계, 흑인, 잔뜩 치장, 히스패닉/라티노, 토착민, 중동계, 백인, _____

특성치: 다음 수치를 각 특성치에 배정하세요: +2, +1, +1, +0, +0, -1. **스타일**은 반드시 +2나 +1이어야 합니다.

사이버웨어

다음 중 하나를 선택합니다:

- ⏻ **사이버웨어 눈:** 사이버웨어 눈을 선택한 캐릭터는 다음 태그 중 세 가지를 선택합니다: 「적외선 탐지」, 「조명 증폭」, 「시야 확대」, 「조명 감수」, 「기록」, 「암호화」, 「접근 불가 구획」. 사이버웨어 눈으로 강화된 시각이 도움이 될 때, **파악하기를 신스**로 판정할 수 있습니다.

- ⏻ **사이버웨어 통신기:** 사이버웨어 통신기를 선택한 캐릭터는 다음 태그 중 두 가지를 선택합니다: 「암호화」, 「전파방해」, 「기록」, 「위성 중계」, 「접근 불가 구획」. 전술 상황에서 통신을 감시하거나 지시를 내릴 때 **파악하기를 신스**로 판정할 수 있습니다.

- ⏻ **데이터 저장장치가 장착된 신경 인터페이스:** 캐릭터는 내부, 또는 외부에 저장된 데이터를 찾기 위해 **조사할 때** 판정에 성공하면 추가로 [첩보] 하나를 얻습니다. 다음 태그 중 두 가지를 선택합니다: 「접근 불가 구획」, 「암호화」, 「대용량」, 「고성능」.

액션

다음 두 가지를 얻습니다.

- ⏻ **뒷골목 장사:** 캐릭터는 다양한 방법으로 자신을 돕는 부하들을 두었습니다. 캐릭터는 2-부하와 다음 목록 중 두 가지의 일거리를 가지고 시작합니다. 임무와 임무 사이에서, 캐릭터는 개인 시간 동안 처리할 일거리의 수를 자신의 현재 부하 수 이하로 선택합니다. 각 일을 어떻게 처리할지 설명한 다음, **예리**로 판정하세요.

  10+: 캐릭터는 각 일거리에서 이득을 얻습니다.

  7-9: 일거리 중 하나에 재난이 닥치고, 나머지에서 이득을 얻습니다.

  6-: 모든 일이 엉망으로 돌아갑니다. MC는 일거리마다 어떤 재난이 발생했는지에 따라 MC 액션을 사용합니다.

  다음 중 일거리로 선택할 분야 두 가지를 선택합니다.

  - ⏻ **감시:** 캐릭터는 무슨 일이 일어날 때 보고하는 소수의 정보원 네트워크를 구축했습니다. 이렇게 얻은 정보는 다른 이들에게 팔곤 합니다.
    - 이득: [첩보]를 얻습니다.
    - 재난: 누군가 잘못된 정보를 듣고 행동합니다.

  - ⏻ **빚 징수:** 캐릭터는 미지급된 빚을 수금하는 험악한 인상의 부하 몇 명을 두었습니다.
    - 이득: [장비]를 얻습니다.
    - 재난: 누군가 손해를 봅니다.

  - ⏻ **좀도둑:** 캐릭터는 이 지역에서 좀도둑질을 저지르는 부하 몇 명을 두었습니다.
    - 이득: [장비]를 얻습니다.
    - 재난: 잘못된 사람의 물건을 훔칩니다.

ↄ **운반**: 캐릭터는 물건을 운반하는 일거리를 받아 부하 **운전사**에게 일을 맡깁니다.

- 이득: 1크레드를 얻습니다.
- 재난: 물건이 도착하지 않습니다.

ↄ **협상 맺기**: 캐릭터는 서로를 필요로 하는 사람들이 만날 수 있도록 주선합니다.

- 이득: 1크레드를 얻습니다.
- 재난: 중개한 협상이 잘못됩니다.

ↄ **기술 업무**: 캐릭터는 기술자 몇 명을 부하로 두고 일을 제공합니다.

- 이득: [장비]를 얻습니다.
- 재난: 누군가 다른 사람의 재산에 나쁜 일이 발생합니다.

ↄ **포주**: 캐릭터는 실제, 또는 가상 현실 성노동자 일부를 관리합니다.

- 이득: [첩보]를 얻습니다.
- 재난: 고객에게 무언가 문제가 발생합니다.

ↄ **중독 물질**: 캐릭터는 약물이나 심스팀 칩을 제조하는 소규모 실험실을 운영합니다.

- 이득: [첩보]를 얻습니다.
- 재난: 사용자에게 또는 실험실에 무언가 문제가 발생합니다.

ↄ **그 친구 알아**: 캐릭터는 임무마다 한 번씩 새로운 연줄을 등장시킬 수 있습니다. 이름을 정하고 무슨 일을 하는지 결정한 다음 **스타일**로 판정하세요.

10+: 함께 일한 적이 있습니다. 실력 있는 사람입니다. 연줄로 적어 두세요.

7-9: 만나본 적 없는 사람입니다. 어디로 튈지 모릅니다.

6-: 아주 잘 아는 사람입니다. 왜 캐릭터를 싫어하는지 MC에게 설명하세요.

판정한 다음, 상대와 어떻게 접촉하는지 설명하세요. MC는 몇 가지 질문을 할 것입니다.

한 가지를 더 선택합니다:

ↄ **지원**: 캐릭터는 보안을 담당하는 "친구"들이 있습니다. 친구들은 고용된 5-10명 정도의 소형 무리입니다. (2-피해「소규모」「고용인」1-장갑). 다음 중에서 두 가지를 선택합니다.

- 무장을 잘 갖췄습니다: +1 피해 추가
- 방어구를 잘 갖췄습니다: +1 장갑, 「눈에 잘 띔」 추가
- 전직 군인입니다: 「규율」 추가
- 계약 이상의 관계입니다: 「고용인」을 「충성」으로 바꿈
- 오토바이나 다른 차량을 가졌습니다: 「기동성」 추가
- 숫자가 많습니다(15~30명): 「소규모」를 「중규모」로 바꿈

지원을 선택했다면 다음 일거리를 얻고 부하 1명 추가

ↄ **보호**: 친구들은 캐릭터의 뒤를 봐줍니다.

- 재난: 친구들은 잘못된 사람의 성질을 건드립니다.

⏻ **벌여 놓은 일:** 부하를 +1 하고 새 일거리를 선택합니다.

⏻ **크롬 육체:** 캐릭터 만들기 또는 캐릭터의 휴식 시간 때 추가로 사이버웨어를 선택합니다. 처음 사이버웨어를 얻을 때와 마찬가지로 어떻게 손에 넣었는지, 어떤 대가를 치렀는지 설명하세요.

⏻ **일생일대의 기래:** 무언가를 팔기 위해 **거리를 나서서** 판정 결과가 7-9일 때, 선택을 하나 덜 하세요.

⏻ **대면하기:** 전화나 이메일 같은 기술을 사용하지 않고 누군가를 직접 만날 때, 다음 **말재주 부리기** 판정에 +1 보너스를 받습니다.

⏻ **찾기 어려움:** 캐릭터는 몸을 낮춰 자신이 빚을 진 사람들을 피해 다닙니다. **거리 나서기**를 판정해서 7-9가 나왔을 때, 선택을 하나 덜 하세요.

⏻ **평판:** 자신에 관한 소문을 들어 봤을 법한 중요한 사람을 만날 때, **예리**로 판정하세요. 판정에 성공하면 그 사람이 어떤 소문을 들었는지 설명하세요. 판정 결과가 10+이면 다음 판정에 +1 보너스를 받습니다. 판정에 실패하면 반대로 MC가 소문을 정합니다. 누가 "중요한 사람"인지는 플레이어나 MC가 결정할 몫이지만, 한번 평판 액션을 사용하면 상대는 "중요한 사람"이 되어 이야기에 계속 등장합니다.

⏻ **판매원 기술자:** 캐릭터는 거리에서 볼 수 있는 장비란 장비는 모두 사용법을 보여준 적이 있습니다. 장비 얻기를 선언한 다음, 해당 장비를 곧바로 사용하면 다음 판정에 +1 보너스를 받습니다.

⏻ **매끄럽게 하기:** 누군가를 **돕거나 방해할 때**, **유대** 대신 **스타일**로 판정하세요.

⏻ **거리의 두목:** 부하를 +1 하고 새로운 일거리를 얻으세요.

⏻ **거리에 떠도는 말:** 거리에 떠도는 소문을 듣거나 떠올려서 **조사하기**를 한다면, [첩보]를 하나 더 얻으세요. 판정에 실패하더라도 이 [첩보]는 얻을 수 있습니다.

장비

무기 하나 선택합니다:

- 소형 권총 (2-피해 한걸음/근거리 은밀 고속 재장전 굉음)
- 반자동 권총 (2-피해 근거리/중거리 굉음 고속)

둘 선택합니다:

- 방탄 코트 (1-장갑)
- 방탄복 (0-장갑, 「은밀함」, 피해 액션을 판정할 때 결과에 -1)
- 화려한 탈 것 (하나 선택: 오토바이, 스포츠카, 쾌속정, 어떤 탈 것을 선택하든 「화려함」이 붙습니다)
- 상처 부착제 (2100 이하의 피해를 **응급처치**할 수 있습니다)
- 암호화된 통신 장비

캐릭터는 5크레드를 가지고 시작합니다.

행동수칙

다음 중 두 가지를 선택합니다:

기만: 정체나 과거를 속인 탓에 임무가 위태로워질 때 경험치를 얻습니다.

돈: 추가 이득을 얻으려 해서 임무에 지장이 올 때 경험치를 얻습니다.

소속: _____에 몸을 담은 탓에 임무에 지장이 올 때 경험치를 얻습니다.

보호: 임무보다 _____을 보호하려는 책임감을 더 우선시할 때 경험치를 얻습니다.

중개인 플레이하기

중개인은 **스프롤** 속에서 살아가는 사람들과 여기저기 관계를 맺으며 삽니다. 기업을 둘러싸고 뒤덮은 범죄의 두꺼운 층 속에 연줄과 동료, 적이 겹겹이 쌓였지요. 동료들과 나머지 세상을 연결하는 인터페이스가 되고 싶다면 중개인을 플레이하세요.

중개인은 사전조사 단계에서 특히 사회적인 교류를 통해 정보를 얻는 데 능숙합니다. 중개인은 임무마다 새로운 인맥을 두 명씩 등장시킬 수 있으며(**연줄 선언하기**와 **그 친구 알아**를 사용해서), 자신에게 유리하도록 인맥들에게 영향력을 행사할 수 있는 사회 기술을 갖췄습니다. 비록 이전에 만나보지 못한 사람도 이미 중개인의 **평판**을 들었을지도 모릅니다.

뒷골목 장사는 **스프롤**에서 유일하게 크레드를 벌 수 있는 액션이므로, 중개인은 팀에서 가장 부자일 확률이 높습니다. 정보와 장비를 획득하기 위해 재산을 활용해 **거래 나서기**를 하세요. 하지만 중개인이 신세를 진 사람들은 중개인과 동료들에게 크나큰 위험요소가 될 수도 있습니다.... 그러니 찾기 어려운 인물이 되는 편이 좋습니다. 중개인의 핵심은 임무와 자신의 길거리 왕국 사이에서 줄타기하며 양쪽 모두의 요구사항을 맞추는 데 있습니다.

임무 중에는 사회 관련 액션과 **대면하기**를 활용해 문제를 피하고 특정한 장소에 들어갈 권한을 얻으세요. 그리고 **뒷골목 장사**와 인맥을 활용해 급히 얻은 [장비]와 [첩보]를 모두 써서 임무를 진전시키세요. 만약 장비 습득 뿐만 아니라 장비 사용에도 능숙해지고 싶다면 **판매원 기술자**를 선택합니다.

뒷골목 장사는 자원을 얻는 수단이 될 뿐만 아니라 골칫거리의 원인이 될 수도 있습니다. 재난 항목을 훑어본 다음, 현재 진행 중인 플레이의 주제를 생각해 보세요. 일거리를 선택할 때는 재미있어 보이는 문제나 플레이에서 보고 싶은 주제와 연관된 일거리를 선택합니다. 하지만 잊지 말고 다 함께 의논하세요(특히 중독 물질이나 포주를 선택할 때는 말입니다). 다른 플레이어들에게 불쾌감을 줄 수 있는 일거리는 선택하지 마세요.

해커

사이버스페이스. 여러 나라의 수십억에 이르는 정규 기사와 수학 개념을 배우는 어린이들이 매일 경험하는 공감각적 환상... 인간 조직 속에 들어 있는 모든 컴퓨터 뱅크로부터 끌어낸 데이터의 시각적 재현. 상상을 뛰어넘는 복잡성. 정신 속의 공간 아닌 공간을 꿰뚫는, 혹은 데이터의 성군과 성단 사이를 배회하는 광선들. 시가지의 불빛과 같이 멀어져 가는...

뉴로맨서, 윌리엄 깁슨

콘솔 카우보이, 네트런너, 데커 - 모두 그저 단어일 뿐입니다. 누가 단어 따위에 신경 쓰나요? 중요한 것은 숫자입니다. 0과 1 말이지요, 자기. 특히 자금 데이터는 0의 자릿수가 많을수록 더욱 좋습니다. 여러분은 사이버스페이스 속 네트워크의 그림자가 되어 어디든 원하는 곳으로 가 원하는 데이터를 빼 오는 해커입니다. 어떠한 거대기업의 시스템도 해커의 ICE 브레이커 앞에서 안전을 장담할 수 없습니다. 블랙 ICE? 흠, 이제 재미있어지는군요.

이름. 케이스, 코어, 크로울리, 데드 롭, 진, 프로즈, 가이우스 루포, 헤이저, 조니, 네즈미, 패치, 와일드스타일, (교활한 느낌이 나는 이름), (기술 관련 이름), (신비로운 분위기의 이름)

외모 선택:

눈: 인내심 없는 눈, 경련을 일으키는 눈, 의기양양한 눈, 젊은 눈, 비웃는 듯한 눈, 냉철한 눈

얼굴: 흉터가 있는 얼굴, 냉소적인 얼굴, 매끈한 얼굴, 잔뜩 꾸민 얼굴, 가린 얼굴

몸: 작은 몸, 야윈 몸, 불편한 몸, 뚱뚱한 몸, 어린 체형

옷: 닳은 옷, 기업 제복, 펑크족 복장, 길거리 옷, 어딘가에서 대충 얻은 옷

피부: 인조, 아시아계, 동남아계, 흑인, 잔뜩 치장, 히스패닉/라티노, 토착민, 중동계, 백인, _____

특성치: 다음 수치를 각 특성치에 배정하세요: +2, +1, +1, +0, +0, -1. **신스**와 **정신**은 반드시 +2나 +1이어야 합니다.

사이버웨어

다음 사이버웨어를 얻습니다.

⏻ **데이터 저장장치가 장착된 신경 인터페이스:** 매트릭스에 접속할 때 사용하는 인터페이스입니다. 캐릭터는 내부, 또는 외부에 저장된 데이터를 찾기 위해 **조사할 때** 판정에 성공하면 추가로 [첩보] 하나를 얻습니다. 다음 태그 중 두 가지를 선택합니다: 「접근 불가 구획」, 「암호화」, 「대용량」, 「고성능」.

액션

다음 두 가지를 얻습니다.

⏻ **접속:** 캐릭터는 매트릭스에 접속해 8장: 매트릭스에서 소개하는 매트릭스 액션을 사용할 수 있습니다.

⏻ **콘솔 카우보이:** 허가 없이 접근할 수 없는 시스템에 들어가면, **정신**으로 판정하세요.

   10+: 예비 3점을 얻습니다.

   7-9: 예비 1점을 얻습니다.

   캐릭터는 시스템 내부에 있는 동안, 다음 행동을 하기 위해 예비 1점을 사용할 수 있습니다:

   - 건물 경보 발동을 차단합니다.
   - 캐릭터의 덱이나 프로그램, 혹은 캐릭터 자신을 노리는 ICE 프로그램을 피합니다.
   - **보안 무력화**나 **시스템 조종**을 할 때 예비를 1점 더 받습니다.

한 가지를 더 선택합니다:

⏻ **블랙 ICE 베테랑:** 블랙 ICE가 캐릭터에게 루틴 공격을 가할 때, MC는 두 가지 선택만 고를 수 있습니다.

⏻ **크롬 육체:** 캐릭터 만들기 또는 캐릭터의 휴식 시간 때 추가로 사이버웨어를 선택합니다. 처음 사이버웨어를 얻을 때와 마찬가지로 어떻게 손에 넣었는지 어떤 대가를 치렀는지 설명하세요.

⏻ **ICE 분쇄:** 캐릭터는 ICE를 재빠르고 조용하게 무력화시킬 줄 압니다. 캐릭터는 매트릭스에 들어갈 때마다 한번씩 캐릭터의 사이버덱이나 프로그램, 캐릭터 자신을 목표로 한 루틴 공격을 한 번씩 취소시킬 수 있습니다.

⏻ **신경의 상흔:** 블랙 ICE의 공격에 1-장갑을 얻습니다.

⏻ **즉석 프로그래밍:** 캐릭터는 마주친 매트릭스 구조물의 특정한 약점에 맞춰 프로그램을 조정할 수 있습니다. 보안 무력화나 시스템 조종에 성공하면, 예비 2점을 추가합니다.

⏻ **매트릭스 명성:** 매트릭스 안에서 눈에 띄는 아바타로 자신을 나타낼 때, **말재주 부리기**와 **세계 나가기**를 **신스**로 판정합니다. 명성 때문에 곤경에 빠진다면 경험치를 얻습니다.

⏻ **최적화 검색:** 매트릭스 내에서 특정 주제를 **조사할 때**, 항상 이어지는 질문 한 가지를 할 수 있습니다. 결과가 10+면, [첩보]를 하나 추가로 얻습니다.

⏻ **기술 지원:** 매트릭스에 접속한 동안 팀 동료를 **도울** 때, **유대** 대신 **정신**으로 판정하세요.

⏻ **신원불명:** 캐릭터는 자신의 신원을 철저히 비밀로 숨겼습니다. 캐릭터의 덱은 +2 은신을 받습니다.

장비

나음 사이버텍 중 하나를 선택한 다음 이름을 붙이세요:

- ⏻ **방어형 덱** (내구력 2, 방화벽 2, 처리속도 1, 은신 1), 아래 프로그램 목록에서 두 가지 선택
- ⏻ **싱능형 넥** (내구력 1, 방화벽 1, 처리속도 2, 은신 2), 아래 프로그램 목록에서 세 가지 선택

프로그램:

- ⏻ 폐쇄 (**보안 무력화**를 성공하면 예비 1점 추가)
- ⏻ 방어 (+2 방화벽)
- ⏻ 효율화 루틴 (+2 처리속도)
- ⏻ 분석 (보안 데이터베이스에서 **자금 데이터 찾기**나 **조사하기**를 할 때 계속 +1 보너스를 받습니다)
- ⏻ 조종 (**시스템 조종**을 성공하면 예비 1점 추가)
- ⏻ 경계 (매트릭스 안에서 **파악하기**에 성공하면, 질문 하나를 더 할 수 있습니다)
- ⏻ 신원 보호 (+2 은신)
- ⏻ 탈출 (다음 **긴급 종료**에 +1 보너스)
- ⏻ 안전 차단 장치 (블랙 ICE가 공격에 성공하면 사이버덱 시스템의 모든 전원을 차단합니다. 캐릭터는 ICE의 공격에 피해를 받지 않으며, 접속은 끊어집니다. 사이버덱은 수리할 때까지 사용할 수 없습니다)

무기 하나 선택합니다:

- ⏻ 플레셰트 권총 (3-피해 근거리/중거리 고속 플레셰트)
- ⏻ 기관권총 (2-피해 근거리/중거리 굉음 자동화기)

둘 선택합니다:

- ⏻ 방탄 코트 (1-장갑)
- ⏻ 방탄복 (0-장갑, 「은밀함」, 피해 액션을 판정할 때 결과에 -1)
- ⏻ 방탄 냉장고 (3-장갑, 이동불가)
- ⏻ 초소형 전자기기 작업대 (현장에서 전자기기와 사이버웨어를 수리할 수 있습니다)
- ⏻ 근사한 오토바이

캐릭터는 5크레드를 가지고 시작합니다.

행동수칙

다음 중 두 가지를 선택합니다:

기만: 정체나 과거를 속인 탓에 임무가 위태로워질 때 경험치를 얻습니다.

명성: 유명해지려는 욕심 때문에 임무에 원치 않는 눈길을 끌 때, 경험치를 얻습니다.

소속: _____에 몸을 담은 탓에 임무에 지장이 올 때 경험치를 얻습니다.

폭로: _____ 관련 정보를 더 많이 발견할 때마다 경험치를 얻습니다.

해커 플레이하기

스프롤에서 기술의 손길이 닿지 않는 곳은 없습니다. 기업은 기술을 사용해 자신을 보호하고 비밀을 숨깁니다. 캐릭터들의 일거리 대부분은 기업의 보안 시설을 돌파해서 숨긴 비밀을 훔치는 임무입니다. 플레이북 중 유일하게 디지털 세계를 침투하고 조종하는 데 특화된 해커는 어느 팀에서든 중요한 역할을 맡습니다.

해커의 강점은 매트릭스 안에서 발휘되므로, 가능한 한 매트릭스에서 많이 활동하세요. 주요 목표는 어떻게 공략해야 하는지, 고용주의 정체와 목적은 무엇인지, 상황이 어떻게 돌아가는지 정보를 얻기 위해 사전조사 단계 동안 재빨리 부수적인 목표들을 해결하세요. 기업의 아콜로지부터 군 연구 시설, 신호등, 편의점 자동문에 이르기까지 **스프롤**에 있는 모든 것은 매트릭스 시스템이 통제합니다. 파고들 기회를 잡지 못했다면 MC에게 무엇을 놓쳤는지 물어보세요.

해커는 보통 **정신**이 높으므로, **조사하기** 좋습니다. 임무를 준비할 때면 해커가 침투해서 강탈할 디지털 방어수단이 있는 장소에 잠입하는 방향으로 전략을 세우도록 팀을 이끄세요. 기업 시스템에 침투한 다음에는 보안 카메라를 끄고, 잠긴 문을 열고, 환기와 화재 진압, 조명 시스템을 조종하고, 방어 시설을 엉망진창으로 만들어서 동료들의 임무를 순조롭게 하세요. 컴퓨터 시스템을 장악해 사람들을 **돕거나 방해**하세요. **기술 지원**이 특히 유용합니다.

물론, 무방비 상태의 시스템은 없습니다. **콘솔 카우보이**는 골칫거리를 피할 때 좋으며 그 외 다른 몇 가지 액션을 갖추면 ICE를, 특히 기업 내 가장 위험한(그리고 가장 짭짤한) 서버를 지키는 블랙 ICE를 마주칠 때 좀 더 잘 버틸 수 있습니다. 해커는 매트릭스에서 어떤 식으로 활동할지 여러가지 방법으로 준비할 수 있습니다. 어떤 사이버덱과 프로그램, 해커 액션을 선택해서 공격 능력과 방어 능력, 지원 능력 사이에서 어떻게 균형을 잡을지 고려해 보세요. 캐릭터는 어떤 종류의 해커인가요? 화력을 총동원해서 제멋대로 서버를 휘저어 놓는 열혈 선동가? (**ICE 분쇄**, 매트릭스 명성, 분석과 긴급 탈출 프로그램을 갖춘 성능형 덱) 주요 **데이터**베이스의 로그인 게이트를 부수고 들어와 ICE의 공격에 버티는 방탄 트럭? (**신경의 상흔**, 각종 방어 프로그램을 갖춘 방어형 덱) 모든 돈을 빼돌릴 때까지 아무도 눈치채지 못하는 복면 닌자? (**ICE 분쇄**, **신원불명**, 폐쇄와 신원 보호, 조종을 갖춘 성능형 덱) 아니면 그사이 어딘가에 있나요?

그리고 기업의 닌자들이 캐릭터를 찾아내 창문으로 RPG를 쏘면 어떻게 할까요? 바로 이를 대비해 방탄 냉장고가 있습니다. 그뿐 아니라 스팀콜라도 시원하게 보관할 수 있지요.

사냥꾼

하나: 목표를 포착한다.

둘: 미끼를 건다.

셋: 친친히 그물을 펼친다.

넷: 목표를 잡는다.

Headhunter, 프론트 242

기 도시에는 수백만 명의 사람들이 수백만 가지 비밀을 품고 살아갑니다. 수많은 유리창과 콘크리트, 플래스틸과 육체의 장막 안에는 여러 비밀이 꼭꼭 숨어 있습니다. 여러분은 인맥과 기술, 경험을 동원해 장막을 젖히고 그 안에 무엇이 숨어있는지 확인하는 사냥꾼입니다. 그다음 일어나는 일은, 음, 고객이 내는 금액에 따라 정해집니다. 그렇지 않나요?

이름. 아처, 분, 데커드, 프로스트, 가리드, 마크햄, 미스터 블랙, 파이쏜, 쿼드, 리차드, 리터, 셰이머스 라일리, 테일러, (실제 이름), (식별할 수 없는 이름), (포식동물 이름)

외모 선택

눈: 탐색하는 눈, 가만히 못 있는 눈, 인공 눈, 꿰뚫어 보는 눈, 체념한 눈, 싫증난 눈, 흐릿한 눈

얼굴: 흉터가 있는 얼굴, 무표정한 얼굴, 친근한 얼굴, 특징 없는 얼굴, 그을린 얼굴,

몸: 근육질 몸, 유연한 몸, 개조한 신체, 말랐지만 야무진 몸, 다부진 몸, 과체중

옷: 닳은 옷, 바랜 옷, 기업 제복, 평상복, 길거리 옷, 어딘가에서 대충 얻은 옷

피부: 인공 피부, 아시아계, 동남아계, 흑인, 잔뜩 치장, 히스패닉/라티노, 토착민, 중동계, 백인, _____

특성치: 다음 수치를 각 특성치에 배정하세요: +2, +1, +1, +0, +0, -1. **예리**는 반드시 +2나 +1이어야 합니다.

사이버웨어

다음 중 하나를 선택합니다:

- ⏻ **사이버웨어 눈:** 사이버웨어 눈을 선택한 캐릭터는 다음 태그 중 세 가지를 선택합니다: 「적외선 탐지」, 「조명 증폭」, 「시야 확대」, 「조명 감소」, 「기록」, 「암호화」, 「접근 불가 구획」. 사이버웨어 눈으로 강화된 시각이 도움이 될 때, **파악하기**를 **신스**로 판정할 수 있습니다.

- ⏻ **사이버웨어 귀:** 사이버웨어 귀를 선택한 캐릭터는 다음 태그 중 두 가지를 선택합니다: 「충격파 흡수」, 「주파수 확장」, 「기록」, 「암호화」, 「접근 불가 구획」. 사이버웨어 귀로 강화된 청각이 도움이 될 때, **파악하기**를 **신스**로 판정할 수 있습니다.

- ⏻ **기술 슬롯:** 캐릭터는 신체에 이식한 슬롯에 기술 칩을 삽입해 특정한 기술을 배울 수 있습니다. 기술 칩을 삽입한 동안 캐릭터는 기술 칩에 입력된 기술을 판정할 때 판정 특성치가 +1 이하면 계속 +1보너스를 받습니다. 기술 슬롯은 두 개의 슬롯에 연결되며, 캐릭터는 각 슬롯에 기술 칩을 하나씩 삽입해서 사용할 수 있습니다. 캐릭터 만들기 단계에서 기술 슬롯을 가지고 시작한 캐릭터는 슬롯마다 기술 칩을 하나씩 얻으며, 다른 장비와 마찬가지로 플레이 중 기술 칩을 추가로 얻을 수 있습니다. 기술 칩 예: 무술, 가택 침입, 암벽 등반, 스카이다이빙, 스쿠버다이빙, 작전 수립과 보급, 총격전, 곡예 운전, 파쿠르, 응급처치, 군 관련 역사와 전술.

- ⏻ **전술 컴퓨터:** 캐릭터가 전술 상황에서 **파악하기**를 하면, 판정 결과와 관계없이 무조건 예비 1점을 추가합니다.

액션

다음 두 가지를 얻습니다.

- ⏻ **귀 기울이기:** 캐릭터는 상대의 말문을 열고 정보를 듣는데 능한 재주를 가졌습니다. 주변 이웃이나 다른 사람들 무리 사이를 돌아다닐 때, 정보를 모으기 위해 **조사하기**를 사용할 수 있습니다.

- ⏻ **모두 들어맞아!:** 캐릭터는 서로 관련 없어 보이는 사건들 사이에서 연결점을 찾아 서로 연결하는데 능합니다. 매 작전을 시작할 때 **예리**로 판정하세요.

  10+: 예비를 3점 받습니다.

  7-9: 예비를 1점 받습니다.

  캐릭터는 임무에 집중하는 동안, 언제든지 예비 1점을 사용해 **조사하기** 목록에서 질문 한 가지를 물어볼 수 있습니다.

두 가지를 더 선택합니다:

- ⏻ **맹수 사냥꾼:** 조사한 목표물을 설치한 덫에 끌어넣으면, **예리**로 판정하세요.

  7+: 목표물을 덫에 가뒀습니다. 오직 캐릭터를 뚫고 지나가야 빠져나갈 수 있습니다.

  10+: 목표물은 손아귀 안에 있습니다. 도망치려 한다면 **육체** 대신 **예리**를 사용해 **한판 붙을** 수 있습니다.

- ⏻ **크롬 육체:** 캐릭터 만들기 또는 캐릭터의 휴식 시간 때 추가로 시이비웨이를 선택합니다. 처음 사이버웨어를 얻을 때와 마찬가지로 어떻게 손에 넣었는지, 어떤 대가를 치렀는지 설명하세요.

- ⏻ **무책임:** 캐릭터는 오직 자신이 편할 때만 친구들을 돕는 사람으로 악명이 높습니다. 캐릭터가 **서리를 나설 때**, 연줄의 문제를 돕지 않아도 -1 페널티를 받지 않습니다. 플레이어는 계속 연줄에 문제가 생기는 선택지를 고를 수 있지만, 그 결과 이야기 속에서 무언가 사건이 생길 수도 있습니다.

- ⏻ **보강:** 수집한 증거를 분석할 때, [첩보]를 얻고 **조사하기를 정신** 대신 **예리**로 판정합니다.

- ⏻ **작은 것도 놓치지 않는다:** 캐릭터는 미행과 잠복의 명수입니다. 특정한 장소나 사람을 감시할 때, [첩보]를 얻고 **파악하기**를 판정합니다.

- ⏻ **인적 환경 파악:** 특정 집단을 **조사할 때** [첩보]를 사용하고 이 집단을 캐릭터의 목표로 지정하세요. 캐릭터는 해당 집단에 맞서 행동하거나 집단을 추적할 때 계속 +1 보너스를 받습니다. 캐릭터는 한 번에 한 집단만 목표로 지정할 수 있습니다.

- ⏻ **자취 밟기:** 사람이나 물건을 찾으려 할 때, 목표가 무엇인지 말하세요. 캐릭터는 [첩보]를 얻으면 해당 첩보가 목표와 관련이 있다고 선언할 수 있습니다. 이렇게 정한 [첩보]를 세 개 사용하면, MC는 목표가 어디 있는지 설명합니다. 플레이어는 이 단서로 어떻게 목표를 찾았으며, 목표나 방어태세의 약점을 어떻게 이용했는지 정합니다.

- ⏻ **각을 재다:** 임무실행 단계가 시작할 때, [첩보]와 [장비]를 얻습니다.

- ⏻ **저격수:** 눈에 띄지 않고 엄폐물이 있는 장소를 마련할 때, **냉철**로 판정하세요.

    10+: 다음 중 세 가지를 선택합니다.

    7-9: 다음 중 두 가지를 선택합니다.

    - 잘 숨겨진 장소입니다.
    - 엄폐물을 잘 갖춘 장소입니다.
    - 시야가 잘 확보된 장소입니다.
    - 은폐와 엄폐 수준이 비슷한 예비 장소가 있습니다.
    - 기습이나 매복의 위험이 없는 안전한 장소입니다.

선택한 다음 어떤 장소인지 설명하세요.

장비

무기 둘 선택합니다:

- ⏻ 대형 리볼버 (3-피해 근거리/중거리 재장전 굉음)
- ⏻ 소형 권총 (2-피해 한걸음/근거리 은밀 고속 재장전 굉음)
- ⏻ 플레셰트 권총 (3-피해 근거리/중거리 고속 플레셰트)
- ⏻ 휴대용 전기충격기 (충격-피해 한걸음 재장전)
- ⏻ 저격 소총 (3-피해 장거리/초장거리 굉음 불편함)

둘 선택합니다:

- ⏻ 방탄 코트 (1-장갑)
- ⏻ 방탄복 (0-장갑,「은밀함」, 피해 액션을 판정할 때 결과에 -1)
- ⏻ 별 특징 없는 세단
- ⏻ 상처 부착제 (2100 이하의 피해를 **응급처치**할 수 있습니다)
- ⏻ 안경 또는 고글 (하나 선택:「조명 증폭」,「시야 확대」,「기록」)

캐릭터는 5크레드를 가지고 시작합니다.

행동수칙

다음 중 두 가지를 선택합니다:

행동 양식: 캐릭터의 윤리 규범을 설명하세요. 규범을 준수한 탓에 임무에 지장이 올 때 경험치를 얻습니다.

동정심: 임무보다 약자를 도우려는 마음을 더 우선시할 때 경험치를 얻습니다.

충성심: 임무보다 _____의 충고를 더 우선시할 때 경험치를 얻습니다.

복수심: _____에게 해를 가하거나 손해를 입힐 때 경험치를 얻습니다.

사냥꾼 플레이하기

사냥꾼은 중개인처럼 여러 사람을 알고 지냅니다. 하지만 중개인이 사회 구성원의 일원이라면 사냥꾼은 아웃사이더입니다. 술집 등지에서 귀나 기울이며 다니고, 대부분 무책임해서 의지가 되지도 않지요.

사냥꾼은 사전조사 단계에서 연줄들을 샅샅이 들쑤시며 다니고(**세계 나가기**) 여기저기를 감시하며(**작은 것도 놓치지 않는다**), 증거들을 하나로 모읍니다(**보강**). 특히 사냥꾼은 해답을 찾는데 필요한 정보를 가진 핵심 인물이 있을 때 진가를 발휘합니다. 사람 개개인을 찾아 자취를 밟는 방향으로 사전조사 단계를 이끄세요.

임무실행 단계에서, 사냥꾼은 [첩보]를 사용해 **지식을 털어놓고** 목표물이 어떤 인물인지 동료들에게 알려줄 수 있습니다. MC는 임무를 만들 때 사냥꾼이 뒤를 밟을 수 있고 **맹수 사냥꾼**으로 함정에 몰아넣을 수 있는 중요한 인물을 끼워 넣으세요. 중요한 인물이 등장하지 않더라도 사냥꾼은 **분석능력과 생존본능**을 사용해 필요한 때에 **지식을 털어놓거나 장비를 얻을 수 있으며**, 특정한 상황에는 관찰 기술을 발휘해서 **저격수** 역할을 할 수 있습니다.

사전조사 단계를 주도하고, 임무실행 단계에서 중요한 팀원을 지원하고 싶다면 사냥꾼으로 플레이하세요.

침투요원

감정 따위 삼키고 / 아무렇지 않은 척

나란 놈은 / 숨는 게 전부니까

갈갈이 찢기는 것 같이 /음, 노력은 했시

이 싸움을 이길 수 있어 / 싸우지 않는 법을 알면

Me, I'm not, 나인 인치 네일즈

스프롤에는 사람들의 출입을 막는 벽과 울타리가 그물망처럼 펼쳐져 있습니다. 여러분은 조용히 벽을 넘는 일을 합니다.침투요원은모두가안전할 거로 생각하는 장벽 안으로 몸을 숨기고 잠입하는 데 달인입니다. 몸을 드러내야 할 때는 정체를 감추고 말이지요. 침투요원은 그림자 속으로 숨고, 사람들 속에 녹아들고, 감시를 피하면서 조용히 임무를 수행합니다. 검은 복면의 테크노 닌자이든 친근한 미소를 짓는 변장의 명수이든, 침투 요원은 어떠한 팀에서도 주축으로 활약합니다.

이름. 버트런드, 블루, 키트, 로에 치, 맥스, 네프, 스모크, 스펙터, 제로, (교활한 느낌이 나는 이름), (근사한 이름), (유능해 보이는 이름)

외모 선택:

눈: 어두운 눈, 집중하는 눈, 검은 눈, 인공 눈, 교활한 눈, 가만히 못 있는 눈

얼굴: 가린 얼굴, 모호한 얼굴, 별 특징 없는 얼굴, 냉소적인 얼굴, 침착한 얼굴, 그을린 얼굴

몸: 야윈 몸, 개조한 신체, 말랐지만 야무진 몸, 강건한 몸, 날씬한 몸

옷: 실용적인 옷, 군복, 기업 제복, 길거리 복, 어딘가에서 대충 얻은 옷

피부: 인공 피부, 아시아계, 동남아계, 흑인, 잔뜩 치장, 히스패닉/라티노, 토착민, 중동계, 백인, _____

특성치: 다음 수치를 각 특성치에 배정하세요: +2, +1, +1, +0, +0, -1. **냉철**과 **예리**는 반드시 +2나 +1이어야 합니다.

사이버웨어

다음 중 하나를 선택합니다:

- ⏻ **사이버웨어 눈:** 사이버웨어 눈을 선택한 캐릭터는 다음 태그 중 세 가지를 선택합니다:「적외선 탐지」,「조명 증폭」,「시야 확대」,「조명 감소」,「기록」, 암호화」,「접근 불가 구획」. 사이버웨어 눈으로 강화된 시각이 도움이 될 때 **파악하기를 신스**로 판정할 수 있습니다.

- ⏻ **사이버웨어 귀:** 사이버웨어 귀를 선택한 캐릭터는 다음 태그 중 두 가지를 선택합니다:「충격파 흡수」,「주파수 확장」,「기록」,「암호화」,「접근 불가 구획」. 사이버웨어 귀로 강화된 청각이 도움이 될 때, **파악하기를 신스**로 판정할 수 있습니다.

- ⏻ **데이터 저장장치가 장착된 신경 인터페이스:** 캐릭터는 내부, 또는 외부에 저장된 데이터를 찾기 위해 **조사할 때** 판정에 성공하면 추가로 [첩보] 하나를 얻습니다. 다음 태그 중 두 가지를 선택합니다:「접근 불가 구획」,「암호화」,「대용량」, 고성능」. 캐릭터는 해커의 접속 액션을 얻습니다. 매트릭스에 **접속**한 상태에서 매트릭스 액션을 사용할 때, 관련 특성치를 판정에 더하세요.

- ⏻ **기술 슬롯:** 캐릭터는 신체에 이식한 슬롯에 기술 칩을 삽입해 특정한 기술을 배울 수 있습니다. 기술 칩을 삽입한 동안 캐릭터는 기술 칩에 입력된 기술을 판정할 때 판정 특성치가 +1 이하면 계속 +1 보너스를 받습니다. 기술 슬롯은 두뇌와 연결된 두 개의 슬롯으로 구성되며, 캐릭터는 각 슬롯에 기술 칩을 하나씩 삽입해서 사용할 수 있습니다. 캐릭터 만들기 단계에서 기술 슬롯을 가지고 시작한 캐릭터는 슬롯마다 기술 칩을 하나씩 얻으며, 다른 장비와 마찬가지로 플레이 중 기술 칩을 추가로 얻을 수 있습니다. 기술 칩 예: 무술, 가택 침입, 암벽 등반, 스카이다이빙, 스쿠버다이빙, 작전 수립과 보급, 총격전, 곡예 운전, 파쿠르, 응급처치, 군 관련 역사와 전술.

- ⏻ **인조 신경:** 캐릭터는 거의 총알을 피할 수 있을 정도로 재빨리 반응합니다. 적 중 아무도 인조 신경을 달지 않았다면, 다음 **한판 붙기** 판정에 +1 보너스를 받습니다. 반응속도가 중요한 상황에서는 다음 **위험 견디기** 판정에 +1 보너스를 받습니다.

액션

다음 액션을 얻습니다.

- ⏻ **은밀한 침투:** 홀로 보안구역을 잠입할 때, **냉철**로 판정하세요.

    10+: 예비를 3점 받습니다.

    7-9: 예비를 1점 받습니다.

    캐릭터가 어떻게 잠입했으며 어떤 보안 조치를 극복해야 하는지 MC가 설명하면 플레이어는 예비 1점을 사용해서 캐릭터가 어떻게 장애물을 극복할지 선언한 다음:

    - 보안 시스템이나 경비병을 우회합니다.
    - 우회한 보안 시스템을 못 쓰게 합니다.
    - 경비를 제압합니다.
    - 시선을 피합니다.

다음 중 한 가지를 선택합니다:

⏻ **도둑:** 캐릭터는 누구도 생각 못 한 지점으로 접근하여 예상치 못한 경로로 교묘하게 침투하는 데 익숙합니다. 캐릭터는 침투하는 동안 나중에 유용하게 쓸지도 모르는 부수적인 휴대품을 훔칠 수 있습니다. 캐릭터기 은밀힘과 민섭성을 발휘해서 **은밀한 침투**를 사용해 얻은 예비를 모두 쓰면, [장비]를 얻습니다.

⏻ **사기꾼:** 캐릭터는 잠입 장소의 구성원인 것처럼 속여 침투하는 데 익숙합니다. 캐릭터는 침투하는 동안 이후 무언가 관련이 있을지도 모르는 정보를 보거나 엿들을 수 있습니다. 캐릭터가 매력과 사교성을 발휘해 **은밀한 침투**를 사용해 얻은 예비를 모두 쓰면, [첩보]를 얻습니다.

한 가지를 더 선택합니다:

⏻ **암살자:** 예상치 못한 공격을 하면, **파악하기**에 있는 질문 목록 중 하나를 공짜로 물을 수 있습니다.

⏻ **사전답사:** 활용할 수 있는 취약점이 있는지 알아보기 위해 시간을 들여 특정 장소를 **조사할 때**, **예리**로 판정하세요.

　10+: [첩보] 세 개를 얻습니다.

　7-9: [첩보] 한 개를 얻습니다.

　사전답사로 얻은 [첩보]는 원래대로 사용하거나, **파악하기**나 **조사하기**의 질문 목록 중 하나를 묻는데 사용할 수 있습니다.

⏻ **크롬 육체:** 캐릭터 만들기 또는 캐릭터의 휴식 시간 때 추가로 사이버웨어를 선택합니다. 처음 사이버웨어를 얻을 때와 마찬가지로 어떻게 손에 넣었는지, 어떤 대가를 치렀는지 설명하세요.

⏻ **접속:** 캐릭터는 매트릭스에 접속해 8장: 매트릭스에서 소개하는 매트릭스 액션을 사용할 수 있습니다.

　참고사항: 매트릭스 액션 대부분은 신경 인터페이스와 사이버덱이 있어야 사용할 수 있습니다.

⏻ **변장의 명수:** 캐릭터는 무척 변장에 능숙해 보안병력을 완전히 안심시킬 수 있습니다. 캐릭터가 변장을 한 상태에서 정체가 들키지 않았을 때, **말재주 부리기** 판정 결과가 12+면 임무실행 시계를 한 칸 되돌릴 수 있습니다.

⏻ **엄마 오리:** 캐릭터는 특정 장소에 잠입할 때, 동료들도 데리고 들어갈 수 있습니다. 캐릭터가 **은밀한 침투**로 얻은 예비로 *보안시스템이나 경비를 우회합니다.* 또는 *시선을 피합니다*를 선택하면, 다른 팀원들도 같이 따라갈 수 있습니다.

⏻ **제2안:** 위태한 상황이 되어 빠져나가야 할 때, 어느 경로로 탈출할지 설명한 다음 **냉철**로 판정하세요.

　10+: 훌륭합니다. 캐릭터는 무사히 빠져나왔습니다.

　7-9: 캐릭터는 빠져나가거나 남기를 선택할 수 있지만, 빠져나간다면 대가를 치러야 합니다: 무언가 놓고 오거나, 무언가 뒤따라옵니다. 플레이어가 둘 중 하나를 선택한 다음, MC가 그 '무언가'를 설명하세요.

　6-: 캐릭터는 반쯤 탈출한 취약한 상태에서 발각됩니다. MC는 액션을 사용합니다.

- ⏻ **심리전:** 몸을 감춘 채 폭력의 흔적을 남겨 적의 사기에 영향을 미치려 할 때, **예리**로 판정하세요.

   7+: 적은 큰 충격을 받고 소심해지거나, 두려워하며 자신감을 잃거나, 분노해서 경솔해집니다. (MC가 선택합니다)

   10+: 플레이어가 선택합니다.

- ⏻ **은밀한 작전:** 캐릭터는 보안 구역 내의 반복되는 움직임을 읽고 어떻게 잠입할지 알 수 있는 직감을 지녔으며, 이를 이용해 보안병력을 완전히 방심하게 만들 수도 있습니다. 캐릭터가 몸을 숨긴 상태에서 **파악하기** 결과가 12+면 임무실행 시계를 한 칸 되돌릴 수 있습니다.

장비

무기 셋 선택합니다:

- ⏻ 저격 소총 (3-피해 장거리/초장거리 굉음 불편함)
- ⏻ 기관권총 (2-피해 근거리/중거리 굉음 자동화기)
- ⏻ 휴대용 전기충격기 (충격-피해 한걸음 재장전)
- ⏻ 소음기 부착 기관단총 (2-피해 근거리/중거리 자동화기)
- ⏻ 소음기 부착 반자동 권총 (2-피해 근거리/중거리 고속)
- ⏻ 단섬유 채찍 (4-피해 한걸음 지저분 범위 위험)
- ⏻ 검 (3-피해 한걸음 지저분)
- ⏻ 수리검이나 투척용 단검 (2-피해 근거리 다량)

하나 선택합니다:

- ⏻ 잠행복 (홀로 몸을 숨긴 상태에서 감시를 피할 때 계속 +1 보너스)
- ⏻ 변장도구 (가짜 신분을 유지한 상태에서 발각되지 않으려 할 때 계속 +1 보너스)
- ⏻ 영상 녹화 장비 (「음성」, 「영상」, 선택 태그: 「심센스」, 「은밀」, 「암호화」)
- ⏻ 상처 부착제 (2100 이하의 피해를 **응급처치**할 수 있습니다)
- ⏻ 잠입용 덱 (내구력 1, 방화벽 1, 처리속도 1, 은신 2) 그리고 다음 세 가지 프로그램: 신원 보호 (+2 은신), 폐쇄 (**보안 무력화**에 성공하면 예비 1점 추가), 조종 (시스템 조종에 성공하면 예비 1점 추가)

캐릭터는 5크레드를 가지고 시작합니다.

행동수칙

...나믐 중 두 가지를 선택합니다:

...돈: 추가 이득을 얻으려 해서 임무에 지장이 올 때 경험치를 얻습니다,

...치밀함: 가까운 시림인 _____을 임부보다 우선시할 때 경험치를 얻습니다.

...소속: _____에 몸을 담은 탓에 임무에 지장이 올 때 경험치를 얻습니다.

...폭력: 비폭력으로 해결할 수 있는 상황에서 고의로 폭력을 행사해 문제를 해결할 때 경험치를 얻습니다.

침투요원 플레이하기

...스프롤에서 벌어지는 임무 대부분은 기업이 지키는 장소로 들어가는 일이 포함되므로, ...자연스럽게 침투요원의 기술이 필요합니다. **은밀한 침투**로 들어가서 **엄마 오리**로 ...동료들을 같이 들여보내 주세요. 빠져나갈 때는 **제2안**을 사용하되, 필요한 것을 모두 ...챙길 수 있도록 판정 결과가 좋기를 기원하세요. 캐릭터는 무언가 판정하기 전까지는 ...은밀한 침투로 보안을 우회하여 깊숙이 파고들 수 있습니다. 캐릭터가 안에서 무엇을 ...할지는 임무의 성격에 따라 다르지만, 침투요원은 **암살자**, **심리전**, **접속** 등의 액션을 ...사용해 암살 임무를 펼치고, 주의를 돌리며, 정보를 회수하는 등 행동의 폭을 넓힐 수 ...있습니다.

...캐릭터는 우선 자신이 검은 복면을 쓴 **도둑**인지, 언변 좋은 **사기꾼**인지 정해야 합니다. ...양쪽 액션 모두 침투하는 동안 유용한 자원을 얻는 데 도움이 됩니다. **변장의 명수**와 ...은밀한 작전을 활용하면 임무실행 단계에서 임무를 완수할 시간을 좀 더 벌 수 있습니다. ...침투요원은 임무실행 시계를 되돌릴 수 있는 몇 안 되는 플레이북 중 하나입니다.

...침투요원은 보통 임무실행 단계에서 뚜렷한 역할을 하지만, 사전조사 단계에서도 ...유용하게 활약할 수 있습니다. 속임수와 잠입을 활용하는 방향으로 사전조사를 ...이끄세요. 주요 목표를 **조사하기** 위해 부수적인 목표에 침투하세요. 임무가 벌어질 ...장소를 **사전답사**로 미리 잘 살펴 두세요. 높은 **예리** 수치를 활용해 사람들과 관심 지점을 ...파악하세요.

킬러

순수주의자, 삐딱한 놈, 지긋지긋한 인간 이하의 테러리스트

육체에서 철과 피, 칼날까지 나는 존재하기 위해 싸운다

정의의 경쟁자, 격렬하게 흘러넘치는 증오심

신성한 것이 없는 뒤틀린 세계에서의 생존

Edgecrusher, 피어 팩토리

키큐류 옵틱스에서 만든 눈과 누켐베 로보틱스의 팔, 헬릭스텍의 근육, 치바의 불법 클리닉에서 맞춘 최첨단 인조 신경. 킬러는 인간보다는 기계에 가깝고, 그 어느 쪽보다도 훨씬 치명적입니다. 팀이 맡을 임무 중에서는 목표를 가볍게 어루만지기만 해도 충분한 임무도 있지만, 어떤 임무는 좀 더 센 주먹이 필요하고, 또 어떤 임무는 반항하는 상대의 몸에 빠른 속도로 쑤셔 넣는 12인치짜리 플래스틸 칼과 다수의 무탄피 플레셰트 탄창이 필요합니다. 여러분이 할 일은 바로 이런 임무입니다. 어쨌든, 여러분은 신체 개조에 많은 돈을 쏟아부었습니다. 사용하지 않으면 아깝지요.

이름. 안젤로, 데드 아이즈, 존, 룰루, 케네디, 노크, 메 므아, 몰리, 오클레이, 사라, 슬리퍼, (역설적인 이름), (근사한 이름), (위험한 느낌이 나는 이름)

외모 선택

눈: 엄숙한 눈, 죽은 눈, 거울로 덮은 눈, 인공 눈, 교활한 눈, 광기 어린 눈, 흐트러진 눈, 거친 눈

얼굴: 흉터가 있는 얼굴, 무표정한 얼굴, 친근한 얼굴, 특징 없는 얼굴, 그을린 얼굴, 잔뜩 꾸민 얼굴

몸: 근육질 몸, 유연한 몸, 개조한 신체, 말랐지만 야무진 몸, 다부진 몸

옷: 군복, 기업 제복, 펑크족 복장, 길거리 옷, 어딘가에서 대충 얻은 옷

피부: 인공 피부, 아시아계, 동남아계, 흑인, 잔뜩 치장, 히스패닉/라티노, 토착민, 중동계, 백인, _____

특성치: 다음 수치를 각 특성치에 배정하세요: +2, +1, +1, +0, +0, -1. **육체**나 **신스** 둘 중 하나는 반드시 +2나 +1이어야 합니다

사이버웨어

다음 중 두 가지를 선택합니다:

- ⏻ **사이버웨어 팔**: 다음 중 한 가지를 선택합니다. 이후 새로운 사이버웨어를 얻을 때와 같은 방식으로 사이버웨어 팔을 추가 개조할 수 있습니다.

  강화된 근력: 근력에 의존하는 근접 무기를 사용할 때 피해가 +2 증가합니다.

  내장 무기: 다음 중 하나: 튀어나오는 칼날 (2-피해 한걸음 지저분 이식물), 소형 화기 (2-피해 근거리 굉음 이식물), 단섬유 채찍 (4-피해 한걸음 지저분 범위 위험 이식물)

- ⏻ **사이버웨어 눈**: 사이버웨어 눈을 선택한 캐릭터는 다음 태그 중 세 가지를 선택합니다: 「적외선 탐지」, 「조명 증폭」, 「시야 확대」, 「조명 감소」, 「기록」, 「암호화」, 「접근 불가 구획」. 사이버웨어 눈으로 강화된 시각이 도움이 될 때, **파악하기**를 **신스**로 판정할 수 있습니다.

- ⏻ **피부 판금**: 피해 액션을 판정할 때, 판정 결과에서 2를 뺍니다. 「플레셰트」 태그가 있는 무기에 피해를 받았다면 3을 뺍니다.

- ⏻ **내장 무기**: 다음 중 하나:
  - 튀어나오는 칼날 (2-피해 한걸음 지저분 이식물),
  - 소형 화기 (2-피해 근거리 굉음 이식물),
  - 단섬유 채찍 (4-피해 한걸음 지저분 범위 위험 이식물)
  - 암살용 체내 이식물 (4-피해 밀착 느림 이식물)

- ⏻ **이식 근육**: 근접 무기로 한판 붙을 때, **육체** 대신 **신스**로 굴릴 수 있으며 피해가 +1 증가합니다.

- ⏻ **인조 신경**: 캐릭터는 거의 총알을 피할 수 있을 정도로 재빨리 반응합니다. 적 중 아무도 인조 신경을 장착하지 않았다면, 다음 **한판 붙기**에 +1 보너스를 받습니다. 반응속도가 중요한 상황에서는 다음 **위험 견디기**에 +1 보너스를 받습니다.

- ⏻ **조준 프로그램이 장착된 신경 인터페이스**: 「연결」된 무기를 발사할 때 캐릭터의 **신스**만큼 피해를 늘릴 수 있으며, **한판 붙기**를 **육체** 대신 **신스**로 판정할 수 있습니다. 「자동화기」 태그가 있는 무기를 발사할 때는 사격 범위 내에 있는 목표 중 누구를 공격하고 누구를 제외할지 정확히 정할 수 있습니다.

액션

다음 액션을 얻습니다:

- ⏻ **주문 제작 무기:** 기본 형태를 선택한 다음, 선택지 두 가지를 고릅니다. 내장 무기를 주문 제작 무기로 정할 수도 있습니다. 이 경우 내장 무기를 선택한 다음 적절한 선택지 두 가지를 고르세요.

  기본 (하나 선택, 총기는 「연결」 태그를 붙일 수 있습니다)

  - 권총 (2 피해 근거리/중거리 굉음 고속)
  - 산탄총 (3 피해 근거리/중거리 굉음 지저분)
  - 소총 (3 피해 중거리/장거리/초장거리 굉음)
  - 검 (2 피해 한걸음)
  - 사슬이나 채찍 (1 피해 근거리 범위)

  선택지 두 가지를 추가합니다.

  - 화려함 (「귀중품」)
  - 고풍스러움 (「귀중품」「재장전」)
  - 자동화기 (「자동화기」)
  - 소음기 (「굉음」제거)
  - 고화력 또는 무거움 (+1 피해)
  - 대형 또는 위험함 (+1 피해)
  - 다용도 (충격-피해를 줄 수 있음)
  - 폭발력 (「관통」, 「위험」)
  - 은밀함 (「은밀」, 「재장전」)
  - 「다량」 (소형 무기만 가능)

  주문 제작 무기를 완성했으면, 이름을 붙이세요.

한 가지를 더 선택합니다:

- ⏻ **무정함: 세게 나갈 때, 신스로** 판정합니다.
- ⏻ **강인함:** 피해 판정을 할 때, 판정 결과에서 **육체** 수치를 뺍니다.
- ⏻ **만반의 준비:** 주문 제작 무기를 하나 더 선택합니다.
- ⏻ **인간보다는 기계에 가까운:** 캐릭터 만들기 또는 캐릭터의 휴식 시간 때 추가로 사이버웨어를 선택합니다. 처음 사이버웨어를 얻을 때와 마찬가지로 어떻게 손에 넣었는지, 어떤 대가를 치렀는지 설명하세요.
- ⏻ **기업 비밀:** 캐릭터는 기업의 하수인이었습니다. 캐릭터는 기업을 **조사할 때,** 항상 이어지는 질문 한 가지를 할 수 있습니다. 결과가 10+면, [첩보]를 하나 추가로 얻습니다.
- ⏻ **군 배경:** 캐릭터는 여전히 군에 연줄이 닿습니다. 캐릭터는 군용 장비를 얻기 위해 **거리를 나서서** 판정 결과가 7-9일 때, 선택을 하나 덜 하세요.
- ⏻ **군용 규격: 한판 붙을 때,** 캐릭터는 소규모 무리로 간주합니다.

⏻ **진짜 무서운 놈:** 긴장 상황에 맞부딪혔을 때, **스타일**로 판정하세요.

10+: 예비를 2점 받습니다.

7-9: 예비를 1점 받습니다.

예비 1점을 사용하고 현재 자리에 있는 NPC 한 명과 눈을 마주치면, 상대는 얼어붙거나 위축되어 캐릭터가 그만둘 때까지 움직이지 못합니다.

6-: 적은 캐릭터를 가장 큰 위협요소로 생각합니다.

⏻ **훈련된 눈:** 사람이나 차량, 드론, 무리를 보고 감정할 때, **냉철**로 판정하세요.

7+: "내가 활용할 수 있는 약점은 무엇인가요?"를 묻고, 대답에 따라 행동하면 다음 판정에 +1 보너스를 얻습니다.

10+: 목표와 맞서는 모든 판정에 계속 +1 보너스를 받습니다

장비

주문 제작 무기 (앞에서 설명한대로)

무기 둘을 더 선택합니다. (총기는 「연결」 태그를 붙일 수 있습니다)

⏻ 소음기 부착 기관권총 (2-피해 근거리/중거리 자동화기)

⏻ 자동 산탄총 (3-피해 근거리/중거리 굉음 지저분 자동화기)

⏻ 대형 리볼버 (3-피해 근거리/중거리 재장전 굉음)

⏻ 돌격소총 (3-피해 중거리/장거리 굉음 자동화기)

⏻ 검 (3-피해 한걸음 지저분)

⏻ 정글도 (3-피해 한걸음)

하나 선택합니다:

⏻ 전신 방탄복 (2-장갑)

⏻ 방탄 상의 (1-장갑)

⏻ 상처 부착제 (2100 이하의 피해를 **응급처치**할 수 있습니다)

⏻ 거칠어 보이는 오토바이

캐릭터는 5크레드를 가지고 시작합니다.

행동수칙

다음 중 두 가지를 선택합니다:

전향: 캐릭터가 가진 세계관이나 인생관, 종교, 철학, 이념 등 신념 체계를 설명하세요. 다른 사람을 캐릭터의 신념 체계대로 행동하도록 설득할 때 경험치를 얻습니다.

마조히즘: 1점 이상 피해를 받을 때, 경험치를 얻습니다.

소속: _____에 몸을 담은 탓에 임무에 지장이 올 때 경험치를 얻습니다.

보호: 임무보다 _____을 보호하려는 책임감을 더 우선시할 때 경험치를 얻습니다.

킬러 플레이하기

킬러는 플레이북 액션뿐만 아니라 **주문 제작 무기**와 사이버웨어, 그리고 **한판 붙기** 같은 기본 액션 덕분에 분명히 임무실행 단계에서 가장 크게 활약할 수 있습니다. 하지만 킬러의 플레이북 액션 중 많은 부분은 사전조사에 초점이 맞춰져 있습니다. 과거가 있는 킬러는 **기업 비밀**에 접근하거나 **군 배경** 덕분에 혜택을 얻을 수 있습니다. 또한 **무정한** 킬러는 호의적이지 않은 상대한테 정보를 얻을 때 큰 힘을 발휘할 수 있습니다.

킬러는 플레이북 액션을 사용해 기업과의 거래나 **거리 나서기**, **수술대 오르기**에 의존하지 않고도 다른 플레이북 캐릭터보다 더 많이 사이버웨어를 장착할 수 있습니다. 사이버웨어는 다양하게 선택할 수 있다는 점을 명심하세요. 직접 전투능력을 늘리기보다 사전조사에 도움이 되도록(사이버웨어 눈, 사이버웨어 통신기 등) 선택하는 방향도 잊지 말고 고려해 보세요. 특성치를 배정할 때는 어느 사이버웨어에 관심이 가는지, **육체와 신스** 중 어느 쪽에 초점을 맞출지 생각하세요. 단단하고, 거칠고, 로봇 같은 킬러가 될 것인지, 날쌔고, 활발하고, 무기의 달인인 킬러가 될지도 고민하세요. 간단히 말하자면 터미네이터인가요, 테크노 닌자인가요?

팀은 전투를 최대한 피하려 할지도 모르지만, 킬러는 **주문 제작 무기**와 풍부한 사이버웨어 덕분에 전투에 무척 능숙합니다. **스프롤**에서 벌어지는 임무는 때로 시체가 즐비한 작전이 될 수도 있습니다. 특히 킬러가 주변에 있다면 말이지요.

선동가

넌 집에 틀어박힐 수 없을 거야, 형제.

플러그를 꽂고 TV나 튼 채 꽁무니를 뺄 수도 없어.

헤로인에 빠져 정신이 니갈 틈도 없을 거야.

광고시간 동안 맥주나 마시러 나갈 수도 없어.

혁명은 방송으로 볼 수 없으니까.

The Revolution Will Not Be Televised, 길 스콧 헤론

이념은 어디에든 존재합니다. 만약 여러분이 이를 간과한 채 이념을 장악하려 들지 않는다면, 장악하는 자들의 꼭두각시가 될 뿐입니다. 여러분은 고된 일상생활보다 더 큰 무언가를 꿈꾸는 선동가입니다. 대의와 상상력, 사명을 지녔지요… 여러분의 꿈은 높은 이상일 수도 있습니다. 정치 개혁과 사회 정의, 그리고 혁명 말입니다! 혹은 그저 이 쓰레기장의 승자가 되겠다는 야심일 수도 있습니다. 어느 쪽이든, 여러분이 입을 열면 사람들은 귀를 기울입니다.

이름. 아포슬, 챌리스, 댄서, 딜론 비카라, 일레븐, 아이스 스무스, 롤라 크롬, 매그네틱, 네뷸라, 니겔, 프로펫9, 릴레이, 젠하이저, 샤드, (매체 이름), (사회적인 이름), (실제 이름

외모 선택

눈: 빛나는 눈, 여린 눈, 투지 어린 눈, 열정 넘치는 눈, 진지한 눈, 신뢰가 가는 눈, 인공 눈

얼굴: 매력적인 얼굴, 친근한 얼굴, 눈에 띄는 얼굴, 매혹적인 얼굴, 고요한 얼굴, 조각상 같은 미모

몸: 탄탄한 몸, 근육질 몸, 긴장이 풀린 몸, 날씬한 몸, 개조한 신체, 부드러운 몸, 땅딸막한 몸

옷: 기업 제복, 최신 유행, 전위적인 옷, 길거리 옷, 화려한 옷, 펑크족 복장

피부: 인공 피부, 아시아계, 동남아계, 흑인, 잔뜩 치장, 히스패닉/라티노, 토착민, 중동계, 백인, _____

특성치: 다음 수치를 각 특성치에 배정하세요: +2, +1, +1, +0, +0, -1. **스타일**과 **예리**는 반드시 +2나 +1이어야 합니다

사이버웨어

다음 중 하나를 선택합니다:

- ⏻ **사이버웨어 눈:** 사이버웨어 눈을 선택한 캐릭터는 다음 태그 중 세 가지를 선택합니다: 「적외선 탐지」, 「조명 증폭」, 「시야 확대」, 「조명 감소」, 「기록」, 「암호화」, 「접근 불가 구획」. 사이버웨어 눈으로 강화된 시각이 도움이 될 때, **파악하기**를 **신스**로 판정할 수 있습니다.

- ⏻ **사이버웨어 통신기:** 사이버웨어 통신기를 선택한 캐릭터는 다음 태그 중 두 가지를 선택합니다: 「암호화」, 「전파방해」, 「기록」, 「위성 중계」, 「접근 불가 구획」. 전술 상황에서 통신을 감시하거나 지시를 내릴 때 **파악하기**를 **신스**로 판정할 수 있습니다.

- ⏻ **신경 인터페이스:** 캐릭터는 차량이나 무기, 기록장비, 해킹한 전자 시스템처럼 적합하게 설정된 외부 장비를 생각으로 직접 조종할 수 있습니다.

- ⏻ **내장 무기:** 다음 중 하나:
  - 튀어나오는 칼날 (2-피해 한걸음 지저분 이식물),
  - 소형 화기 (2-피해 근거리 굉음 이식물),
  - 단섬유 채찍 (4-피해 한걸음 지저분 범위 위험 이식물)
  - 체내 암살 이식물 (4-피해 밀착 느림 이식물)

액션

다음 두 가지를 얻습니다:

- ⏻ **의욕:** 자신의 이상을 더욱 펼칠 수 있는 임무를 시작할 때, **예리**로 판정하세요.

  10+: 예비를 2점 받습니다.

  7-9: 예비를 1점 받습니다.

  다른 아무 액션이든 판정하기 전 예비를 1점 사용하면 다음 판정에 +1 보너스 또는 -2 페널티를 받습니다.

- ⏻ **큰 꿈:** 누군가와 정서적인 연대감을 가질 시간과 장소가 마련되었을 때, 열정적으로 캐릭터의 이상을 주창하면 **스타일**로 판정하세요.

  10+: 예비를 3점 받습니다.

  7-9: 예비를 1점 받습니다.

  예비를 1점 사용하면 목표 NPC에게 다음 일을 시킬 수 있습니다:
  - 캐릭터가 원하는 무언가를 바칩니다.
  - 요청한 일을 합니다.
  - 캐릭터나 캐릭터의 대의를 지키기 위해 싸웁니다.
  - 상급자나 자신에게 영향력을 행사하는 사람의 명령을 거부합니다.

이 액션을 PC에게 사용하면, **돕기 또는 방해하기**에서 10+이 나온 결과(서팀)(+1 보너스 또는 -2 페널티) 예비를 사용할 수 있습니다. 판정에 실패하면 상대 PC는 캐릭터에게 같은 방식으로 사용할 수 있는 예비를 2점 받습니다.

예시 이상: 범세계 기업복합체를 파괴하라! 신스 락이 사람들을 자유롭게 하리라! 우픈 소스기 이니면 죽음을! 오식 나만이 세상에 너 나은 미래를 가져올 수 있다! 예수께서는 내가 옳다는 사실을 아신다! 특이점이 온다. 기계가 우리를 파괴하기 전에 먼저 파괴하라! 특이점이 온다. 기계를 찬양하라! 네가 섬기는 이에게 충성을 바쳐라!

한 가지를 더 선택합니다:

⏻ **추종자:** 캐릭터는 특정한 밴드나 부족, 기업, 갱단 등 어느 집단의 일부입니다. 캐릭터는 이들에게 접촉해 도움을 청하거나, 필요한 자원을 얻거나, 열기가 식을 때까지 몸을 숨길 수 있습니다. 추종자 집단은 무척 믿을 만하지만, 캐릭터를 돕는 대가로 무언가를 요구할 것입니다(연줄 중 하나로 간주합니다). 보통 추종자 집단은 핵심 인원 20명 정도와 여러 협력자 및 팬들로 이루어집니다.

어떤 종류의 무리인가요? 한 가지 선택합니다: 거리, 기업, 방송/연예계, 군, 정치, 사이버

얼마나 큰 무리인가요? 다음 규모 중 하나를 선택하고 태그 두 가지를 고르세요.

⏻ 소형: 10명 이하 (충성스러움, 기동성, 무장을 잘 갖춤, 전문가)

⏻ 중형: 20~40명 (기동성, 무장을 잘 갖춤, 든든한 연줄, 자원)

⏻ 대형: 50~100명 (기동성, 든든한 연줄, 자원, 자급자족)

⏻ 초대형: 200명 이상 (든든한 연줄, 자원, 널리 퍼짐, 자급자족)

무리의 영역을 정하세요. 거리를 다스리나요? 그렇다면 몇 구역 정도인가요? 아니면 특정한 시설이나 아콜로지를 운영하나요?

다음 중 하나를 선택합니다:

* 가난함, 현상수배, 찾기 어려움, 못 미더움, 폭력적, 미움받음

누가 무리를 이끄나요? 소형 무리라면 캐릭터가 지도자일 것입니다. 그렇지 않다면 다음 중 하나를 선택합니다:

* 부도덕, 요구가 많음, 탐욕스러움, 개자식, 무능함, 공석

주요 분야는 무엇인가요? 두 가지 선택합니다.

* 상업, 범죄, 파티, 폭력, 배달, 엔터테인먼트, 침투, 수거, 사회 운동, 정치

⏻ **끝내주는 마무리:** 백만 개의 빛으로 질문한 다음, 질문 목록에서 하나 더 선택할 수 있습니다. **큰 꿈** 판정을 성공했을 때, 예비 1점을 추가로 받습니다.

⏻ **크롬 육체:** 캐릭터 만들기 또는 캐릭터의 휴식 시간 때 추가로 사이버웨어를 선택합니다. 처음 사이버웨어를 얻을 때와 마찬가지로 어떻게 손에 넣었는지, 어떤 대가를 치렀는지 설명하세요.

⏻ **유명세:** 캐릭터의 얼굴은 주변 사람을 넘어 널리 알려졌습니다. 변장하지 않는 이상 많은 사람들이 알아볼 것입니다. 상대가 얼굴을 알아본다면 캐릭터는 상대에게 맞서 다음 판정에 +1 보너스를 받지만, 캐릭터가 상대를 만났다는 사실이 사람들 사이에서 퍼집니다. 플레이어와 MC 모두 상대가 캐릭터를 알아보는지 결정할 수 있습니다.

⏻ **핵심 세력:** 캐릭터는 대형 규모 이상 추종자 내에서 특히 충성스러운 심복 집단을 두었습니다. 이 집단은 추종자 내에 있는 5-10명의 작은 무리입니다. (2-피해 소형 충성스러움 1-장갑). 두 가지 선택합니다:

- 무장을 잘 갖췄습니다: +1 피해 추가
- 방어구가 튼튼합니다: +1 장갑, 「눈에 잘 띔」 추가
- 전직 군인입니다: 「규율」 추가
- 오토바이나 다른 차량 몇 대를 보유했습니다: 「기동성」 추가

⏻ **백만 개의 빛: 큰 꿈**으로 캐릭터의 이상을 성공리에 퍼뜨렸을 때, 다음 질문을 이어서 한 가지 할 수 있습니다. **큰 꿈**으로 얻은 예비를 질문에 사용할 수도 있습니다.

- 내가 무엇을 하기를 바라나요?
- 당신의 약점은 무엇인가요?
- 당신은 진실을 말하나요?
- 당신은 무엇을 하려 하나요?
- 당신은 현재 사건과 어떻게 관련이 있나요?
- 당신이 가장 바라는 것은 무엇인가요?

⏻ **기회주의:** 다른 사람을 **돕거나 방해할 때, 예리**로 판정하세요.

⏻ **모두의 친구:** 캐릭터의 이상을 공유하는 사람들 사이로 **거리를 나서서** 판정 결과가 7-9일 때, 선택을 하나 덜 하세요.

⏻ **군중 선동:** 캐릭터에게 동조할 가능성이 있는 군중들에게 **큰 꿈**을 사용할 수 있습니다.

⏻ **능변가: 말재주를 부려서** 7+이 나왔을 때, 무언가를 좀 더 건집니다. [첩보]를 얻으세요.

장비

무기 하나 선택합니다:

⏻ 소형 권총 (2-피해 한걸음/근거리 은밀 고속 재장전 굉음)

⏻ 플레셰트 권총 (3-피해 근거리/중거리 고속 플레셰트)

⏻ 반자동 권총 (2-피해 근거리/중거리 굉음 고속)

둘 선택합니다:

⏻ 인조 가죽옷 또는 방탄복 (0-장갑, 「은밀함」, 피해 액션을 판정할 때 결과에 -1)

⏻ 매끈한 탈 것 (하나 선택: 오토바이, 자동차, 헬리콥터)

⏻ 심센스 기록 장비 (「심센스」)

⏻ 악기

⏻ 암호화된 통신 중계기

⏻ 상처 부착제 (2100 이하의 피해를 **응급처치**할 수 있습니다)

캐릭터는 5크레드를 가지고 시작합니다.

다음 중 두 가지를 선택합니다:

돈: 추가 이득을 얻으려 해서 임무에 지장이 올 때 경험치를 얻습니다.

한계: _____ 사이에서 지위를 높이거나 경쟁자를 흔들 때 경험치를 얻습니다.

악인: 한때 _____에 몸을 담은 탓에 임무에 지장이 갈 때 경험치를 얻습니다.

폭력: 비폭력으로 해결할 수 있는 상황에서 고의로 폭력을 행사해 문제를 해결할 때 경험치를 얻습니다.

선동가 플레이하기

선동가는 갱단의 일원이나 혁명가, 활동가, 스타, 락커, 종교 지도자, 음모 이론가, 정치가, 기업의 야심가 등으로, 자신의 매력과 사교 능력을 발휘해 성공을 쟁취합니다. 선동가가 참여한 **스프롤** 플레이는 선동가가 대의에 바치는 강한 헌신 때문에 특정한 주제를 향해 흘러갑니다. 특히 **의욕**과 **큰 꿈**은 선동가의 이념과 깊은 관련이 있는 임무를 할 때 큰 효과를 발휘하며, 그렇지 않은 임무라도 플레이어가 창의성을 발휘한다면 플레이에 많이 활용할 수 있습니다. 선동가를 만들 때는 다 함께 의논해서 선동가의 이상이 모두 함께 만든 **스프롤** 세계와 어울리는지 확인하세요. 다른 사람들이 어두운 분위기를 원할 때 우스꽝스러운 이상을 만들지 마세요.

선동가는 **스타일**과 **예리**가 높아서 사전조사 단계에서 **거리 나서기**와 **파악하기**를 잘할 수 있습니다. 또한, **추종자**의 규모가 크면 이후 구체적인 도움을 줄 가능성이 있는 연줄을 여럿 얻을 수 있으며, 규모가 작으면 특히 선동가가 **모두의 친구**일 때 더욱 전문적인 도움을 받을 수 있습니다. 자세한 무리 관련 규칙은 6장: 자산에서 참조하세요.

선동가의 액션은 사전조사 단계에 초점이 맞춰져 있으나, 임무실행 단계에도 적용할 수 있는 액션도 많습니다. 특히 **추종자**는 융통성 있게 활용할 수 있습니다. 사람이 많으면 시선을 여기저기로 분산시킬 수 있으니까요. **기회주의자**도 동료들에게 큰 도움이 될 수 있으며, **능변가**와 **세계 나가기**로는 총알이 오가기 전까지 여러 일을 할 수 있습니다. 그리고 일대일 상황에서 **유명세**는 항상 유용합니다. 이름이 알려지면 곤란할 때를 제외하고는 말이지요.

기자

> 에디슨: 시큐리티 시스템즈는 정부, 가정, 경찰, 법원 등등 사회의 모든 분야에 손을 뻗쳤어요. 상상도 할 수 없을 정도의 돈이 걸린 문제라고 해서 이 이야기를 묻어버리지는 않을 겁니다. 너무 중요하다고요!
>
> 머레이: ...너무 추상적이야.
>
> 테오라: 머레이, 우리는 이번 기업 인수가 일반 시청자들에게 큰 위험이라고 생각해요. 아무도 누가 시큐리티 시스템즈를 인수하려는지 몰라요. 제 말뜻은, 우리는 매일 시큐리티 시스템즈와 맞닿으면서 살잖아요. 만약 위험한 인물이 이 회사를 손에 넣으면 어떻게 하지요?
>
> 머레이: 지금은 누가 이끈다고 생각하나?
>
> 컴퓨터 인간 맥스(Max Headroom), "시큐리티 시스템즈" (시즌1 4화)

이 도시 곳곳에서 더러운 일이 벌어집니다. 성 추문이나 취객들의 난동 같은 걸 말하는 게 아닙니다. 그자들은 여러분이 그런 일에나 집중하기를 원하지요. 그따위 저질 기사는 시시한 글쟁이한테나 주세요. 당신이 파고들 일은 진짜 비밀입니다. 권리는 짓밟혀지고, 가족은 해체되며, 삶은 망가지고 있습니다. 어제 7번가에서 건물이 무너진 사건 들었나요? 72명이 죽었습니다. 소문에 따르면 그냥 사고가 아닙니다. 바로 지금 사람들의 생명이, 빌어먹을 그 생명이 시장 점유율과 이윤, 그리고 망할 놈의 경쟁 우위와 교환되고 있습니다. 물론 여러분은 기삿거리를 얻기 위해 범죄자 무리와 어울려 다니면서 법이란 모든 법은 모두 어기지요. 다치는 이들이 몇몇 생길 수도 있고요. 하지만 사람들은 그 회의실 문 뒤에서 무슨 일이 벌어지는지 알아야 합니다. 무슨 수를 쓰든 끝이 좋으면 그만이지요. 안 그런가요?

이름. 콘듀잇, 파룩 데이킨스, 글래스, 그런트 억세스, 에디슨, 후트, 메디슨 브룩스-와타나베, 파리사 자히드, 스쿠프, 스파이더, 위트니스, (매체 이름), (캐묻는 느낌의 이름), (예리한 느낌의 이름)

외모 선택

눈: 꿰뚫는 듯한 눈, 진지한 눈, 낙담한 눈, 인정 많은 눈, 침착한 눈, 결의어린 눈, 슬픈 눈

얼굴: 매력적인 얼굴, 친근한 얼굴, 심각한 얼굴, 음울한 얼굴, 침착한 얼굴, 지친 얼굴, 그을린 얼굴

몸: 탄탄한 몸, 날씬한 몸, 개조한 신체, 뻣뻣한 몸, 활력 있는 몸, 축 늘어진 몸, 지친 몸

옷: 기업 제복, 길거리 옷, 펑크족 복장, 한물 간 유행의 옷, 지저분한 옷, 닳은 옷

피부: 인공 피부, 아시아계, 동남아계, 흑인, 잔뜩 치장, 히스패닉/라티노, 토착민, 중동계, 백인, _____

특성치: 다음 수치를 각 특성치에 배정하세요: +2, +1, +1, +0, +0, -1. **예리**와 **정신**은 반드시 +2나 +1이어야 합니다.

사이버웨어

다음 중 하나를 선택합니다:

⏻ **사이버웨어 눈:** 사이버웨어 눈을 선택한 캐릭터는 다음 태그 중 세 가지를 선택합니다: 「적외선 탐지」, 「조명 증폭」, 「시야 확대」, 「조명 감소」, 「기록」, 「암호화」, 「접근 불가 구획」. 사이버웨어 눈으로 강화된 시각이 도움이 될 때, **파악하기**를 **신스**로 판정할 수 있습니다.

⏻ **사이버웨어 귀:** 사이버웨어 귀를 선택한 캐릭터는 다음 태그 중 두 가지를 선택합니다: 「충격파 흡수」, 「주파수 확장」, 「기록」, 「암호화」, 「접근 불가 구획」. 사이버웨어 귀로 강화된 청각이 도움이 될 때, **파악하기**를 **신스**로 판정할 수 있습니다.

⏻ **사이버웨어 통신기:** 사이버웨어 통신기를 선택한 캐릭터는 다음 태그 중 두 가지를 선택합니다: 「암호화」, 「전파방해」, 「기록」, 「위성 중계」, 「접근 불가 구획」. 전술 상황에서 통신을 감시하거나 지시를 내릴 때 **파악하기**를 **신스**로 판정할 수 있습니다.

⏻ **데이터 저장장치가 장착된 신경 인터페이스:** 캐릭터는 내부, 또는 외부에 저장된 데이터를 찾기 위해 **조사할 때** 판정에 성공하면 추가로 [첩보] 하나를 얻습니다. 다음 태그 중 두 가지를 선택합니다: 「접근 불가 구획」, 「암호화」, 「대용량」, 「고성능」.

액션

다음 세 가지를 얻습니다:

⏻ **생방송:** 위험을 피하고 목표를 노출시키기 위해 현장에서 직접 촬영해서 방송할 때, **예리**로 판정하세요.

7+: 원하는 대로 방송을 하고, 안전한 지점까지 "호송"됩니다.

7-9: 하나 선택합니다.

- 캐릭터의 기사가 목표를 자극합니다. (MC는 관련 위험요소 시계를 한 칸 전진시킵니다)
- 팀원 하나가 카메라에 촬영되지 않은 채 다칩니다.
- 캐릭터의 기사 때문에 고용주가 분노합니다.
- 너무 서둘러 보도를 한 탓에 대중들이 이를 오해하고 예상하지 못한 결과를 낳습니다.

⏻ **사건의 냄새:** 임무를 시작할 때, **예리**로 판정하세요.

10+: 예비를 3점 받습니다.

7-9: 예비를 1점 받습니다.

임무 중 예비를 1점 써서 다음 효과 중 하나를 발현할 수 있습니다.

- **조사하기** 질문 목록에서 하나를 물을 수 있습니다.
- 다음 **캐묻기** 판정에 +1 보너스를 받습니다.
- 이번 임무에서 현재 쓰는 기사거리와 관련이 있는 증거를 하나 얻습니다. 기사 시계, 그리고 이 기사와 연관된 잡음 시계를 등장시키거나, **증거 수집** 판정을 하세요.

- ☼ **증거 수집:** 기사를 터트리기 위해 증거를 수집할 때, **정신**으로 판정하세요.

    10+: 필요한 증거를 얻습니다. 기사 시계를 전진시키세요.

    7-9: 필요한 증거를 얻고 기사 시계를 전진시키지만, 기사에 연루된 이들에게 노출됩니다. 관련 기업 시계, 관련 잡음 시계, 관련 임무 시계(현재 플레이가 어떤 단계인지에 따라 사전조사 또는 임무실행 시계 중 선택) 중 무엇을 전진시킬지 MC에게 말하세요.

    6-: MC는 잡음 시계를 전진시키고 MC 액션을 합니다.

    잡음 시계보다 기사 시계가 먼저 0000에 다다르면, 캐릭터는 연루 세력이 증거를 은폐하거나 조사를 중단시키기 전에 먼저 기사를 터뜨립니다. 어떤 효과가 발생할지는 이야기에 따라 다양하지만, 반드시 연루 세력에 큰 충격을 입히고 최소한 하나 이상의 기업 시계에 영향을 끼칩니다.

    기사 시계보다 잡음 시계가 먼저 0000에 다다르면, 연루 세력은 관련 증거를 모두 제거하고 기사는 더 이상 쓸 수 없습니다. 이제 수습을 마친 연루 세력은 캐릭터를 처리할 수 있습니다. 관련 기업 시계나 위험요소 시계를 전진시키세요.

한 가지를 더 선택합니다:

- ☼ **실시간 정보:** 특정 주제를 **조사하기** 위해 각종 뉴스와 게시판 등을 훑어볼 때, 항상 이어지는 질문 한 가지를 할 수 있습니다. 결과가 10+면, [첩보]를 하나 추가로 얻습니다.

- ☼ **크롬 육체:** 캐릭터 만들기 또는 캐릭터의 휴식 시간 때 추가로 사이버웨어를 선택합니다. 처음 사이버웨어를 얻을 때와 마찬가지로 어떻게 손에 넣었는지 어떤 대가를 치렀는지 설명하세요.

- ☼ **고약한 조언:** [첩보]를 사용하면서 캐릭터가 **조사한** 정보를 바탕으로 임무에 조언을 줄 때, 팀원들이 조언에 따라 행동하면 다음 판정에 +1 보너스를 받습니다. 캐릭터는 경험치를 얻습니다.

- ☼ **캐묻기:** 기사를 파헤치기 위해 상대를 구석에 궁지에 몰고 끈질기게 캐물을 때, **예리**로 판정하세요.

    10+: 어떤 대가를 치르든 간에, 상대는 진실을 말합니다.

    7-9: 상대는 캐릭터가 만족해서 질문을 그만둘 정도로 정보를 제공한 다음 안전해지면 다음 중 하나를 선택합니다.

    - 공포에 질려 반응합니다.
    - 분노에 사로잡혀 반응합니다.
    - 침착하고 냉정하게 반응합니다.

- ☼ **기자증:** 어딘가로 들어가기 위해 공적인 신분을 드러내고 **말재주를 부릴 때,** 판정을 하지 않고 그냥 +10이 나온 것으로 간주합니다. [첩보]를 하나 받고 사전조사 시계를 한 칸 전진시키세요.

- ☼ **믿을만한 출처:** 특정 주제를 **조사하기** 위해 단골 정보원을 부를 때, **정신** 대신 **스타일**로 판정하세요.

- ☼ **전쟁 특파원:** 신체적으로 위험한 상황에서 **위험을 견딜** 때, **냉철** 대신 **예리**로 판정하세요.

장비

무기 하나 선택합니다:

- ⏻ 소형 권총 (2-피해 한걸음/근거리 은밀 고속 재장전 굉음)
- ⏻ 플레셰트 권총 (3-피해 근거리/중거리 고속 플레셰트)
- ⏻ 휴대용 전기충격기 (충격-피해 한걸음 재장전)

둘 선택합니다:

- ⏻ 방단복 (0-상갑, 「은밀함」, 피해 액션을 판정할 때 결과에 -1)
- ⏻ 암호화된 통신 장비
- ⏻ 영상 녹화 장비 (「음성」, 「영상」, 선택 태그: 「심센스」, 「은밀」, 「암호화」)
- ⏻ 안경 (둘 선택: 「조명 증폭」, 「시야 확대」, 「기록」)
- ⏻ 상처 부착제 (2100 이하의 피해를 **응급처치**할 수 있습니다)

캐릭터는 5크레드를 가지고 시작합니다.

행동수칙

다음 중 두 가지를 선택합니다:

동정심: 임무보다 약자를 도우려는 마음을 더 우선시할 때 경험치를 얻습니다.

소속: _____에 몸을 담은 탓에 임무에 지장이 올 때 경험치를 얻습니다.

폭로: _____ 관련 정보를 더 많이 발견할 때마다 경험치를 얻습니다.

복수심: _____에게 해를 가하거나 손해를 입힐 때 경험치를 얻습니다.

기자 플레이하기

기자는 기사를 위해 살아갑니다. 기자가 있는 팀은 뉴스와 위험이 도사리는 일에 뛰어들며, 그에 따른 언론의 시선도 받습니다. 기자는 거대 기업도 흔들 수 있는 **사건의 냄새**를 잘 맡습니다. 만약 **스프롤** 그 자체를 바꿔버릴 수 있는 플레이북을 원한다면, 기자를 선택하세요.

기자는 임무실행 단계에서 **기자증**을 사용해 원하는 장소에 들어가곤 합니다. **전쟁 특파원** 경험이 있는 기자는 살아남을 확률이 높습니다. 분위기가 지나치게 과열됐다 싶으면 방송을 시작하세요. 기업은 대외 이미지 때문에 **생방송** 중에는 보통 공공연한 폭력을 자제합니다.

기자는 **실시간 정보**와 **믿을 만한 출처** 덕분에 사전조사 단계에서 중요한 활약을 할 수 있습니다. 기사와 관련이 있는 임무라면, 취재 대상을 **캐물어서** 사전조사 단계와 임무실행 단계 양쪽에서 중요한 정보를 얻을 수 있습니다. 또한, 기자는 주요 목표와 관련된 정보를 얻기 위해, 또는 **캐물을** 대상에게 접근하기 위해 **기자증**을 사용해 보안 구역을 출입할 수 있습니다.

사건의 냄새를 맡은 기자는 기사 시계를 등장시키면서 자신만의 중요한 임무를 시작합니다. 가능한 한 많이 임무와 기자의 기삿거리를 엮기 위해 **증거 수집**을 하고 창의적으로 생각하세요. 기업 시계를 엉망진창으로 만든 다음에는 새로운 기삿거리를 찾아서 다시 반복하세요. 자세한 시계 관련 규칙은 9장: 스프롤 MC 플레이에서 참조하세요.

군인

"터너는 성인이 된 이후 거의 군인으로 세월을 보냈다. 용병이라 군복을 입어 본 적은 없지만, 터너의 고용주는 세계 경제의 지배권을 놓고 암암리에 싸우는 거대 기업이었다. 최고위 임원이나 연구 인력을 빼 오는 게 주특기였다. 터너를 고용했던 다국적 기업은 절대로 그의 존재를 인정하지 않을 터였다..."

카운트 제로, 윌리엄 깁슨

어떤 사람들은 기업의 그림자 전쟁에서 군인은 그저 총을 겨누고 문을 걷어차는 일밖에 하지 않는다고 생각합니다. 하지만 전혀 그렇지 않습니다. 이 업계에서 프로와 시체를 나누는 기준은 계획과 준비입니다. 이 분야에서 성공한 팀은 넘쳐 나지만, 번 돈을 쓸 수 있을 정도로 오래 살아남는 이들은 바로 여러분 같은 군인이 이끄는 팀입니다. 행동에 들어가기 전에 목표의 일거수일투족을 완벽히 파악하기 위해 관련 목표와 관련된 기업 서류를 낱낱이 읽어보고, 보안 패턴의 약점을 찾기 위해 이틀 동안 감시 카메라를 살펴보며, 임무를 개시할 시설 밑의 오래된 하수도 지도를 세세히 파악하는 사람 말입니다. 비록 생색내기는 힘들어도 보수는 좋습니다. 목숨도 건질 수 있고요.

이름. 알리프, 아미티지, 콘노마라, 코르테즈, 그릿, 맥, 슬라이, 터너스, 터너, (프로다운 이름), (단호한 느낌의 이름), (기이한 이름)

외모 선택

눈: 엄숙한 눈, 탐색하는 눈, 인공 눈, 교활한 눈, 꿰뚫어 보는 눈, 피곤한 눈, 싫증난 눈, 걱정 가득한 눈

얼굴: 강인한 얼굴, 흉터가 있는 얼굴, 그을린 얼굴, 지친 얼굴, 야윈 얼굴, 잔뜩 꾸민 얼굴, 침착한 얼굴

몸: 근육질 몸, 탄탄한 몸, 상태가 좋지 않은 몸, 날렵한 몸, 말랐지만 야무진 몸, 그을린

옷: 평상복, 기능성 복장, 옛날식 복장, 군복, 기업 제복, 닳은 옷

피부: 인공 피부, 아시아계, 동남아계, 흑인, 잔뜩 치장, 히스패닉/라티노, 토착민, 중동계, 백인, _____

특성치: 다음 수치를 각 특성치에 배정하세요: +2, +1, +1, +0, +0, -1. **예리**는 반드시 +2나 +1이어야 합니다.

사이버웨어

다음 중 하나를 신텍합니다:

⏻ **사이버웨어 눈:** 사이버웨어 눈을 선택한 캐릭터는 다음 태그 중 세 가지를 선택합니다:「적외선 탐지」,「조명 증폭」,「시야 확대」,「조명 감소」,「기록」,「암호화」,「접근 불가 구획」. 사이버웨어 눈으로 강화된 시각이 도움이 될 때, **파악하기를 신스**로 판정할 수 있습니다.

⏻ **사이버웨어 통신기:** 사이버웨어 통신기를 선택한 캐릭터는 다음 태그 중 두 가지를 선택합니다:「암호화」,「전파방해」,「기록」,「위성 중계」,「접근 불가 구획」. 전술 상황에서 통신을 감시하거나 지시를 내릴 때 **파악하기를 신스**로 판정할 수 있습니다.

⏻ **기술 슬롯:** 캐릭터는 신체에 이식한 슬롯에 기술 칩을 삽입해 특정 기술을 배울 수 있습니다. 기술 칩을 삽입한 동안 캐릭터는 기술 칩에 입력된 기술을 판정할 때 판정 특성치가 +1 이하면 계속 +1 보너스를 받습니다. 기술 슬롯은 두뇌와 연결된 두 개의 슬롯으로 구성되며, 캐릭터는 각 슬롯에 기술 칩을 하나씩 삽입해서 사용할 수 있습니다. 캐릭터 만들기 단계에서 기술 슬롯을 가지고 시작한 캐릭터는 슬롯마다 기술 칩을 하나씩 얻으며, 다른 장비와 마찬가지로 플레이 중 기술 칩을 추가로 얻을 수 있습니다. 기술 칩 예: 무술, 가택 침입, 암벽 등반, 스카이다이빙, 스쿠버다이빙, 작전 수립과 보급, 총격전, 곡예 운전, 파쿠르, 응급처치, 군 관련 역사와 전술.

⏻ **전술 컴퓨터:** 캐릭터가 전술 상황에서 **파악하기**를 하면, 판정 결과와 관계없이 무조건 예비 1점을 추가합니다.

⏻ **조준 프로그램이 장착된 신경 인터페이스:**「연결」된 무기를 발사할 때 캐릭터의 **신스**만큼 피해를 늘릴 수 있으며, **한판 붙기를 육체** 대신 **신스**로 판정할 수 있습니다.「자동화기」태그가 있는 무기를 발사할 때는 사격 범위 내에 있는 목표 중 누구를 공격하고 누구를 제외할지 정확히 정할 수 있습니다.

액션

다음 두 가지를 얻습니다:

⏻ **여기 계획이 있어:** 임무 계획을 짤 때, 캐릭터가 임무를 할당한 팀원들은 계획대로 행동하는 동안 계속 +1 보너스를 받습니다. 계획에서 벗어나는 행동을 하거나, 판정을 실패한 캐릭터는 해당 임무에서 더는 보너스를 받지 못합니다. 캐릭터는 직접 **보수 받기**를 하면 경험치를 얻습니다.

⏻ **계획이 하나로 모일 때가 좋아:** 임무를 시작할 때, **예리**로 판정하세요.

10+: 예비를 3점 받습니다.

7-9: 예비를 1점 받습니다.

임무 중 예비를 1점 써서 다음 효과 중 하나를 발현할 수 있습니다.

- 필요한 장비를 지금 당장 얻습니다.
- 캐릭터가 필요한 장소에 지금 당장 나타납니다.

6-: 예비를 1점 얻지만, 캐릭터의 행동을 적수가 모두 예측합니다. MC는 사전조사 시계를 전진시킵니다.

한 가지를 더 선택합니다:

- ⏻ **프로의 아우라:** 캐릭터가 **일거리를 얻거나 보수를 받을 때,** 판정 결과와 관계없이 무조건 선택 하나를 추가합니다.

- ⏻ **크롬 육체:** 캐릭터 만들기 또는 캐릭터의 휴식 시간 때 추가로 사이버웨어를 선택합니다. 처음 사이버웨어를 얻을 때와 마찬가지로 어떻게 손에 넣었는지 어떤 대가를 치렀는지 설명하세요.

- ⏻ **기업 지식:** 캐릭터는 기업의 하수인이었습니다. 캐릭터는 기업을 **조사할 때** 항상 질문을 이어서 하나 더 할 수 있습니다. 결과가 10+면, [첩보]를 하나 추가로 얻습니다.

- ⏻ **출구 전략:** 캐릭터는 어느 상황에서도 항상 탈출 계획을 준비합니다. 위태한 상황이 되어 빠져나가기로 결정했을 때, **정신**으로 판정하세요.

  7+: 캐릭터는 상황을 벗어납니다.

  10+: 캐릭터는 한 가지를 남겨둡니다.

  7-9: 두 가지를 남겨둡니다.
    - 캐릭터의 팀
    - 임무 목표
    - 알아볼 수 있는 증거
    - 캐릭터가 임무에 건 크레드

- ⏻ **솔선수범:** 최전선에서 임무를 이끌 때 **한 판 붙으면, 육체** 대신 **정신**으로 판정하세요.

- ⏻ **스카우터:** 임무를 직접 도울 전문가나 전문가팀을 직접 모집하려 시도할 때 **예리**로 판정하세요.

  10+: 두 가지 선택합니다.

  7-9: 한 가지 선택합니다.
    - 신뢰할 수 있는 프로
    - 소규모 팀 (5명까지)
    - 필요한 만큼 역량이 있음

- ⏻ **꽁무니 빼기:** 임무 중 캐릭터와 팀이 저지른 짓의 책임을 돌리기 위해 흔적을 숨기거나 거짓 증거를 남길 때, 누구에게 책임을 떠넘길지 선언한 다음 **예리**로 판정하세요.

  7+: MC는 보복 단계에서 기업 시계를 전진시키지 않습니다.

  10+: MC는 기업 시계를 한 칸 후퇴시킵니다.

  6-: 캐릭터가 책임을 떠넘긴 대상의 위험요소 시계를 만들거나 한 칸 전진시키세요.

- ⏻ **듬직한 존재감:** 긴장 상황에서 다른 사람에게 격려되는 말을 해 주면, 상대를 **도운** 판정에서 10+이 나온 것으로 간주합니다.

- ⏻ **전술활동:** 최전선에서 임무를 이끌면서 **파악하기**를 하면, 판정 결과와 관계없이 무조건 예비 1점을 추가로 얻습니다.

장비

구기 둘을 선택합니다. (총기는 「넌켈」 태그를 붙일 수 있습니다)

- ⏻ 중권총 (3-피해 근거리/중거리 굉음)
- ⏻ 돌격소총 (3-피해 중거리/장거리 굉음 자동화기)
- ⏻ 세널수류탄 (4-피해 중거리 범위 재장전 굉음 지저분)
- ⏻ 섬광탄 (충격-피해 중거리 범위 굉음 재장전)

둘 선택합니다:

- ⏻ 방탄조끼 (1-장갑)
- ⏻ 방탄복 (0-장갑, 「은밀함」, 피해 액션을 판정할 때 결과에 -1)
- ⏻ 통신 중계기 (「암호화」 또는 「전파방해」 선택)
- ⏻ 고글 (둘 선택: 「적외선 탐지」, 「조명 증폭」, 「시야 확대」, 「조명 감소」)
- ⏻ 상처 부착제 (2100 이하의 피해를 **응급처치**할 수 있습니다)

캐릭터는 5크레드를 가지고 시작합니다.

행동수칙

다음 중 두 가지를 선택합니다:

행동 양식: 캐릭터의 윤리 규범을 설명하세요. 규범을 준수한 탓에 임무에 지장이 올 때, 경험치를 얻습니다.

충성심: 임무보다 _____의 충고를 더 우선시할 때 경험치를 얻습니다.

돈: 추가 이득을 얻으려 해서 임무에 지장이 올 때 경험치를 얻습니다.

신중함: 폭력을 사용하지 않고 위험한 상황을 해결할 때, 경험치를 얻습니다.

군인 플레이하기

군인은 팀을 이끌고 작전을 짜는 역할을 맡습니다. 군인의 액션 대부분은 임무를 준비하고(**여기 계획이 있어, 기업 지식, 스카우터**) 임무실행 중 다른 팀원들을 돕는데 **계획이 하나로 모일 때가 좋아, 듬직한 존재감, 전술활동**) 초점이 맞춰졌습니다. 또한 군인은 프로의 아우라를 사용해 팀이 더욱 조건 좋은 임무를 맡고 뒷탈없이 빠져나올 수 있도록 도울 수도 있습니다. 만약 외부 전문가가 필요한 작전을 수립했다면 **스카우터**가 될 수도 있습니다.

군인은 임무를 수행하는 동안 팀원들을 지원하기 위해 **파악하기**를 할 수 있습니다. 또한, 군인은 최전선에서 **솔선수범** 나서거나, **전술활동**으로 동료들을 이끌거나, 방해받지 않는 안전한 위치에서 사이버웨어 통신기를 사용해 원격으로 팀원들을 **도우며** 임무를 관리합니다. 어떤 방법으로 팀을 이끌든, 임무가 실패할 수도 있는 위급한 상황에서는 **출구 전략**을 사용해 자신의 안전을 확보하고 가능하다면 팀원들도 구하고 임무를 수습합니다.

기술자

"우리는 자연이다. 우리가 손본 것, 생물학적인 노력, 이 모두가 자연이다. 우리가 하는 일은 우리를 규정하며, 우리는 이 세상을 가졌다. 우리는 세상의 신이다. 이 세상에 네 잠재력을 쏟아 넣기를 망설이는 그 망설임만이 오직 너를 가로막는다."

The Windup Girl, 파울로 바시갈루피

스포트라이트는 해커가 받지만, 사실 여러분이야말로 모든 일을 맡아서 합니다. 사이버덱에 보안요원들이 쏜 총알이 박혔다고요? 기술자를 부르세요. 폭발 장치를 단 트럭을 만들 건가요? 기술자를 부르세요. 전기 배전망에서 버려진 은신처까지 22킬로미터 되는 전선을 깔아야 하나요? 빌어먹을 기술자를 부르세요. 최소한 아파트 배관 속을 엉금엉금 기는 일보다는 훨씬 많이 쳐 줄테니까요.

이름. 엔젤.1.3, 안티K-테라, 바비, 캐소드, 엘레니 라라비, 호우웨이텍, 미스터 위저드, 스패너, 트렌시티비티, (기이한 이름), (평범한 이름), (기술에 집착하는 이름)

외모 선택

눈: 집중하는 눈, 흥분된 눈, 인공 눈, 사시, 조바심 내는 눈, 침착한 눈, 감별하는 듯한 눈

얼굴: 평범한 얼굴, 친근한 얼굴, 별 특징 없는 얼굴, 그을린 얼굴, 표정이 풍부한 얼굴

몸: 근육질 몸, 말랐지만 야무진 몸, 다부진 몸, 야윈 몸, 축 늘어진 몸, 뚱뚱한 몸

옷: 실용적인 옷, 군복, 기업 제복, 길거리 옷, 어딘가에서 대충 얻은 옷

피부: 인공 피부, 아시아계, 동남아계, 흑인, 잔뜩 치장, 히스패닉/라티노, 토착민, 중동계, 백인, _____

특성치: 다음 수치를 각 특성치에 배정하세요: +2, +1, +1, +0, +0, -1. **냉철**과 **정신**은 반드시 +2나 +1이어야 합니다.

사이버웨어

「ㅏ음 중 하ㅏ를 선택합니다.

- ⏻ **사이버웨어 통신기:** 사이버웨어 통신기를 선택한 캐릭터는 다음 태그 중 두 가지를 선택합니다: 「암호화」, 「전파방해」, 「기록」, 「위성 중계」, 「접근 불가 구획」. 전술 상황에서 통신을 감시하거나 지시를 내릴 때 **파악하기**를 **신스**로 ㅆ반성할 수 있습니다.

- ⏻ **사이버웨어 눈:** 사이버웨어 눈을 선택한 캐릭터는 다음 태그 중 세 가지를 선택합니다: 「적외선 탐지」, 「조명 증폭」, 「시야 확대」, 「조명 감소」, 「기록」, 「암호화」, 「접근 불가 구획」. 사이버웨어 눈으로 강화된 시각이 도움이 될 때, **파악하기**를 **신스**로 판정할 수 있습니다.

- ⏻ **내장 도구가 장착된 사이버웨어 팔:** 충분한 장소와 시간을 확보해서 장치를 고치거나, 우회하거나, 조작할 때 다음 판정에 +1 보너스를 받으세요. 캐릭터는 플레이 중 일반적인 방법으로 사이버웨어 팔에 다른 장비를 추가할 수 있습니다. 5장: 사이버웨어를 참조하세요.

- ⏻ **신경 인터페이스:** 차량이나 무기, 기록 장치, 해킹한 전자 시스템처럼 적절하게 설정한 외부 장치와 신경을 직접 연결해서 조종합니다. 다음 중 하나를 선택합니다:

  - ⏻ **원격 조종 모듈:** 차량과 드론을 원격으로 조종할 수 있는 무선 송수신 인터페이스를 갖췄습니다. 다음 태그 중 두 가지를 선택합니다: 「암호화」, 「다중조종」, 「위성 중계」, 「접근 불가 구획」. 캐릭터는 성장하면서 운전사의 **또 다른 몸** 액션을 선택할 수 있습니다.

  - ⏻ **데이터 저장장치:** 내부, 또는 외부에 저장된 데이터를 찾기 위해 **조사할 때** 판정에 성공하면 추가로 [첩보] 하나를 얻습니다. 다음 태그 중 두 가지를 선택합니다: 「접근 불가 구획」, 「암호화」, 「대용량」, 「고성능」. 캐릭터는 성장하면서 해커의 **접속** 액션을 선택할 수 있습니다.

액션

다음 세 가지를 받습니다.

- ⏻ **전문가:** 전문 분야 하나를 선택합니다:

  - 정비: 캐릭터는 차량이나 드론을 만들고, 관리하고, 조종하는데 전문가입니다. 운전사의 **드론 조종사** 액션처럼 드론 두 기를 가집니다.

  - 접합: 캐릭터는 신체개조와 사이버웨어의 전문가입니다. 사이버웨어를 추가로 하나 더 가지고 시작할 수 있습니다. 어떻게 사이버웨어를 직접 이식했는지 설명하세요. 하지만 어떤 대가를 치렀는지 설명할 필요는 없습니다.

  - 회로: 캐릭터는 컴퓨터와 전자기기의 전문가입니다. 총 5점 어치의 사이버덱을 보유하며(한 특성치에 최대 2점), 처리 수치+1만큼 프로그램을 설치합니다.

  - 총기 제작: 캐릭터는 총기의 전문가입니다. 킬러처럼 **주문 제작 무기**를 가지고 시작합니다.

  - 의사: 캐릭터는 약과 의학의 전문가입니다. **응급처치**를 할 때, 판정 결과와 관계없이 무조건 피해 시계를 한 칸 더 낮춥니다.

  - 폭발물: 캐릭터는 화학과 폭발의 전문가입니다. 폭발물을 다룰 때 「위험」 태그를 무시합니다.

캐릭터는 자신의 전문 분야에 맞는 작업실을 가지고 시작합니다. (예: 수술실, 전기장비 작업실, 차고 등)

⟳ **저장고:** 일거리를 받은 다음, 캐릭터는 지금까지 모아 놓은 물자와 부품 중 이번 임무에 도움이 될지도 모르는 장비를 찾을 수 있습니다. **정신**으로 판정하세요.

> **10+**: 캐릭터의 전문 분야와 관련이 있는 [장비] 3개를 얻습니다.

> **7-9**: 캐릭터의 전문 분야와 관련이 있는 [장비] 1개를 얻습니다.

⟳ **맞춤형 개조:** 캐릭터는 전문 분야와 관련이 있는 새 기계나 복잡한 장비를 알아보고 검토한 다음, 캐릭터에게 맞도록 바꿀 수 있습니다. 특정 기계나 장비를 개조하려 할 때, MC에게 무엇을 하고 싶은지 선언한 다음 개조해서 어떤 태그나 게임 속 효과를 얻을지 논의하세요. MC는 다음 중 한 가지 필요조건을 선언합니다.

- 시간
- 추가 조사
- 연줄의 도움
- 부품
- 도구

한 가지를 더 선택합니다:

⟳ **분석: 파악할 때, 예리** 대신 **정신**으로 판정하세요.

⟳ **섞여 들어가기:** 캐릭터가 있어서는 안 될 장소에서 발각될 위기에 처할 때, 그 장소에 속한 인원처럼 보이고 행동하려면 **냉철**로 판정하세요.

> **10+**: 캐릭터가 시선을 끌 행동을 할 때까지 아무도 의심하지 않습니다.

> **7-9**: 당장 떠난다면 안전합니다. 그 외의 다른 행동을 한다면 의심을 살 것입니다.

⟳ **우회:** 캐릭터가 보안 조치를 무력화할 때(잠긴 문을 통과하거나, 경보장치나 감시 카메라, 동작 탐지기 등을 망가뜨릴 때), **냉철**로 판정하세요.

> **7+**: 캐릭터는 흔적을 남기지 않고 성공적으로 보안수단을 지나갑니다.

> **10+**: 캐릭터는 해당 시설의 보안 상황을 어느 정도 간파합니다. [첩보]를 얻습니다.

⟳ **크롬 육체:** 캐릭터 만들기 또는 캐릭터의 휴식 시간 때 추가로 사이버웨어를 선택합니다. 처음 사이버웨어를 얻을 때와 마찬가지로 어떻게 손에 넣었는지, 어떤 대가를 치렀는지 설명하세요.

⟳ **폭넓은 관심 분야:** 전문 분야 하나를 더 선택합니다.

⟳ **팔방미인:** 전문 분야 하나를 더 선택합니다.

⟳ **몰입:** 캐릭터가 특정한 문제나 최신 기술에 완전히 몰두할 때, **조사하기**로 판정하세요. 얻은 질문 중 하나를 사용하여 관찰 대상과 관련된 어떠한 질문이든 할 수 있습니다.

⟳ **멋지게 하기:** 팀 동료를 **돕거나 방해할 때** 캐릭터의 전문 분야가 필요하다면 **유대** 대신 **냉철**로 판정하세요.

⟳ **박학다식:** 전문 분야 하나를 더 선택합니다.

장비

⏻ 전문 분야에 알맞은 도구와 장비

무기 둘을 선택합니다:

⏻ 소형 권총 (2-피해 한걸음/근거리 은밀 고속 재장전 굉음)

⏻ 돌격소총 (3-피해 중거리/장거리 굉음 자동화기)

⏻ 세열수류탄 (4-피해 중거리 범위 재장전 굉음 지저분)

⏻ 가스수류탄(충격-피해 중거리, 범위, 재장전, 가스)

셋 선택합니다:

⏻ 방탄 상의 (1-장갑)

⏻ 방탄복 (0-장갑, 「은밀함」, 피해 액션을 판정할 때 결과에 -1)

⏻ 고글 (둘 선택: 「적외선 탐지」, 「조명 증폭」, 「시야 확대」, 「조명 감소」, 「기록」)

⏻ 트럭이나 밴 (강점 한가지 선택: 「단단함」, 「오프로드」, 「거대함」, 「힘이 셈」;
단점 한가지 선택: 「느림」, 「비좁음」, 「굉음」)

⏻ 상처 부착제 (2100 이하의 피해를 **응급처치**할 수 있습니다)

⏻ 암호화된 전파방해 통신 중계기

캐릭터는 5크레드를 가지고 시작합니다.

행동수칙

다음 중 두 가지를 선택합니다:

전향: 캐릭터가 가진 세계관이나 인생관, 종교, 철학, 이념 등 신념 체계를 설명하세요.
다른 사람을 캐릭터의 신념 체계대로 행동하도록 설득할 때 경험치를 얻습니다.

소속: _____에 몸을 담은 탓에 임무에 지장이 올 때 경험치를 얻습니다.

보호: 임무보다 _____을 보호하려는 책임감을 더 우선시할 때 경험치를 얻습니다.

폭로: _____ 관련 정보를 더 많이 발견할 때마다 경험치를 얻습니다.

기술자 플레이하기

기술자는 **스프롤**에서 벌어지는 여러 임무에서 필요한 전문 기술과 지식, 도움을 제공합니다. 플레이어는 무엇보다도 기술자가 어느 분야에서 **전문가**가 될지 결정해야 합니다. 나머지 플레이어들이 어떤 캐릭터를 플레이하는지 살펴본 다음, 기술자의 전문 분야가 다른 팀원들과 어떻게 어울릴지, 임무 중에 기술자가 어떤 역할을 맡을지 고려하세요. 기술자는 기존 팀원의 역할을 보조하는 분야를 선택한 다음(정비-운전사, 회로-해커, 총기 제작-킬러), 해당 플레이어북의 적절한 액션을 얻어 부족한 부분을 채울 수도 있고, 아예 나머지 팀원이 할 수 없는 분야에(접합, 의사, 폭발물) 숙달할 수도 있습니다. 비록 기술자는 특정 분야에 전문성을 발휘하는 캐릭터이지만, 조금만 창의력을 발휘하면 다른 동료들을 폭넓게 도울 수 있습니다. 좁은 전문 분야를 활용해 넓은 범위의 문제를 해결하고 싶다면 기술자를 플레이하세요.

사전조사 단계에서 기술자는 자신의 전문 기술을 발휘할 수 있는 방향으로 전략을 세우도록 팀을 이끄세요. 기술자는 **정신** 수치가 높은 덕분에 **조사**를 잘할 수 있으며 **분석**을 발휘해 파악할 수도 있습니다. 상황이 어떻게 돌아가는지 안 다음에는 기술적인 문제를 해결하기 위해 장비를 **맞춤형 개조**할 수도 있습니다. 유난히 까다로운 문제는 **몰입**이 필요할지도 모릅니다.

임무실행 단계에서 기술자는 골치 아픈 보안 조치를 **우회**하고, 저장고에 있는 [장비]를 사용해 즉석에서 문제를 해결하며, **섞여 들어가서** 기업 보안요원들의 코앞에서 온갖 종류의 임무를 수행할 수 있습니다. 팀원들을 **도울** 때는 기술자의 전문 기술로 **멋지게 할** 기회를 찾아 나서세요. 이후 기술자는 **폭넓은 관심 분야**를 가지거나 **팔방미인**이 되어 팀원들을 더욱 넓게 **지원**할 수 있습니다.

"시린?"

시린은 자신을 부르는 소리에 고개를 틀었다. 그리고는 쳐다보던 여자에게 억지로 행복한 미소를 지으며 — 왜 이렇게 미국인의 이름은 기억이 잘 안 나는지 — 가볍게 손을 흔들었다.

"왔구나!" 시린이 관심을 보이자 주변의 시선이 여자에게 향했다. 곧 미국인은 — 그래, 이름이 카렌이지. — 시린 근처에 앉아있던 무리에 섞였다. 카렌이 흥분과 긴장이 섞인 눈으로 주위를 둘러보는 동안, 시린은 진근한 미소를 얼굴에서 지우지 않았다. 카렌은 열아홉 살이고, 주변 사람들에게 쉽게 휩쓸렸으며, 순진했다.

새 친구에게는 도저히 당할 수가 없네, 시린은 빈 옆자리를 툭툭 두들기면서 카렌에게 앉으라고 권했다. 시린은 형태 변형 귀마개를 권하면서, 어리둥절해진 카렌을 보고 웃음을 터뜨렸다.

"음악이 좀 시끄러울 거야. 감사는 나중에 해도 돼."

카렌은 시키는 대로 귀마개를 몇 번 비틀어 귀에 부드럽게 끼웠다. 오늘 같은 밤에 받은 이 뇌물은 그만한 가치가 있었다. 늘 버려진 마을인 템즈 타운에서 밤늦게 시끄럽게 울려 퍼지는 거친 기타음은 상하이 본토에서, 현대 음악을 지배하는 팝 머신이나 경찰의 감시 어린 눈길 아래에서는 연주할 수 없는 음악이었다. 이런 음악은 듣기 난해할 뿐만 아니라, 정치적으로 매우 선동적인 가사를 담기까지 했다. 매장에서는 결코 구할 수 없었고, 음악을 저장해둔 서버 운영자들은 다운로드 사이트를 겨냥해 공격하곤 하는 ICE 만리장성 때문에 죽거나 더 끔찍한 운명을 맞았다. 그래서, 사람들은 보통 비밀리에 서로 만나 휴대용 저장 매체로 이런 음악을 주고받고, 잔인할 정도로 유능하고 효율적인 음악 이념가이 기획한 공연에 나타나 서로 위험을 공유하며 경험을 즐겼다. 시린은 그런 이념가 중 하나였다. 오늘 밤, 아버지가 알았다면 정치적 문제를 들먹이며 금했을 음악을 들으면서 카렌이 황홀경에 빠져 있을 때, 시린은 음악과 표현의 자유를 위해 싸우는 것이 어떤 의미인지 카렌에게 설명했다. 개인의 사생활을 위해 싸우는 것이, 비밀경찰을 걱정하지 않아도 되는 나라를 위해 싸우는 것이 어떤 의미인지 말이다.

카렌은 원한다면 시린을 도울 수 있었다.

그저 부탁 하나만 들어주면 됐다.

사이버웨어

로딩 중...

"중국인들이 알아낸 것 이상의 신경외과 의학을 일본인들은 이미 옛날에 알고 있었다. 치바의 무허가 클리닉들이야말로 최첨단의 의술을 자랑하는 곳이며 새로운 테크닉이 그야말로 매달 엄청난 양으로 등장하고 있었다. 그런데도 아직, 케이스가 멤피스의 호텔에서 입은 상처는 고쳐 내지 못하고 있었다."

뉴로맨서, 윌리엄 깁슨

흔히 '사이버웨어'라고 부르는 사이버네틱 이식물은 중추 신경계와 상호작용하면서 장착한 사람의 신체 일부를 대체하는 전자장비입니다. 어떤 사이버웨어는 근력과 속도를 늘리거나, 미리 정해둔 작업을 할 때 생물학적인 신경 반응을 우회하는 알고리즘을 내장하여 인간의 기술과 능력을 강화합니다. 이런 사이버웨어를 장착한 사람들은 현실 세계, 또는 디지털 세계에서 무척 빠른 반응 속도를 발휘합니다. 또다른 종류의 사이버웨어는 잃어버린 장기나 사지를 대체하는 역할을 합니다. 사고나 폭력, 또는 질병 등의 희생자가 되어 신체를 잃은 사람들은 평범한 인간의 능력을 되찾으며, 건강한 신체 부위를 바꾸기로 한 사람들은 뛰어난 능력을 얻습니다.

사이버웨어는 자산의 하위 범주에 속하지만(6장: 자산), 설정상 무척 중요하기 때문에 별도의 항목으로 먼저 소개했습니다. **스프롤**에서 모든 주인공은 사이버웨어를 장착합니다.

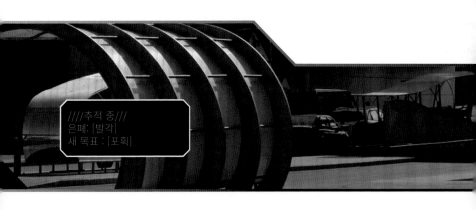

////추적 중///
은폐: [발각]
새 목표 : [포획]

사이버웨어 구하기

새로운 사이버웨어를 구하는 과정은 두 단계를 거칩니다. 첫째, 우선 원하는 사이버웨어를 손에 넣어야 합니다. 둘째, 캐릭터의 몸을 째고 사이버웨어와 신경계를 접합해줄 사람을 찾아야 합니다. 둘 다 모두 만만치 않은 일입니다.

새로운 사이버웨어를 손에 넣으려면, **거리로 나서세요.** 사이버웨어는 무척 비싼 장비라 "적정 가격"이라 해도 무척 높습니다. 특히 각종 부작용이 없는 사이버웨어를 원한다면 말입니다. 판정에서 실패한다면 캐릭터는 누군가에게 빚을 지거나, 또다른 대가를 치릅니다.

거리의 용병들은 사이버웨어로 얻을 수 있는 여러 가지 이점이 필요합니다. 파렴치한 기업은 이들의 사정을 악용해 추적 장치나 백도어 프로그램, 두뇌 피질 폭탄 같은 내장 폭발물을 소모성 요원들의 사이버웨어에 강제로 집어넣어 충성심을 유지합니다. 아주 소량의 폭발물만으로도 식물인간을 만들기는 충분합니다. 적은 투자만으로도 충분한 이득을 얻을 수 있지요.

사이버웨어를 획득한 다음에는 몸에 설치해야 합니다. 이를 위해서는 **수술대에 올라야** 합니다. 다시 한번, 캐릭터는 거리와 기업 중 한 군데를 선택할 수 있습니다. "친구"의 친구의 친구가 집도하는 불법 수술을 받겠습니까, 기업과 계약을 맺고 최신 시설에서 수술을 받겠습니까? 훨씬 더 훌륭한 치료를 받을 수는 있지만, 결제 방식은 정말로 죽여줄지도 모릅니다.

임무 중 사이버웨어가 손상되면, 수술할 필요 없이 기술자가 고칠 수도 있습니다. 하지만 매우 심하게 부서지거나 신체 내에 장착한 사이버웨어가 망가진다면 다시 한번 **수술대에 올라야** 할 수도 있습니다.

플레이 중 플레이북 액션으로 추가 사이버웨어를 얻는다면 맨 처음 사이버웨어를 얻을 때처럼 어떻게 대가를 치를지 선택합니다(그리고 적절한 태그를 붙입니다). 이렇게 사이버웨어를 얻으면 몇 가지 귀찮은 문제는 피할 수 있지만, 성장 하나를 소비해야 하며 "액션 하나를 얻습니다" 칸 중 하나를 사용해야 합니다.

거리 나서기와 **수술대 오르기**는 2장: 기본 액션에서 설명합니다.

사이버웨어 목록

사이버웨어 눈: 초인적인 시력, 또는 추가 시각 능력을 제공하는 인공 눈입니다. 많은 구매자는 심미적인 요소 역시 고려합니다.

다음 태그 중 두 가지를 선택합니다: 「적외선 딥지」, 「조명 증폭」, 「시야 확대」, 「조명 감소」, 「기록」, 「암호화」, 「접근 불가 구획」

» 강화된 시각이 도움이 될 때, **파악하기**를 **신스**로 판정할 수 있습니다.

사이버웨어 귀: 초인적인 청력, 또는 추가 청각 능력을 제공하는 인공 귀입니다.

다음 태그 중 두 가지를 선택합니다: 「충격파 흡수」, 「주파수 확장」, 「기록」, 「암호화」, 「접근 불가 구획」

» 강화된 청력이 도움이 될 때, **파악하기**를 **신스**로 판정할 수 있습니다.

사이버웨어 통신기: 머리 안에 설치해서 생각만으로도 조용하게 통신을 주고받을 수 있는 통신장비입니다.

다음 태그 중 두 가지를 선택합니다: 「암호화」, 「전파방해」, 「기록」, 「위성 중계」, 「접근 불가 구획」

» 전술 상황에서 통신을 감시하거나 지시를 내릴 때 **파악하기**를 **신스**로 판정할 수 있습니다.

사이버웨어 팔: 사이버웨어 팔은 잃은 팔을 대체하는 의수이거나, 스스로 선택해서 강화한 신체일 수도 있습니다. 의수는 일반적인 인간의 능력을 갖추며, 강화 신체는 특수한 능력을 추가하거나 신경 메커니즘 조종으로 정밀도를 향상한 특정 장비를 신체 안에 이식합니다. 사이버웨어 팔은 노골적인 기계 팔부터 실제 팔과 구별할 수 없는 모습까지 다양한 외관을 갖출 수 있습니다.

다음 중 한 가지를 선택합니다. 이후 새로운 사이버웨어를 추가할 때와 같은 방식으로 사이버웨어 팔을 추가 개조할 수 있습니다.

⏻ **강화된 근력:** 근력에 의존하는 근접 무기를 사용할 때 피해가 +2 증가합니다.

⏻ **내장 도구:** 충분한 장소와 시간을 확보해서 장치를 고치거나, **우회**하거나 조작할 때 다음 판정에 +1 보너스를 받습니다.

⏻ **내장 무기:** 다음 중 하나: 튀어나오는 칼날 (2-피해 한걸음 지저분 이식물), 소형 화기 (2-피해 근거리 굉음 이식물), 단섬유 채찍 (4-피해 한걸음 지저분 범위 위험 이식물)

사이버웨어 다리: 사이버웨어 다리는 잃은 다리를 대체하는 의족이거나, 스스로 선택해서 강화한 신체일 수도 있습니다. 강화신체는 초인적인 운동능력을 제공하며 특히 달리기 속도와 도약 거리를 향상합니다.

» 강화된 운동능력이 **위험 견디기**에 도움이 될 때, 다음 판정에 +1 보너스를 받습니다. **위험 견디기** 판정에서 12+가 나오면, 예비 1점을 얻어 **파악하기**에서 설명한 선택지 중 하나로 사용할 수 있습니다.

피부 판금: 피부 밑에 설치해 몸 안의 중요 장기를 보호하는 인공 장갑입니다.

» 피해 액션을 판정할 때, 판정 결과에서 2를 뺍니다. 「플레셰트」 태그가 있는 무기에 피해를 받았다면 3을 뺍니다.

내장 무기: 튀어나오는 용수철식 무기나 몸 안에 숨기는 무기는 구조를 잘 고정하고 열 소실 메커니즘을 활용한다면 직접 몸에 장착할 수도 있습니다. 내장 무기의 종류는 몸 속에서 발사하도록 설계된 일반 무기나 내장된 검부터, 가슴 속에 저장했다가 입으로 내뱉는 일명 "뱀"처럼 특정 기업의 미인계 암살자들이 선호하는 특수무기까지 다양합니다.

다음 중 하나:

⏻ 용수철식 검 (2-피해 한걸음 지저분 이식물),

⏻ 소형 화기 (2-피해 근거리 굉음 이식물),

⏻ 단섬유 채찍 (4-피해 한걸음 지저분 범위 위험 이식물)

⏻ 암살용 체내 이식물 (4-피해 밀착 느림 이식물)

이식 근육: 인공 근섬유를 인간의 근육에 접붙여서 근력과 유연성, 탄성을 강화했습니다.

» 이식 근육: 근접 무기로 **한판 붙을 때**, **육체** 대신 **신스**로 굴릴 수 있으며 피해가 +1 증가합니다.

신경 인터페이스: 머릿속에 설치해 두뇌의 신경 신호를 기계 제어 자극으로 변환하는 사이버웨어입니다. **신경 인터페이스**를 단 사용자는 차량이나 탑재 무기, 기록 장치, 해킹한 전자 시스템처럼 적절하게 설정된 외부 장치를 본능적인 신경 속도로 조종할 수 있습니다.

» 캐릭터는 성장할 때 운전사의 **또 다른 몸** 액션을 선택할 수 있습니다.

» 캐릭터는 성장할 때 해커의 **접속** 액션을 선택할 수 있습니다.

다음 중 한 가지를 선택합니다. 이후 새로운 사이버웨어를 추가할 때와 같은 방식으로 **신경 인터페이스**를 추가 개조할 수 있습니다.

⏻ **데이터 저장장치**: 두뇌와 매트릭스 접속 가능한 컴퓨터 시스템을 생각의 속도로 상호작용하도록 연결한 신경 인터페이스입니다. 데이터 저장장치는 보통 충분한 저장 용량을 갖췄습니다.

 내부, 또는 외부에 저장된 데이터를 찾기 위해 **조사할** 때 판정에 성공하면 추가로 [첩보] 하나를 얻습니다. 다음 태그 중 두 가지를 선택합니다: 「접근 불가 구획」, 「암호화」, 「대용량」, 「고성능」

⏻ **원격 조종 모듈**: 차량과 드론을 원격 조종할 수 있는 무선 송수신 능력을 갖춘 인터페이스입니다.

 원격 조종 모듈을 장착하면, 다음 태그 중 두 가지를 선택합니다: 「암호화」, 「다중조종」, 「접근 불가 구획」, 「위성 중계」.

⏻ **조준 프로그램:** 손에 든 화기를 사용자의 신경에 직접 연결하여 표적 정보를 시용사의 시야에 투영합니다.

「연결」된 무기를 발사할 때 캐릭터의 인공만큼 피해를 늘릴 수 있으며, **한판 붙기를 육체** 대신 **신스**로 판정할 수 있습니다. 「차동화기」 태그가 있는 무기를 발사힐 때는 사격 범위 내에 있는 목표 중 누구를 공격하고 누구를 제외할지 정확히 정할 수 있습니다.

인조 신경: 신경계 상당 부분을 기계로 대체하여 반응 속도를 크게 늘렸습니다. 인조 신경을 단 착용자는 워낙 빨리 반응해서 총알도 거의 피할 수 있을 정도입니다.

» 적 중 아무도 인조 신경을 달지 않았다면, 다음 **한판 붙기** 판정에 +1 보너스를 받습니다. 반응속도가 중요한 상황에서는 다음 **위험 견디기** 판정에 +1 보너스를 받습니다.

기술 슬롯: 두뇌의 근육 통제 부위에 특정한 근육 반사를 일으켜 숙련된 전문가의 행동과 본능을 모방하는 사이버웨어입니다. 기술 슬롯은 신체 외부에 슬롯을 설치해 두뇌에 선으로 연결하며, 기술 칩을 슬롯에 삽입하면 몇 가지 기술을 동시에 배울 수 있습니다. 기술 칩에는 보통 입력된 기술의 정신적인 측면을 다루는 지식 데이터베이스도 들어있습니다.

» 기술 칩을 삽입한 동안 캐릭터는 기술 칩에 입력된 기술을 판정할 때 판정 특성치가 +1 이하면 계속 +1보너스를 받습니다. 기술 슬롯은 두뇌와 연결된 두 개의 슬롯으로 구성되며, 캐릭터는 각 슬롯에 기술 칩을 하나씩 삽입해서 사용할 수 있습니다.

캐릭터 만들기 단계에서 기술 슬롯을 가지고 시작한 캐릭터는 슬롯마다 기술 칩을 하나씩 얻으며, 다른 장비와 마찬가지로 플레이 중 기술 칩을 추가로 얻을 수 있습니다.

기술 칩 예: 무술, 가택 침입, 암벽 등반, 스카이다이빙, 스쿠버다이빙, 작전 수립과 보급, 총격전, 곡예 운전, 파쿠르, 응급처치, 군 관련 역사와 전술.

전술 컴퓨터: 거리와 주변 환경, 이동 요인을 계산하고 전술 환경에서 착용자의 이해도와 작전 능력을 향상할 수 있도록 전술 도구 프로그램을 제공하는 전문 시스템입니다.

» 캐릭터가 전술 상황에서 **파악하기**를 하면, 판정 결과와 관계없이 무조건 예비 1 점을 추가합니다.

사이버웨어 태그

스프롤에서 태그가 어떻게 작용하는지는 6장: 자산에서 설명합니다.

「신체 손상」 　　　　때로는 죽도록 아픕니다. 결국에는 영구적인 신경 손상을 일으킬 것입니다.

「충격파 흡수」 　　　청각 충격 효과에서 보호합니다.

「암호화」 　　　　　　쉽게 해킹되지 않습니다. MC는 암호화된 사이버웨어를 해킹하는 액션을 할 때 반드시 그 전에 암호화를 무너뜨리는 액션을 해야 합니다.

「조명 감소」 　　　　시각 충격 효과에서 보호합니다.

「대용량」 　　　　　　장비의 저장 용량이 크게 증가합니다. 많은 양의 복잡한 데이터를 보관하고, 업로드하고, 전송할 때 유용합니다. 캐릭터는 기업 데이터 저장소에서 더 많은 노다지를 캘 수 있으며, 더 많은 기록 데이터를 저장할 수 있습니다.

「하드웨어 부식」 　　지금은 작동하지만, 곧...

「고성능」 　　　　　　훨씬 빠른 속도로 데이터에 접속하고 전송할 수 있습니다.

「이식물」 　　　　　　내장 무기는 「은밀」 태그를 가질 수 있으며, 피해를 받지 않는 한 제거할 수 없습니다.

「접근 불가 구획」 　　데이터를 이식 받은 사람이 데이터를 기록하거나, 보관하거나, 전송하지 못하도록 하는 운반용 모드입니다.

「전파방해」 　　　　　「암호화」 태그가 없는 모든 통신을 방해할 수 있습니다.

「조명 증폭」 　　　　미약한 조명 속에서도 볼 수 있습니다.

「시야 확대」 　　　　무척 먼 거리까지 볼 수 있습니다. 무기의 정확도에는 영향을 주지 않습니다.

「다중조종」 　　　　여러 대의 차량이나 드론을 동시에 조종할 수 있습니다.

「기록」 　　　　　　장비에 데이터를 저장할 수 있습니다. 많은 양의 데이터는 「대용량」 태그가 있는 저장 장치가 필요합니다.

「위성 중계」 　　　　다른 사람이 원격으로 사이버웨어를 조종할 수 있습니다. 이 태그는 보통 피고용자들을 세세하게 관리하는 기업에서 백도어 프로그램으로 심습니다.

「성능미달」 　　　　작동은 하지만 원래 성능에 미치지 못합니다.

「적외선 탐지」 　　　적외선 영역의 열 패턴을 볼 수 있습니다.

「불안정」 　　　　　때로는 작동하지 않습니다.

「주파수 확장」 　　　평범한 인간의 청각 범위 바깥의 소리를 들을 수 있습니다

그는 여자를 찾기 위해 스페인어 실력을 늘리는 칩을 끼워야 했다. 여자가 숨은 장소는 바퀴가 달린 탈것으로는 절대 갈 수 없는 곳이었기 때문에, 그는 늘 도시에서 그랬던 것처럼 느리고 체계적인 발걸음으로 걷기로 했다. 정말로 어디서든 똑같이 걸었던 속도대로 말이다.

사냥감을 추적할 때는 서두를 필요가 없었다.

그 장소는 80년 이상 관광객들이 사용해 왔다. 말라붙은 강바닥에는 여전히 시설물이 조금 남아 있었고, 그곳을 찾는 여행자들은 이제는 자아 탐구를 위해 오기보다는 자취를 감추러 오는 사람일 확률이 더욱 높았다. 현지인들은 이들이 마을에 들어올 때 묵인해 주었으며, 겨울 동안 여행자들은 대체로 남들과 떨어져 지내는 것을 선호했다. 사람들은 그곳에 아무런 통신 신호나 첨단 기술도 없으며, 그곳으로 가려면 직접 걸어 들어가는 방법 외에는 없다고 했다. 그래서 세상의 눈을 피해 도망치기에 완벽히 좋은 장소였다.

이런 내용을 설명해준 사람들도 그가 찾는 여자를 몰랐다. 이 장소는 분명 그 여자 같은 배반자들이 머무르는 구중 지옥이나 다름없는 곳이었다.

아일린 켈리는 먹을 때나, 잘 때나, 무성음 통신을 할 때나 항상 언론인으로서 행동했다. 그 망할 여자는 몸과 영혼을 영원히 통신 중계기와 합칠 수 있었다면 기꺼이 그랬을 것이다. 그런 기술 마법은 능력 바깥의 일이었기 때문에, 아일린은 경제면 기사를 스릴 넘치는 드라마로 바꿔 놓은 다음 더블린에서 멀리 도망칠 수밖에 없었다.

그는 자신도 모르게 올라가는 입꼬리를 느끼고 흠칫 놀라면서, 미소의 흔적을 지우고는 강바닥으로 향하기 시작했다. 아일린은 편집장에게 기사를 과감하게 뉴스로 내도록 설득한 대가로 길거리에서 암살을 당하는 운명을 피하고자 도망칠 수 밖에 없었다. 하지만 그런 아일린도 피할 수 없는 것이 한 가지 있었다. 기자의 죽음을 원하는 사람들도 아일린을 다시 더블린으로 데려와 계속 자신들의 삶을 살아있는 지옥으로 만들고, 모두가 보는 앞에 부패를 폭로하도록 하라는 무거운 압력 앞에 맞설 수는 없었다.

분명 싫다고 발버둥 치겠지만, 신문사는 아일린을 찾아 더블린으로 데려오라고 그를 고용했다. 예수 그리스도께서 도운 탓인지 아일린이 맺은 계약 기간은 아직 2년이 남았기 때문이다. 그리고 누구도 아이다 맥물런과 맺은 계약을 팽개치고 도망칠 수는 없었다.

자산

로딩 중...

카우보이는 경찰이 들을까 봐 기내 라디오를 사용하지 못한다. 시야 내에 설치된 수신기도 없어서 지향성 극초단파 안테나로 전송할 수도 없다. 무선 전화기는 절대 안전하지 못해서 사용할 수 없다. 분명 전화 범위 내에 있는 누군가가 통화 내용을 청취하기 마련이고, 신호를 **분석**해서 전화 주인의 신원과 직업을 알아낼 수 있는 단서로 쓸 수 있기 때문이다. 운이 좋다면 무선 계정만 빼앗길 것이다. 운이 나쁘다면, 신원 정보와 유가 증권, 은행 계좌까지 털릴 것이다. 따돌릴 수 있는 유일한 방법은 최신 군형 암호화된 장비뿐이고, 오직 오비털만이 그런 장비를 가졌다. 게다가, 전화 신호는 어딘가 위성 중 하나, 즉 오비털이 보유한 위성 중 하나로 전송될 것이고, 십중팔구 누군가가 들을 것이 틀림없었다.

휴대 전화기를 사용하는 것은 마치 광장 한복판에서 벌거벗은 채 확성기를 들고 '날 죽이고 내 물건을 모두 빼앗아 가시오'라고 외치는 거나 다름없는 꼴이다.

카우보이가 필요한 것은 지상 통신선이다. 감시당하지 않는다는 보장은 없지만, 유선 전화를 감시하려면 누군가가 직접 통신선에 손을 대거나 통신회사의 제어실에서 통신을 감시해야 한다. 그런 방식은 무선 통신을 감시하는 자동화된 시스템이 아니라 어떻게든 사람이 개입할 수밖에 없다.

Hardwired, 월터 존 윌리엄스

/////교환//////
차량(수중): 주앙지 샤유
잔고: 44.238.437,77
예정시간: 04:23:00

이번 장은 임무를 완수하는 데 필요한 나머지 자산을 전부 다룹니다. 화기나 방어구, 차량과 드론, 사이버넥과 프로그램 같은 사업 수단이나 연줄이나 무리 같은 인적 자원 모두가 자산입니다. 어떻게 자산을 얻나요? 친구, 크레드가 있지 않습니까.

크레드

크레드는 **스프롤**에서 사용하는 통화입니다. 크레드는 캐릭터가 거리에서 얻은 명성과, 이를 사용해 상품이나 용역을 구입하고 부탁을 하는 능력 양쪽 모두를 포함합니다.

모든 캐릭터는 5크레드를 가지고 시작합니다.

크레드 벌기

임무를 승낙할 때마다 캐릭터는 자신의 이름을 걸어야 합니다. 임무에 성공하면 캐릭터의 몸값이 증가하며, 실패하면 조금씩 떨어집니다.

누군가 **일거리를 얻으면**(2장: 기본 액션과 11장: 임무를 참조하세요), 모든 플레이어는 임무 성공에 1점부터 3점까지 크레드를 걸어야 합니다. 이 크레드는 사라집니다. 플레이북에서 빼세요. 만약 임무를 완수해 **보수 받기**에서 "약속한 보수를 제대로 받습니다"를 선택한다면, 플레이어는 각자 건 크레드의 두 배를 돌려 받습니다. **일거리 얻기**에서 "보수가 짭짤합니다" 까지 선택했다면, 건 크레드의 세 배를 돌려받습니다. 만약 일거리가 특별하게 눈길을 끌 만한 일이거나 고용주가 빠른 일처리를 원한다면 세 배보다 더 높아질 수도 있습니다. 임무에 3크레드를 걸면 임무의 판돈이 커지고 관심을 끌기 때문에 위험 역시 커집니다. 플레이어 중 누군가가 임무에 3크레드를 걸 때마다 사전조사 시계나 임무실행 시계를 한 칸씩 전진시키세요. 시계를 전진시킬 때는 먼저 임무실행 시계를 전진시키고, 그다음 사전조사 시계→임무실행 시계→사전조사 시계 순으로 반복합니다.

일이 엉망이 되어 임무가 실패했다면, 플레이어는 건 크레드를 잃습니다. 크레드가 바닥난 캐릭터는 자신 같은 사람에게 기회를 걸 만큼 급박한 고용주에게 찌꺼기라도 달라고 구걸해야 할 것입니다. 아마 시궁창 속에서 죽겠지요.

제로, 오클레이, 코어, 허브는 첫 일거리를 수락합니다. 캐릭터들은 각자 5크레드씩 가졌습니다. 고용주 접견은 빠르고 조용하게 끝났고(눈길을 끌지 않고 만납니다), 캐릭터들은 유용한 정보([첩보])와 자산([장비])를 얻었습니다. 하지만 "보수가 짭짤합니다"를 선택하지 않았기 때문에, 임무에 성공하면 건 크레드의 두 배밖에 돌려받지 못합니다.

오클레이와 허브는 만족하고 각각 2크레드씩 겁니다. 제로는 사이버웨어를 원하고, 코어는 사이버덱을 개조하고 싶어서 각각 3크레드씩 겁니다. MC는 임무실행 시계와 사전조사 시계를 각각 한 칸씩 전진시킵니다.

임무 동안 오클레이와 허브는 이제 각자 3크레드를, 제로와 허브는 각자 2크레드를 쓸 수 있습니다. 오클레이는 공중폭발 탄약 한 상자를 1크레드에 샀고, 제로는 연줄 중 한명에게 용역비로 2 크레드를 지불합니다.

전진시킨 임무 시계에도 불구하고 임무가 성공하면, 오클레이와 허브는 각자 4크레드를, 제로와 코어는 6크레드를 돌려받습니다. **보수 받기**가 끝난 후 오클레이는 6크레드가 있고(임무 전 5크레드에서 2크레드를 임무에 걸고, 공중폭발 탄약을 1크레드에 구입하고, 임무를 성공리에 마쳐서 4크레드를 받습니다), 허브는 7크레드(5-2+4), 제로는 6크레드(5-3-용역비 2+6), 코어는 8크레드(5-3+6)가 있습니다.

적정 가격

원하는 장비를 얻으려면 대부분의 경우 **거리에 나서야** 합니다. 가격이 적당하다면 아래 가격을 적용하세요. 판매자가 무언가 더 요구할 게 있다면 가격을 두배로 올리거나 조건을 하나 붙이세요. ("물론이지, 루루. 후한 가격에 TWC-9를 줄게… 맥스한테 가서 내게 빌린 돈을 받아오면 말이야.")

1크레드로 구할 수 있는 것:

- » 연줄이 주는 유용한 정보
- » 중개인이 구해주는 기본 규제 장비 (휴대용 화기, 사냥용 무기, 탄약)
- » 사이버덱 교체 부품
- » 대부분의 사이버웨어 개조
- » 어깨로 쓸 수 있는 믿음직스럽지 못한 무리
- » 운전기사

2크레드로 구할 수 있는 것:

- » 임무에서 도주용 차량을 몰 기사
- » 매트릭스 쪽을 맡아줄 해커(하지만 이 가격으로 일하는 해커는 부업으로 매트릭스의 금융 정보를 캐고 다닐 것입니다)
- » 프로 주먹꾼(위험한 개인이나 실력 있는 무리)
- » 총상을 치료해 줄 거리의 의사
- » 중개인이 구해주는 좀 더 정교한 금지 장비(수류탄, 돌격 소총, 합법적인 드론, 일반적인 해킹 장비)

4크레드로 구할 수 있는 것:

- » 프로 윤리를 갖춘 해커
- » 생사를 오가는 상처를 치료해 줄 비밀 의료 서비스
- » 중개인이 구해주는 고가/불법 장비 (차량, 보안용 드론, 중화기, 최첨단 러시아제 공격용 프로그램, 일반적인 싸구려 사이버웨어)

8크레드로 얻을 수 있는 것:

- » 중개인이 구해주는 최첨단/군용/터무니없이 비싼 장비 (사이버덱, 군용 차량 대다수의 사이버웨어)

장비

캐릭터의 장비 대부분은 규칙상 효과는 없지만, 항상 이야기 속에서 효과를 발휘합니다 스마트폰이 있다면 지도를 보거나, 전 세계 데이터 네트워크에 접속하거나, 연줄에게 전화할 수 있습니다. 캐릭터가 가진 모든 장비를 일일이 적을 필요는 없습니다 스마트폰처럼 당연히 가질 법한 물품이라고 플레이에 참석한 사람 모두가 생각한다면 가진 것입니다.

하지만 캐릭터에게 중요한 장비, 특히 임무의 결과에 이야기상으로, 또는 규칙상으로 영향을 미치는 장비는 적어 두어야 합니다. 중요한 장비 중 일부는 아래에서 설명합니다

장비 얻기

각 플레이북에는 캐릭터 만들기 과정에서 선택할 수 있는 몇 가지 장비를 소개했습니다 플레이를 시작하면 캐릭터는 사전조사 단계 동안 **거리에 나서서** 연줄들에게 추가 장비를 구입하거나 임무를 수행하는 동안 **장비를 얻을 수** 있습니다.

플레이어는 캐릭터의 모든 장비에 상표 이름을 붙여주어야 합니다. 캐릭터의 중권총은 단순한 권총이 아니라 티엔샤 파이어 드래곤 15입니다. 가능하면 캐릭터 만들기에서 설명한 기업의 이름을 사용하세요. 이 기업들이 **스프롤** 어디에나 존재한다는 느낌을 강하게 심을 수 있습니다.

캐릭터가 킬러의 **주문 제작 무기** 액션처럼 장비가 동반된 액션을 플레이 중 성장할 때 선택한다면, 이 장비는 이야기 속에서 알맞은 방식으로 손에 넣어야 합니다. 보통은 연줄을 통해 얻을 수 있습니다.

무기와 방어구

무기는 효과 때문이든 미학적인 특질 때문이든 사이버펑크 장르의 꽃입니다. 캐릭터의 무기에 상표명을 붙일 때는 현실 속 무기처럼 반드시 무기의 외관을 고려해 어울리도록 상표명을 붙여야 합니다.

모든 무기는 피해 수치와 거리 태그를 지니며, 대부분 **무기 태그** 항목에서 설명할 추가 태그도 지닙니다.

화기

모든 화기는 추가 비용 없이 「연결」할 수 있습니다.

- » 소형 권총 (2-피해 한걸음/근거리 은밀 고속 재장전 굉음)
- » 플레셰트 권총 (3-피해 근거리/중거리 고속 플레셰트)
- » 리볼버 (2-피해 근거리/중거리 굉음 고속)
- » 반자동 권총 (2-피해 근거리/중거리 굉음 고속)
- » 대형 리볼버 (3-피해 근거리/중거리 재장전 굉음)
- » 중권총 (3-피해 근거리/중거리 굉음)
- » 산탄총 (3 피해 근거리/중거리 굉음 지저분 재장전)
- » 자동 산탄총 (3-피해 근거리/중거리 굉음 지저분 자동화기)
- » 돌격소총 (3-피해 중거리/장거리 굉음 자동화기)
- » 기관권총 (2-피해 근거리/중거리 굉음 자동화기)
- » 기관단총 (2-피해 근거리/중거리 굉음 자동화기)
- » 경기관총 (3-피해 중거리/장거리 굉음 지저분 자동화기 불편함)
- » 사냥용 소총 (2-피해 장거리/초장거리 굉음)
- » 석궁 또는 사냥용 활 (2-피해 근거리/중거리/장거리 재장전)
- » 저격 소총 (3-피해 장거리/초장거리 굉음 불편함)
- » 반물질 소총 (3-피해 장거리/초장거리 굉음 관통 불편함)
- » 유탄발사기 (4-피해 중거리/장거리 범위 굉음 지저분 불편함)
- » 유탄발사관 (4-피해 중거리 범위 굉음 지저분)
- » 미니건 (4-피해 중거리/장거리 범위 지저분 관통 불편함)
- » 미사일 발사기 (5-피해 장거리 범위 지저분 관통 불편함)

수류탄

수류탄은 밀착/한걸음/근거리에서 「위험」합니다.

- » 세열수류탄 (4-피해 중거리 범위 재장전 굉음 지저분)
- » 섬광탄 (충격-피해 중거리 범위 굉음 재장전)
- » 가스 수류탄 (충격-피해 중거리 범위 재장전 가스)

근접 무기

- » 주머니칼 (2-피해 한걸음)
- » 곤봉 (2-피해 한걸음)
- » 검 (3-피해 한걸음 지저분)
- » 정글도 (3-피해 한걸음)
- » 휴대용 전기충격기 (충격-피해 한걸음 재장전)
- » 단섬유 채찍 (4-피해 한걸음 지저분 범위 위험)
- » 수리검이나 투척용 단검 (2-피해 근거리 다량)

방어구

- » 방탄복 또는 인조 가죽옷 (0-장갑, 「은밀함」, 피해 액션을 판정할 때 결과에 -1)
- » 방탄조끼나 방탄 상의, 방탄 코트 (1-장갑)
- » 전신 방탄복 (2-장갑)
- » 군용 경화 장갑복 (3-장갑, 불편함)

탄약

스프롤에서는 탄약 개수를 셀 필요가 없지만, 임무에 따라 특수한 탄약을 써야 할 때도 있습니다. 대부분 탄약 무기에 태그를 하나 추가하기만 하면 됩니다.

- » 철갑탄은 방어구를 더욱 쉽게 뚫습니다. 철갑탄을 장전한 무기는 「철갑탄」 태그를 추가합니다.
- » 공중폭발탄은 표적 프로그램의 조종을 받아, 혹은 근접한 목표를 감지해 목표 근처에서 폭발합니다. 공중폭발탄을 장전한 무기는 「범위」와 「지저분」 태그를 추가합니다.
- » 폭발탄은 목표에 충돌할 때 폭발합니다. 폭발탄을 장전한 무기는 피해가 +1 증가하며 소음기를 장착할 수 없습니다.
- » 플레셰트탄은 합성 플라스틱 파편을 빼곡하게 채운 탄약입니다. 살을 쉽게 찢고 들어가지만 방어구에 쉽게 막힙니다. 플레셰트탄을 장전한 무기는 피해가 +1 증가하지만, 목표의 장갑 수치를 두배로 계산합니다. 「플레셰트」 태그가 원래 있는 무기는 이미 피해 +1을 포함했습니다.
- » 젤리탄은 치명상을 피하고자 제작된 탄약입니다. 젤리탄을 장전한 무기는 원래 피해 수치 대신 충격-피해를 줍니다. 목표는 **피해** 판정을 할 때 원래 무기의 피해 수치만큼 판정 결과에 더합니다(장갑 수치는 판정 결과에서 뺍니다)

무기 태그

거리 태그: 밀착/한걸음/근거리/중거리/장거리/초장거리

거리 태그는 무기의 최적거리를 나타냅니다. 조건이 된다면 좀 더 긴(혹은 짧은) 거리에서 무기를 사용할 수 있지만, 판정에 -1 페널티를 받습니다.

- » 밀착은 입맞춤을 할 만큼 가까운 거리입니다.
- » 한걸음은 손에 닿을 만큼 가까운 거리입니다.
- » 근거리는 몇 걸음 이내입니다.
- » 중거리는 몇십 미터 이내입니다.
- » 장거리는 한 구역 이내입니다.
- » 초장거리는 몇백 미터 정도 거리입니다.

「철갑탄」 철갑탄에 맞은 목표는 장갑 수치를 2 뺍니다.

「범위」 해당 범위 내에 있는 모든 대상에 피해를 줍니다.

「자동화기」 사용자는 무기에 일시적으로 「범위」와 「재장전」 태그를 추가할 수 있습니다. 벨트를 사용하는 무기라면 「범위」 태그만 추가할 수 있습니다.

「관통」 벽이나 전차처럼 단단한 목표에 커다란 구멍을 뚫는 무기입니다. 「관통」 태그가 있는 무기는 「실갑탄」과 「쌍날」이 포함되어 있으며, 소음기를 장착할 수 없습니다.

「불편함」 「불편함」태그가있는무기나방어구는크고 거추장스럽습니다. 사용자는 장비를 휴대한 채 비좁은 장소에 들어갈 수 없으며, 빠르게 움직이거나 조용하게 움직일 수도 없습니다. 「불편함」 태그가 있는 무기는 보통 엎드린 자세를 하거나, 지지대를 두거나, 자이로스코프를 장착한 외골격을 입고 사용할 수 있습니다.

「위험」 판정에 실패하면 사용자는 피해를 받습니다.

「은밀」 쉽게 숨길 수 있어서 눈에 띄지 않고 넘어가곤 합니다.

「플레세트」 목표의 장갑 수치를 두 배로 계산합니다.

「연결」 **신경 인터페이스**와 연결해 사용할 수 있습니다(조준 프로그램이 있어야 합니다. 5장: 사이버웨어를 참조하세요).

「굉음」 주변 사람 모두가 놓치지 않을 만큼 커다란 소리가 나며, 상황에 따라서는 어디에서 소리가 났는지도 파악할 수 있습니다.

「지저분」 타격 지점에 미치는 공격 효과가 들쭉날쭉하지만, 한번 맞은 상처 부위나 파괴 부위는 엉망이 됩니다. 「지저분」한 무기에 「굉음」이 추가되면, 소음기를 장착할 수 없습니다.

「다량」 숨기기 쉽고(「은밀」) 필요할 때는 항상 많이 있습니다.

「재장전」 사격한 다음에는 반드시 짧은 시간 동안 재장전해야 합니다.

「고속」 속도가 중요한 순간에는 「고속」 무기가 먼저 발사됩니다.

다른 장비

» 등반/현수하강 장비

» 통신 장비 (선택 태그: 「암호화」, 「전파방해」, 「위성 중계」, 「기록」)

» 변장도구 (가짜 신분을 유지한 상태에서 발각되지 않으려 할 때 계속 +1 보너스

» 응급처치 세트 (현재 피해 단계와 관계없이 응급처치할 수 있습니다)

» 폭발물 (문을 부수는 용도인 스프레이형 폭발물, 차량을 파괴하고 건물 구조를 약화시키는데 사용하는 휴대용 소형 플라스틱 폭탄, 공업용 폭발 장비. 세 가지 전부 「철갑탄」, 「위험」, 「지저분」, 「굉음」, 「관통」 태그를 가집니다)

» 자이로스코프 장착 외골격 (반동이 심하거나 안정된 자세로 정확한 조준이 필요한 무기를 받치는 이동 지지대 역할을 합니다)

» 초소형 전자기기 작업대 (현장에서 전자기기와 사이버웨어를 수리할 수 있습니다)

» 악기 (선택 태그: 「기록」, 「위성 중계」, 「심센스」. 「기록」 태그가 있는 악기는 연주자의 심리 반응을 기록할 수 있습니다. 「심센스」 태그가 있는 악기를 사용하는 연주자는 연주를 하면서 깊은 감정 체험을 할 수 있습니다)

» 영상 녹화 장비 (「음성」, 「영상」, 선택 태그: 「심센스」, 「은밀」, 「암호화」)

» 스쿠버 장비

» 소음기 또는 소음 억제기: 소음기를 부착한 무기는 「굉음」 태그를 제거합니다. 「지저분」 또는 「관통」 태그가 있는 무기는 소음기를 달 수 없습니다.

» 잠행복 (홀로 몸을 숨긴 상태에서 감시를 피할 때 계속 +1 보너스)

» 수술실 또는 이동식 수술실 (생사를 오가는 상처를 치료하고 사이버웨어를 달 수 있습니다)

» 전문가 도구, 생존 도구 등. 3회 사용 가능합니다. 해당 도구와 관련이 있는 전문 분야 액션을 할 때 도구를 사용하면 다음 판정에 +1 보너스를 받습니다)

» 상처 부착제 (2100 이하의 피해를 응급처치할 수 있습니다)

» 시각 강화 도구 (안경, 고글, 관찰용 기구). 기본형 장비는 태그가 한두 개 있으며 좀 더 비싼 고급 장비는 태그가 더 많이 있습니다. 가능한 태그: 「적외선 탐지」, 「조명 증폭」, 「시야 확대」, 「기록」, 「조명 감소」. 시각 강화 도구로 들어오는 정보는 통신 장비를 거쳐 착용자의 화면, 또는 원격 화면으로 전송할 수 있습니다

» 날개복, 또는 초소형/초경량 1인승 비행기

차량

차량 대부분은 특별한 규칙을 사용하거나 세부적인 사항을 만들 필요는 없습니다: 기본형과 용도를 고른 다음, 강점과 외관, 약점 중 한 개 정도를 선택하고, 제조사 이름과 모델명을 붙이세요. 차량에 사이버네틱 조종 시스템이 설치되어 있고(사이버링크), 캐릭터가 운전사의 **또 다른 몸** 액션을 가졌다면, 차량의 프로필을 선택해야 합니다.

기본형 선택:

> 오토바이, 차, 호버크라프트, 배, 추진기 장착 장갑차, 고정익 항공기, 헬리콥터, 수륙양용차

용도 선택:

> 경주용, 레저용, 승객 수송, 화물용, 군용, 고급형, 민간용, 상업용, 배달용

프로필 선택:

- ⏻ 파워+2, 외관+1, 약점+1, 1-장갑
- ⏻ 파워+2, 외관+2, 약점+1, 0-장갑
- ⏻ 파워+1, 외관+2, 약점+1, 1-장갑
- ⏻ 파워+2, 외관+1, 약점+2, 2-장갑

파워 수치 1점마다 강점을 하나씩 선택하고, 외관 수치 1점마다 외관을 하나씩 선택합니다. 약점 수치 1점마다 약점을 하나씩 선택합니다.

강점: 빠름, 조용함, 단단함, 공격적임, 거대함, 오프로드, 조작성 좋음, 고장나지 않음, 승차공간 넓음, 힘이 셈, 수리 용이

외관: 날렵함, 고풍스러움, 새 것 같음, 강해 보임, 사치스러움, 근사함, 우락부락함, 특이함, 예쁨, 천박함, 장갑 장착, 무장, 별 특징 없음

약점: 느림, 빈약, 정비 불량, 반응 느림, 비좁음, 까다로움, 연비 나쁨, 못 미더움, 굉음

파워 수치가 2점 이상이면 무기를 하나 장착합니다. 군용 차량은 무기를 추가로 하나 더 장착할 수 있습니다.

무기: 기관총 (3-피해 중거리/장거리 범위 굉음 지저분 자동화기), 유탄발사기 (4-피해 중거리/장거리 범위 굉음 지저분), 미사일 발사기 (5-피해 장거리 범위 지저분 관통), 기관포 (4-피해 중거리/장거리 범위 지저분 관통)

예시 차량

- 주앙지 쉐 (「근사함」 스포츠 카)
- 옴니 패밀리아 (「별 특징 없음」 세단)
- 큄베-할리 썬더볼트 (「공격적임」 오토바이)
- 주앙지 지안 (「날렵함」 오토바이)
- 옴니 뮬라 (「비좁음」, 「단단함」 밴)
- 엠파이어-리어 아르마 헬리오 (「사치스러움」 헬리콥터)

- 타이탄 콜로수스 III (「굉음」, 「장갑 장착」 장갑차)
- 주앙지 샤유 (「조용함」, 「조작성 좋음」 쾌속정)
- 타이탄 스탠다드 뱅가드 개인용 장갑차량 (PAV) (「단단함」, 「장갑 장착」 쿠페)

드론

드론 역시 차량과 비슷하게 적용합니다. 드론 대부분은 프레임과 동력 방식, 이야기 속 역할을 정하기만 하면 됩니다. 필요할 때만 프로필을 만드세요. 하지만 상표명은 붙이세요

기본형 선택:

> 회전 날개, 고정익, 네발, 여덟발, 무한궤도, 바퀴, 수중용, 수륙양용, 해저용

크기 선택:

- ⏻ 초소형 (곤충 크기): 「소형」, 「빈약」, 「은밀함」, 감지기 하나 선택
- ⏻ 소형 (쥐~고양이 크기): 강점 하나, 감지기 하나, 약점 하나, 아무 범주에서 하나 선택
- ⏻ 중형 (개 크기): 강점 하나, 감지기 하나, 약점 하나, 아무 범주에서 둘 선택
- ⏻ 대형 (곰 크기): 「눈에 잘 띔」, 강점 둘, 감지기 하나, 약점 하나, 아무 범주에서 둘 선택

강점: 빠름, 튼튼함, 오프로드, 조작성 좋음, 고장나지 않음, 수리 용이, 은밀함, 철저한 암호화, 무인 조종, 로봇 팔, 위성 중계, 무기 장착

감지기: 시야 확대, 적외선 탐지, 전파방해, 화상 강조, 분석 소프트웨어, 음파 탐지기 의료용 감지기

약점: 느림, 빈약함, 못 미더움, 굉음, 허술한 암호화, 눈에 잘 띔

기관총 (3-피해 중거리/장거리 범위 굉음 지저분 자동화기), 유탄발사기(4-피해 중거리 장거리 범위 굉음 지저분), 그리고 개인화기를 드론에 설치할 수 있습니다.

무기 장착: 무기 장착 강점이 있는 드론에는 무기를 하나 장착할 수 있습니다. 무기 크기는 드론의 크기에 따라 결정됩니다.

- » 소형 드론은 거리가 근거리 이하인 2-피해, 또는 충격-피해 무기를 장착할 수 있으며, 「자동화기」 태그는 불가능합니다.
- » 중형 드론은 거리가 중거리 이하인 3-피해 이하 무기를 장착할 수 있습니다.
- » 대형 드론은 5-피해 이하 무기를 장착할 수 있습니다.

예시 드론

키쿠유 애니메트로닉스, 스파이 플라이 침투 드론 (초소형 회전 날개 빈약 은밀함 시야 확대)

MDI 나이트 크리퍼, 침투 및 차단 드론 (소형 여덟발 은밀함 전파방해 적외선 탐지 빈약)

상하이 모바일 이글 아이, 침투 드론 (소형 고정익 자율행동 시야 확대 적외선 탐지 빈약)

상하이 모바일 팩메이트, 돌격 드론 (중형 바퀴 튼튼함 오프로드 무기 장착: 돌격 소총(3-피해 중거리 굉음 자동화기) 적외선 탐지)

키쿠유 애니메트로닉스 레이저 핀, 돌격 드론 (중형 해저용 빠름 은밀함 무기 장착 이빨(3-피해 한걸음 지저분) 음파 탐지기 빈약)

MDI 코디악, 돌격 드론 (대형 무한궤도 튼튼함 오프로드 고장나지 않음 무기 장착 미니건(4-피해 중거리/장거리 범위 지저분 관통) 시야 확대 눈에 잘 띔 굉음)

타이탄 블래스트 터틀, 폭탄 처리 드론 대형 무한궤도 느림 눈에 잘 띔 조작성 좋음 로봇팔 전파 방해)

사이버덱

바비도 학교 다닐 때부터 덱을 사용했고, 공간이 아닌 공간의 무한한 영역, 사람이 상상하기 어려울 정도로 복잡하게 교감하는 환각인 매트릭스와 사이버스페이스로 데려다 주는 장난감을 많이 썼다. 그곳에서는 대기업의 뜨거운 정수가 신성처럼 빛났고, 데이터는 너무도 농밀해 가장 단순한 윤곽 이상을 이해하려고 하면 감각에 과부하가 걸려 괴로울 정도였다.

카운트 제로, 윌리엄 깁슨

사이버덱을 사용하면 해킹하는 동안 추가 선택지와 방어 기능을 사용할 수 있습니다. 사이버덱은 내구력, 방화벽, 처리속도, 은신, 이 네 가지 수치를 가지며, 프로그램을 실행할 수 있습니다.

» **내구력**은 사이버덱의 회로를 보호하는 수치입니다. ICE의 공격 때문에 받는 덱의 피해를 막으려면 내구력을 늘리세요.

» **방화벽**은 사이버덱의 프로그램을 보호하는 수치입니다. ICE의 공격 때문에 프로그램이 받는 피해를 막으려면 방화벽을 늘리세요.

» **처리속도**는 덱에서 실행할 수 있는 프로그램의 수를 결정하는 수치입니다. 1점마다 실행할 수 있는 프로그램의 수가 하나씩 늘어납니다.

» **은신**은 보안 시스템의 ICE가 캐릭터의 로그인 지점을 발견하지 못하도록 막는 수치입니다. 사이버덱의 은신 수치가 시스템의 추적 수치보다 높은 한 ICE는 침입자가 누구인지 확인하거나 연결을 차단할 수 없습니다.

기본 사이버덱은 5점을 각 수치에 배분하며, 각 수치는 0점보다 낮거나 2점보다 높을 수 없습니다. 더욱 성능이 좋은 모델은 총 수치가 6점 이상이며, 각 수치는 3점보다 높을 수 없습니다.

사이버덱의 처리속도 수치만큼 프로그램을 선택하세요. 캐릭터는 해당 숫자만큼 프로그램을 가지고 시작합니다. 같은 프로그램을 여러 개 동시에 실행할 수는 없습니다.

⏻ 경계 (매트릭스 안에서 **파악하기**에 성공하면, 질문 하나를 더 할 수 있습니다)

⏻ 방어 (+2 방화벽)

⏻ 효율화 루틴 (+2 처리속도)

⏻ 탈출 (다음 **긴급 종료**에 +1 보너스)

⏻ 신원 보호 (+2 은신)

⏻ 폐쇄 (**보안 무력화**에 성공하면 예비 1점 추가)

⏻ 조종 (**시스템 조종**을 성공하면 예비 1점 추가)

⏻ 분석 (보안 데이터베이스에서 **자금 데이터 찾기**나 **조사하기**를 할 때 계속 +1 보너스를 받습니다)

⏻ 안전 차단 장치 (블랙 ICE가 공격에 성공하면 사이버덱 시스템의 모든 전원을 차단합니다. 공격에 캐릭터는 ICE의 공격에 피해를 받지 않으며, 접속은 끊어집니다. 사이버덱은 수리할 때까지 사용할 수 없습니다)

스프롤의 사이버덱 프로그램은 단순히 원하면 복사할 수 있는 소프트웨어가 아닙니다. 사이버덱 프로그램은 제조와 복사에 전문 기술이 필요한 하드웨어 칩과 펌웨어가 결합한 프로그램입니다.

사이버덱 정비

위험한 매트릭스 임무를 펼친 후에는 사이버덱이 심하게 손상될 수도 있습니다. 내구력과 방화벽에 사용한 점수를 회복하고 손상된 처리속도와 은신 수치를 회복하려면 시간과 크레드가 좀 필요합니다.

기술자 액션인 **전문가: 회로**를 가진 캐릭터는 1크레드치의 부품을 사용하고 몇 시간 동안 수비하면 사이버덱의 각 수치를 마지막 임무 시작 때보다 1점씩 적게 수리할 수 있습니다. 마지막 1점을 수리하려면 추가로 1크레드와 몇 시간을 더 써야 합니다.

타버린 프로그램은 수리할 수 없습니다. 괜찮습니다. 신제품은 항상 더 우수하니까요.

연줄

> 루는 전화를 했다. "여, 엘빈, 나야, 루."
>
> 전화 반대편에서 잠시 정적이 흘렀다. "프루던스?"
>
> 루는 인상을 찌푸렸다. 엘빈이 자신의 별명을 부르기를 거부하는 이유가 신경을 계속 건드리려는 목적인지, 그 괴상한 격식 때문인지 구분이 되지 않았다. 루는 몇 년 전 세인트 빈센트 주변을 항해했을 때 스핏파이어 호의 갑판에서 엘빈과 함께 앉아있었다. 그때 엘빈을 도와 고장 난 3차원 프린터를 수리했다.
>
> 루가 엘빈과 계속 연락을 유지하는 이유는 엘빈이 여기저기 섬에서 민간경비직을 맡았기 때문이다. 그런 부류의 사람들은 알아 두는 편이 좋았다. 엘빈은 더 큰 기업에서 누가 무슨 일을 하는지 잘 아니까 말이다. 루가 엘빈을 알아둔 것은 그저 옛 버릇일 뿐이었다. 이제 루는 그런 게임에 끼어들지 않으니까. 하지만 연줄을 모으는 일은 그만두지 못했다.
>
> 그리고 지금... 그 버릇이 톡톡히 도움이 되었다.
>
> *Hurricane Fever*, 토비아스 S. 벅켈

캐릭터는 **스프롤**에서 혼자 모든 일을 할 수 없습니다. 함께 팀을 이루는 다른 전문가 동료 외에도 다양한 기술과 배경을 갖춘 여러 사람의 도움이 필요할 것입니다. 플레이어가 이런 조력자 NPC를 연줄로 지정하여 플레이에 등장시키면, MC는 이들을 넘겨받아 플레이 속에서 살아 숨 쉬게 합니다. 때로 MC는 MC 액션이나 **거리 나서기** 액션 결과로 연줄에게 문제를 안긴 다음 그 골칫거리를 캐릭터들의 발 앞에 떠넘기도록 할 수도 있습니다.

플레이어는 플레이마다 한 번씩 연줄을 선언할 수 있습니다. 중개인과 사냥꾼은 새 연줄을 더 등장시킬 수 있는 추가 액션이 있습니다.

연줄은 캐릭터를 성가시게 할 사소한 골칫거리를 앓을 수도, 혹은 눈앞에 닥친 임무에 큰 영향을 미칠 중요한 문제를 가졌을지도 모릅니다. 어느 쪽이든 MC는 연줄을 이야기 연결고리로 이용해 **스프롤**을 더욱 진짜처럼, 그리고 진짜 복잡하게 만들 수 있습니다.

무리

대로 캐릭터는 특정한 기술을 갖춘 집단이 필요할 수도 있습니다. 선동가의 **추종자**나 중개인의 **지원**처럼 집단에 접촉할 수 있는 액션이 없다면, 비용을 내 도울 사람들을 찾을 수도 있습니다.

만약 무리가 아직 등장하지 않았다면, 어떤 **무리**를 내보내고 싶은지, 어떻게 접촉할지 정확하게 정하세요. MC는 적절하게 세부사항을 채워 넣습니다. 무리의 일원이나 지도자를 **연줄 선언하기**로 등장시킨다면, 캐릭터는 해당 무리가 지배하는 구역으로 직접 들어가 주요인물과 만나야 할 수도 있습니다. 아래 질문과 목록은 무리를 만들 때 고용주가 될 플레이어와 MC 모두에게 아이디어를 제공할 목적으로 만들었습니다. 필요하다면 새로운 설명과 태그도 추가하세요.

무리 만들기

무리는 보통 핵심 인원 20명 정도와 여러 협력자 및 팬들로 이루어집니다.

어떤 종류의 무리인가요? 한 가지 선택합니다: 거리, 기업, 방송/연예계, 군, 정치, 사이버

얼마나 큰 무리인가요? 다음 규모 중 하나를 선택하고 태그 두 가지를 고르세요.

- ⏻ **소형:** 10명 이하 (충성스러움, 기동성, 무장을 잘 갖춤, 훈련 수준 좋음)
- ⏻ **중형:** 20~40명 (기동성, 무장을 잘 갖춤, 훈련 상태 좋음, 든든한 연줄, 자원)
- ⏻ **대형:** 50~100명 (기동성, 든든한 연줄, 자원, 자급자족)
- ⏻ **초대형:** 200명 이상 (든든한 연줄, 자원, 널리 퍼짐, 자급자족)

무리는 지배하는 영역이 있요? 거리를 다스리나요? 그렇다면 몇 구역 정도를 다스리나요? 아니면 특정한 시설이나 아콜로지를 운영하나요? 어쩌면 도시 구역이 아니라 특정한 활동 분야를 지배할지도 모릅니다(예를 들어 운송, 해킹, 약물 판매, 기업 파티 등).

무리의 특징은 무엇인가요? 가난함, 현상수배, 찾기 어려움, 못 미더움, 폭력적, 미움받음

누가 무리를 이끄나요? 다음 태그를 포함합니다: 부도덕, 요구가 많음, 탐욕스러움, 애자식, 무능함, 공석

주요 분야는 무엇인가요? 다음 태그를 포함합니다: 상업, 범죄, 엔터테인먼트, 파티, 폭력, 배달, 침투, 수거, 사회 운동, 정치

무리 활용하기

무리는 정보와 불법 장비를 얻기 위해 활용할 수 있습니다. 이 용도로 무리를 사용한다면 다른 연줄과 마찬가지로 취급하세요.

무리는 강할 수도, 무장을 잘 갖출 수도, 잔인할 수도 있지만 보통 캐릭터만큼 숙련된 전문가는 아닙니다. 캐릭터가 무리와 **한 판 붙거나**, 무리의 지원을 받거나, 두 무리가 서로 싸운다면 무리는 캐릭터처럼 피해를 주고받습니다. 두 무리가 서로 싸울 때는 큰 쪽이 규모 차이마다 주는 피해에 +1, 받는 피해에 -1을 받습니다. 소형 무리보다 한 단계 아래 규모는 사람 몇 명입니다. 그러므로 중개인과 부하들(소형 무리)이 대형 무리와 싸운다면, 서로 두 단계 차이가 나므로 대형 무리는 주는 피해에 +2, 받는 피해에 -2를 받습니다. 자세한 피해 관련 규칙은 9장: 스프롤 MC 플레이를 참조하세요.

MC: 플렉서블 스크린복과 하늘하늘한 영상 투영 비단 스카프를 멘 가지각색의 사람들은 김이 자욱한 골목길과 강화 유리로 둘러싼 가게 안으로 도망치고, 둥글게 모인 파란 옷의 와이어 댄서들만이 남았습니다. 그중 어느 꺽다리 남자가 눈에 띄네요. 옛날 영화에 나오는 인물처럼 입에는 크롬 이빨이 번뜩거리고, 이마에 부착한 흰색 이식물에는 빛이 번쩍거리며 왔다 갔다 합니다. 남자가 손을 가볍게 흔들자 주르 단 단섬유 채찍이 손가락에서 길게 뽑혀 나옵니다. "이봐, 기업의 개자식! 그 남자는 우리 친구다!"

케네디: 피투성이가 된 남자를 툭, 놓은 다음 이마가 빛나는 남자에게 고개를 돌립니다. "그래? 이 친구는 별로 도움이 안 됐어. 너희는 아마도 더 따끈따끈한 정보를 줄 수 있겠지..." 칼날을 철컥, 하고 꺼내지요. 수가 얼마나 돼요?

MC: 십여 명입니다. "네 따끈따끈한 피밖에 볼 게 없을 거다, 기업의 개-"

케네디: "날 그렇게 부르지 마!" 인조 신경을 발동한 다음 그 녀석에게 달려듭니다.

MC: 목적이 뭐에요?

케네디: 이 상황을 장악하겠습니다. 저 녀석은 죽일 작정이지만, 저 중 한 명은 살려서 정보를 불게 하고 싶어요.

MC: 원래대로 **한 판 붙기** 판정을 하세요. 상대는 소형 무리라서 1 피해를 덜 받고, 당신은 1 피해를 더 받아요.

케네디: 어디 한번 와이어 댄서들이 이름값을 하나 보죠.

이그지스턴스 엔터테인먼트의 보안 팀 하나가 살로메와 클래런스가 방금 지나간 모퉁이를 돌았을 때 피치는 후방을 경계하는 중이었다. 피치는 첫 번째 남자를 사살했지만, 남자의 동료는 그저 애송이였다. 오스트리아에서 보안업체에 들어갔으니 열여덟 살은 됐겠지만, 총부리 앞에서 그저 멍하니 바라보지만 않고 반응을 보일 실력을 쌓기에는 너무 어린 나이였다. 피치는 애송이를 주시하다가, 한 손을 천천히 상의 앞에 달린 주머니에 갖다 댔다. "스프레이다. 네 녀석을 나가떨어지게 할 물건이지. 머릿속에서 푸메린 종이 울리는 것처럼 아플 거지만 죽는 거보다는 낫고." 피치는 눈을 떼지 않고, 만약 자식을 낳았다면 지금 나이일 법한 애송이에게 여전히 총을 겨눈 채 주머니에 손을 넣었다.

피치는 통을 움켜쥐면서 코웃음을 치지 않으려 노력했다. 나이가 들어 감상에 빠진 건가. 자식을 가지지 않은 게 일을 망치는 이유가 될 수는 없었다.

피치가 스프레이를 꺼냈을 때, 애송이는 마침내 총을 쥐었다. 하지만 권총집에서 총을 꺼내기도 전에 이미 애송이의 얼굴은 완전히 의식을 잃은 표정이었다. 아마 이번 일이 끝나면 해고될 것이다. 하지만 오스트리아처럼 편집증적이고 외국인을 혐오하는 나라에서는 새로운 보안업계 일자리를 그리 어렵지 않게 구할 수 있을 것이다. 애송이가 바닥에 쓰러지기도 전에 피치는 그 자리를 떠나면서, 통신기에 욕을 퍼붓고 싶은 마음을 애써 억눌렀다. 신데렐라에게 울화통을 터뜨려서는 안 된다. 귀중한 전문가에게 화를 내면 안 되니까.

"신데렐라, 왜 우리가 여기서 두 번째 팀과 마주쳤는지 뭐 생각나는 이유라도 없어? 제발 문 너머에서 터키인들이 우리를 포위한다고 말하지는 말아 줘."

"그을쎄..." 신데렐라는 한숨을 내쉬었다. "좋아. 아직은 몰라. 하지만 우리를 잡으려고 배치한 보안 팀은 아닌 것 같아. 정말로 케케묵은 생각일 수도 있지만, 오늘 밤 누군가 VIP가 거기 있는 것 같아. 난 거기에서 벌이는 소꿉놀이를 들키지 않도록 계속 보안 시스템의 눈과 귀를 속이는 중이라 복도 끝에 뭐가 있을지 정말 몰라. 하지만 당신들이 지연한 탓에 남은 시간이 10분 밖에 남지 않았다는 사실은 알지. 더 이상 깜짝 놀랄 일이 없다는 가정 아래 말이야."

신데렐라의 목소리는 짜증과 화가 섞여 있었다. 신데렐라랑 대화를 나눌 때는 늘 그랬다. 피치는 고개를 절레절레 젓고는, 미소를 지으며 살로메와 클래런스를 따라잡았다. "알겠어. 반대편에서 보자고, 동생."

>>>>.7장.>>>>>00007>>>>>>>

ADVANCE:M 성장

계속하시겠습니까? [Y / N]

////추출////
차량 번호: 14
열 번호: 8
좌석: F

성장

로딩 중...

캐릭터는 기업에 맞서 임무를 수행하면서, 점점 세상을 알아가고 선택한 특기를 더욱 갈고 닦습니다. 이러한 캐릭터의 발전은 성장 규칙으로 다룹니다.

행동수칙

스프롤에서 활약할 캐릭터를 만들 때, 플레이어는 플레이북이나 이번 장의 전체 목록에서 행동수칙을 두 가지 선택합니다. 어떤 행동수칙은 설명 그대로 사용하면 되며, 어떤 행동수칙은 빈칸을 채워야 합니다. 행동수칙은, 특히 빈칸이 있는 행동수칙은 플레이어가 게임의 방향과 내용을 결정하는 도구 중 하나입니다. 플레이어는 특정 행동수칙을 선택해서 그 행동수칙에 따르는, 또는 행동수칙에 반하는 이야기를 보고 싶다고 MC에게 알릴 수 있습니다. 예를 들어 **동정심**을 선택했다면, 곤경에 빠진 사람을 도울지 말지 선택해야 하는 이야기가 등장하기를 바라는 것입니다.

개인 행동수칙 외에도 모든 임무에는 일련의 임무 행동수칙이 있습니다. 임무 행동수칙은 캐릭터가 임무를 완료하려면 무엇을 해야 하며, 성공을 위해 구체적으로 행동했을 때 어떤 보상을 받을지 알려주는 이정표 역할을 합니다. MC는 플레이어들이 다양한 방법으로 임무를 달성할 수 있도록 임무 행동수칙의 기준을 넓게 잡으세요(자세한 내용은 11장: 임무를 참조하세요). 플레이어는 임무 행동수칙을 달성하여 임무 성공에 기여할 때 경험치를 얻습니다.

플레이어는 경험치 10점을 얻을 때마다 자신의 캐릭터 플레이북에 있는 새 성장 목록 중 하나를 선택합니다. 이렇게 성장을 다섯 번 한 다음부터는 추가 성장 목록에서 선택할 수 있습니다. 일부 추가 선택지는 단순히 경험치 10점을 얻어야 할 뿐 아니라, 선택하기 전 반드시 비용을 지불하거나 선결조건을 충족시켜야 합니다.

명심하세요. 계획을 짜기만 해서는 캐릭터도, 이야기도 성장시킬 수 없습니다. 성장하려면 행동이 필요합니다! 대담해지세요!

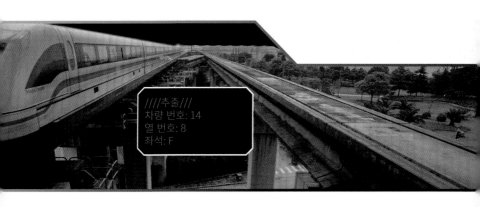

////추출///
차량 번호: 14
열 번호: 8
좌석: F

개인 행동수칙

임무가 그저 삶의 전부라면 인생은 훨씬 쉬울 겁니다. 하지만 **스프롤**의 삶은 언제나 임무 외에도 신경 쓸 것이 많습니다. 개인 행동수칙은 캐릭터에게 힘든 상황을 만들고, 눈앞의 임무에 집중하지 못하도록 방해하며, 캐릭터의 그림자 속 불법 생활을 골치 아프게 만드는 동기나 문제, 연줄, 의무, 충성심 등입니다. 개인 행동수칙은 캐릭터의 관심거리를 임무와 사생활 사이에서 분산시킵니다. 이 둘은 때로 조화를 이루기도 하고, 때로 서로 충돌하기도 합니다. 플레이어는 개인 행동수칙을 사용해 캐릭터뿐만 아니라 게임 전체에 깊이를 더할 수 있습니다. 그저 임무를 완수하는 것도 좋지요. 하지만 캐릭터가 임무를 수행하면서 눈을 뗄 수 없는 개인적인 결단을 내려야 한다면, 훨씬 더 만족스럽게 **스프롤**을 맛볼 수 있습니다.

다음은 개인 행동수칙의 몇 가지 예시입니다.

행동 양식:	캐릭터의 윤리 규범을 설명하세요. 규범을 준수한 탓에 임무에 지장이 올 때, 경험치를 얻습니다.
동정심:	임무보다 약자를 도우려는 마음을 더 우선시할 때 경험치를 얻습니다.
기만:	정체나 과거를 속인 탓에 임무가 위태로워질 때 경험치를 얻습니다.
충성심:	임무보다 _____의 충고를 더 우선시할 때 경험치를 얻습니다.
돈:	추가 이득을 얻으려 해서 임무에 지장이 올 때 경험치를 얻습니다.
위계:	_____ 사이에서 지위를 높이거나 경쟁자를 흔들 때 경험치를 얻습니다.
전향:	캐릭터가 가진 세계관이나 인생관, 종교, 철학, 이념 등 신념 체계를 설명하세요. 다른 사람을 캐릭터의 신념 체계대로 행동하도록 설득할 때 경험치를 얻습니다.
명성:	유명해지려는 욕심 때문에 임무에 원치 않는 눈길을 끌 때, 경험치를 얻습니다.

친밀함:	가까운 사람인 _____을 임무보다 우선시할 때 경험치를 얻습니다.
마조히즘:	1점 이상 피해를 받을 때, 경험치를 얻습니다.
소속:	_____에 몸을 담은 탓에 임무에 지장이 올 때 경험치를 얻습니다
보호:	임무보다 _____을 보호하려는 책임감을 더 우선시할 때 경험치를 얻습니다.
신중함:	폭력을 사용하지 않고 위험한 상황을 해결할 때, 경험치를 얻습니다.
낙인:	한때 _____에 몸을 담은 탓에 임무에 지장이 갈 때 경험치를 얻습니다.
폭로:	_____관련 정보를 더 많이 발견할 때마다 경험치를 얻습니다.
복수심:	_____에게 해를 가하거나 손해를 입힐 때 경험치를 얻습니다.
폭력:	비폭력으로 해결할 수 있는 상황에서 고의로 폭력을 행사해 문제를 해결할 때 경험치를 얻습니다.

빈칸에는 해당 행동수칙과 문장에 어울리는 사람이나 집단을 집어넣으세요. 때로는 특정 개인이나 조직을 집어넣어야 어울릴 때도 있습니다. 이미 플레이에 소개된 사람이나 집단을 활용하거나, 새로운 누군가를 등장시키세요. 다 함께 생각과 의견을 나누세요. 다른 플레이어의 의견이나 설정에서 영감을 얻으세요.

행동수칙 결합하기

행동수칙은 플레이어가 게임에서 어떤 종류의 장면을 보고 싶은지 나타내며, MC가 질문을 하도록 유도하는 지표 역할을 합니다.

플레이어는 캐릭터를 재미있게 돋보이고 MC에게 어떤 플레이를 하고 싶은지 방향을 제시할 수 있는 행동수칙을 선택하는 책임을 맡습니다. 행동수칙에 어떤 사람이나 집단을 집어넣었다면, 플레이어는 MC에게 플레이 중 이들을 보고 싶을 뿐만 아니라, 캐릭터의 삶을 골치 아프게 만들기 위해 이들과 관계를 맺고 싶다고 이야기한 것입니다.

MC는 캐릭터의 행동수칙을 게임에 결합하는 책임을 맡습니다. 임무를 제작할 때 캐릭터들의 개인 행동수칙을 살펴본 다음, 연관이 있는 NPC와 상황을 준비하세요. 임무마다 캐릭터가 각자 자신의 행동수칙 중 하나와 관련 있는 선택을 해야 하는 장면을 최소한 하나 이상 포함하기 위해 노력하세요. 캐릭터가 자신의 행동수칙 때문에 임무에 지장을 초래했나요? 행동수칙이 강조되는 장면이 항상 임무와 직접 연관이 있을 필요는 없습니다. 캐릭터가 연줄이나 **스프롤** 세계와 상호작용을 하면서 이러한 장면이 저절로 만들어질 수도 있으니까요.

때로는 한 캐릭터, 혹은 여러 캐릭터의 개인 행동수칙을 중심으로 한 임무가 나올 수도 있습니다. 개인 행동수칙에서 언급된 사람들이나 조직은 캐릭터들의 임무에서 등장할 주요 참가자나 목표, 고용주를 제공합니다. 또한, 개인 행동수칙으로 표현되는 캐릭터의 동기는 임무의 핵심 주제를 이루기도 합니다(예를 들어 **동정심** 많은 캐릭터가 구출 임무를 맡을 때). 심지어 어떤 임무는 캐릭터의 중요한 신념에 질문이나 난관을 제시할 수도 있습니다(예를 들어, 제로는 자신의 돈을 벌기 위해 얼마나 손을 더럽힐 수 있나요?). 개인 행동수칙을 임무의 중요한 요소로 등장시키려면, 이번 임무 동안 캐릭터의 행동수칙과 직접 부딪히거나 밀접한 연관이 있는 NPC를 만드는 것이 가장 좋습니다. 캐릭터의 개인 행동수칙은 게임을 특정한 방향으로 이끄는 플래그 역할을 합니다. MC와 플레이어 양쪽 모두 개인 행동수칙을 잘 활용하세요.

개인 행동수칙 바꾸기

때로는 이야기 속 상황에 따라 특정 개인 행동수칙이 캐릭터에게 더는 어울리지 않을 때도 있습니다. 캐릭터는 벼르던 복수에 성공하거나, 몸을 담은 집단의 어두운 진실을 깨달았거나, 신념을 지켜서 한 일 때문에 후회할지도 모릅니다. 플레이어는 특정 행동수칙이 이제 캐릭터에게 어울리지 않는다고 생각한다면, 임무가 끝날 때 플레이어북에서 해당 행동수칙을 지우고 이야기에 어울리는 새 행동수칙을 선택할 수 있습니다. 이전에 사용했던 행동수칙을 다시 선택할 수는 없습니다.

결정할 때는 다른 사람들과 함께 의논하세요. 때로는 기존 행동수칙에서 몇몇 세부사항만 바꿔도 충분합니다. 특정 복수욕을 채웠다고 해서 꼭 복수심을 멈출 필요가 있나요? 그저 새로운 복수 대상을 찾기만 해도 됩니다. 자신의 조직을 더는 신뢰할 수 없거나 경멸하게 되었다면, 조직을 무너뜨리거나 내부에서 바꾸기 위해 조직에 남기로 선택할 수도 있습니다. 개인 행동수칙을 바꾸는 동기는 플레이어 측면과 캐릭터 측면 양쪽 모두에서 비롯될 수 있습니다. 특정 방식으로 캐릭터를 플레이하기 싫증났다면, 해당 캐릭터의 면모를 어떻게 마무리 지을지 논의하세요. 개인 행동수칙은 흔히 캐릭터의 개인적인 스토리 아크 역할을 합니다. 때로는 명확한 마무리를 짓는 편이 더욱 바람직할 수도 있습니다.

임무 행동수칙

스프롤에서 경험치를 얻는 또 다른 주요 수단은 임무 수행입니다. MC는 플레이어가 임무를 수락했을 때, 해당 임무의 행동수칙을 공개합니다. 첫 번째 행동수칙은 언제나 "임무를 수락했을 때, 경험치를 얻습니다" 입니다. 다음은 임무 행동수칙 예시입니다.

> 임무를 수락했을 때, 경험치를 얻습니다.

> 언제 어떻게 쿠로사와를 추출할지 결정했을 때, 경험치를 얻습니다.

> 추출을 완수했을 때, 경험치를 얻습니다.

> 임무가 끝날 때, 경험치 2점을 얻습니다.

팀이 다 함께 각 임무 행동수칙을 처음 완료할 때마다, 팀 전원이 해당 행동수칙에 따라 경험치를 각자 얻습니다. 마지막 행동수칙은 항상 "임무가 끝날 때..." 라는 형식을 갖춥니다. 보통 **보수 받기**를 시도한 다음 그 결과 나오는 모든 골칫거리를 해결할 때입니다. 하지만 임무는 성공하든 실패하든 끝이 나기 때문에, 임무 시계가 0000에 도달해 팀이 실패해서 뿔뿔이 흩어지고, 고용주를 다시는 보지 못하더라도 임무는 끝이 났으므로 행동수칙 조건을 충족시킬 수 있습니다. 즉, 임무를 성공리에 완수하면 경험치와 크레드를 얻을 수 있으며, 실패하더라도 경험치는 얻을 수 있습니다.

유대

임무가 끝났을 때, 각 플레이어는 임무의 결과로 동료 중 누가 자신의 캐릭터를 더욱 잘 이해하게 되었는지 선택하세요. 무슨 일이 일어났으며, 캐릭터의 어떤 측면을 알게 되었는지 설명하세요. 해당 캐릭터는 플레이어이 캐릭디의 맺은 **유내**를 1점 늘립니다.

새로운 정보를 얻으면서 동료가 플레이어의 캐릭터와 맺은 **유대**가 +4로 증가한다면, 플레이어는 그 정보 때문에 두 사람의 관계가 어떻게 달라지는지 설명하세요. 그다음 동료 캐릭터의 플레이어는 새로운 정보에 중점을 두고 두 캐릭터 사이에 벌어지는 짧은 휴식 시간 장면을 연출하세요. 장면이 끝나면, 장면을 만든 플레이어는 경험치를 얻은 다음 해당 **유대**을 0으로 다시 되돌리세요.

캐릭터의 어떤 측면을 강조할지, 휴식 시간 장면을 어떻게 플레이할지는 플레이어들의 취향과 게임의 주제, 분위기에 달렸습니다.

플레이어는 강조하고 싶은 캐릭터의 면모를 비추는 장면과 순간을 선택할 수 있습니다: 킬러라면 캐릭터성을 강조하는 폭력 장면(<레이드: 첫 번째 습격(2011)>을 참조하세요)이나 캐릭터성과 반대되는 평화로운 순간(<레옹(1994)>을 참조하세요)을 통해 자신의 캐릭터가 어떤 인물인지 보여줄 수 있습니다. 물론 이러한 주제의식을 **유대** 장면에만 국한시켜 나타낼 필요는 없습니다. 플레이 중 어느 순간이든 캐릭터의 행동에 반영하세요.

게임의 주제를 다루는 장면과 순간 역시 플레이어가 선택할 수 있습니다: 사이버네틱스와 신체 개조, 인간의 의미 등을 다루는 게임은 캐릭터 장면의 배경을 모두 묘지나 술집, 군중, 가족 행사처럼 사람들이 서로 교류하는 장면으로 정해서 인간적인 요소를 강조할 수 있습니다. 반대로 같은 주제라도 무균 실험실, 서버 저장소, 매트릭스처럼 **스프롤**의 기술과 기계 측면을 보여주는 배경을 강조할 수도 있습니다.

성장

경험치를 10점 얻을 때마다, 다음 **기본 성장** 목록 중 하나를 선택하세요.

- ⏻ 자신의 플레이북에서 다른 액션 하나를 선택합니다.
- ⏻ 자신의 플레이북에서 다른 액션 하나를 선택합니다.
- ⏻ 자신의 플레이북에서 다른 액션 하나를 선택합니다.
- ⏻ 다른 플레이북에서 액션 하나를 선택합니다.
- ⏻ 다른 플레이북에서 액션 하나를 선택합니다.
- ⏻ +1 **냉철** (최댓값 +2)
- ⏻ +1 **예리** (최댓값 +2)
- ⏻ +1 **육체** (최댓값 +2)
- ⏻ +1 **정신** (최댓값 +2)
- ⏻ +1 **스타일** (최댓값 +2)
- ⏻ +1 **신스** (최댓값 +3)

ᅥ 선택지는 한 번만 고를 수 있으며, 순서대로 고를 필요는 없습니다. 특정한 액션이나 사이버웨어의 설명에 따라 성장할 때 액션을 선택했다면, 앞의 성장 목록의 선택지를 지울 필요는 없지만 **기본 성장**을 한 것으로 간주합니다.

기본 성장 목록에서 다섯 가지를 선택한 다음에는 아래 **주요 성장** 목록에서도 선택할 수 있습니다.

- ⏻ +1 아무 특성치 (최댓값 +3)
- ⏻ 적이나 빚을 없앱니다.
- ⏻ 캐릭터를 새 플레이북으로 교체합니다.
- ⏻ 특정 기업의 카운트다운 시계를 1800로 되돌립니다. [비용: 10크레드]
- ⏻ 캐릭터를 안전하게 은퇴시키고 새 캐릭터를 만듭니다. [비용: 20크레드]
- ⏻ 두 번째 캐릭터를 만듭니다.

캐릭터는 성장할 때, 특히 **주요 성장**을 할 때 반드시 이야기 속에서도 그에 맞는 행동을 해야 합니다. 예를 들어 캐릭터는 단순히 선택지를 골랐다고 적을 없애거나 카운트다운 시계를 되돌릴 수 없습니다. 반드시 이야기 속에서 어떻게 위험을 제거했는지 말이 되도록 행동을 해야 합니다. 즉, 실제로 적을 죽이거나 기업의 전산망에 침투해 데이터를 삭제해야 합니다. 같은 이유로, 캐릭터가 이야기 속에서 위험을 제거했을 때 계속 이점을 누리려면 성장할 때 해당 선택지를 골라야 합니다. 만약 적을 죽였지만 적을 없애는 선택지를 고르지 않았다면 누군가 새로운 적으로 나타날 것입니다: 적의 부하가 승진한 다음 복수를 명령할 수도 있고, 자신의 적을 먼저 죽여서 질투가 난 라이벌이 등장할 수도 있으며, 심지어 형사들이 캐릭터를 체포하기 위해 개입할 수도 있습니다. 물론 전뇌나 신체 배양이 흔한 세계에서는 죽음도 절대적인 개념이 될 수 없습니다.

캐릭터를 새 플레이북으로 교체했다면, 이전 플레이북은 참고용으로 남기세요. 사이버웨어처럼 캐릭터의 일부인 것은 이전 플레이북에서 그대로 물려받지만, 옛 삶과 연결된 다른 모든 것은 더 이상 사용할 수 없습니다. MC와 의논해 어떤 것을 물려받고 어떤 것을 포기해야 하는지 정하세요. 새 이름을 정한 다음, 이야기에 어울린다면 이전 사이버웨어를 그대로 물려받고(새 플레이북에서 새로운 사이버웨어가 필수라면, **수술대 오르기**를 사용해야 합니다), 새 캐릭터를 만들 때처럼 액션과 장비를 선택하세요. 이야기에 어울린다면 개인 행동수칙도 바꾸세요.

중개인 간트는 중간상의 삶에 싫증을 느끼고, 기자가 되어 기업의 먼지를 털겠다는 생각에 한껏 부풀어 올랐습니다. 간트는 이제 떠날 중개인 생활의 일부인 **뒷골목 장사**와 **지원**을 포기합니다. 이야기 사정에 따라 부하들은 연줄로 남을 수도 있고, 적으로 바뀔 수도 있습니다. **그 친구 알**아는 남길 수 있습니다. 비록 이전 중개인 생활 때의 흔적을 숨기려고 노력하겠지만 간트는 여전히 연줄들을 잘 알고, 명성 또한 여전히 남았으니까요. 이제 간트는 기자의 기본 액션(**생방송**, **사건의 냄새**, **증거 수집**)을 선택한 다음 기자 액션 목록에서 액션을 하나 더 선택합니다.

아일린은 카메라맨이 필요 없었지만, 샘은 길거리 뉴스를 보도할 때 곁에 있어 줄 무장한 동료라고 보는 편이 더욱 나았다. 게다가 덕분에 많은 물품을 들고 다닐 필요도 없었다. 보도할 때 무거운 장비를 사용할 필요는 없었지만, 시청자들은 그런 모습을 좋아했다. 자신들을 위해 정의로운 싸움을 하는 사람들이 척 보기에 알 수 없는 장비를 사용하는 모습을 말이다. 아일린은 드라이브 데이터가 잔뜩 든 상자와 업무 복귀 명령이 적힌 지시서를 받고 스페인에서 되돌아와 그을린 피부가 채 가시기도 전에 업무를 재개했다.

숨을 수 없다면, 차라리 아주 유명해지는 편이 나았다.

아일린은 카메라맨과 함께 오른편으로 급히 달려갔다. 그 익명의 제보자가 누구인지는 몰라도, 제보자는 만약 오늘 아침 조던 화이트에게 강제로 인터뷰를 요청한다면 동행자가 없는 한 아일린은 머리에 총알이 박힐 거라고 알려주었다. 어쩌면 제보자는 지난번 아일린이 웨이랜드-휴의 중역과 한바탕 싸웠던 마지막 사건을 염두에 두었을지도 모른다. 자동차 충돌사고는 정말로 끔찍하게 죽는 방법이었을 것이다. 총알 역시 마찬가지였고.

혼자서 가면 위험하다. 동료를 데려가라, 아주 많이 말이다...

그렇다면 생중계를 준비해 주겠다. 동료가 많이 필요하다고? 빌어먹을, 전 세계를 데려왔다. 아일린은 사실 불필요했지만 눈 깜짝할 속도로 화이트의 얼굴에 마이크를 거칠게 갖다 댔고, 그토록 바라던 분노의 기색을 끌어냈다. 화이트는 아일린이 그 수많은 일을 겪은 후인지라 혼자 자신을 쫓아 올거라고 생각했을 것이다.

"화이트 씨. 전 더블린 블리츠의 아일린 켈리입니다. 법원에서 화이트 씨 회사에 제기한 회계 부정과 부패 혐의에 관해 뭔가 하실 말씀이 있나요?" 아일린은 보라는 듯 손목시계를 들여다보고, 눈살을 찌푸렸다. "아, 바로 지금 고소가 진행 중일 겁니다."

>>>>.8장.>>>>>00008>>>>>>>

매트릭쇼

계속 하시겠습니까? [Y / N]

///날_강_도_질///
크레드: [획득]
스킬칩: [획득]
신경:[X도안씀]

매트릭스

로딩 중...

매트릭스는 데이터 시스템들 사이의 연결 관계를 추상적으로 표현한 말이다... 정규직 프로그래머들은 작업을 하면서 ICE의 벽을 의식하지 않는다. 그 벽은 외부의 존재들, 가령 산업 스파이 전문가나 바비 퀸 같은 떠돌이들의 침입을 차단하기 위한 방어막이다... 매트릭스 속은 흑백의 비공간으로서, 그곳에 떠 있는 별들은 집중된 정보들의 결정체이다. 하늘 높이로는 기업 정보가 뜨거운 은하수 모양으로, 그리고 군사 정보 체계가 차가운 나선형 팔 모양으로 자리잡는다.

크롬 태우기, 윌리엄 깁슨

사이버스페이스라고도 불리는 매트릭스는 세계의 모든 주요한 컴퓨터 시스템을 연결하는 가상 현실 네트워크입니다. 이 디지털 세계는 할아버지가 가진 구형 데스크톱의 로그인 게이트부터 사이버스페이스의 가상 스카이라인을 가득히 차지한 거대한 기업의 시스템에 이르기까지 매트릭스에 연결된 모든 컴퓨터를 형상으로 나타내 담습니다. 매트릭스에 구현된 구성물과 시스템은 인간이라는 존재의 모든 면을 반영합니다. 사람들은 매트릭스에서 일하고, 투표하고, 물건과 용역을 사고팔고, 온갖 종류의 문화 공간을 방문하고, 현실과 디지털 세계에서 벌어지는 스포츠를 구경하고, 음악을 듣거나 작곡하고, 다른 이들을 만나 친구를 사귑니다. 심지어 알맞은 하드웨어만 갖췄다면 성행위나 약물 복용도 가능합니다. 인간 두뇌를 연구하는 생리학과 생화학은 타인의 감각 경험을 데이터 인터페이스 장비를 이용하여 적합한 신경 연결 통로를 통해 전송하고, 고성능 소프트웨어로 특정한 감정 반응을 일으킬 수 있는 수준까지 다다랐습니다.

사용자는 데스크톱이나 벽면 스크린, 휴대용 통신장비, 헤드업 디스플레이와 시선 추적 기술을 적용한 안경 같은 다양한 종류의 시각 단말기를 사용해 가장 기초적인 수준으로 매트릭스에 접속할 수 있습니다. 좀 더 전문적인 수준을 원한다면, 착용형 신경 헤드셋을 사용해서 매트릭스에서 가능한 모든 종류의 가상 감각을 완전하게 접속하고 경험할 수 있습니다. 가장 높은 수준으로, 최고급 단계의 사용자는 특정한 신경 다발에 직접 정보를 흘려보내는 사이버네틱 데이터 인터페이스 장비를 사용해 비교할 수 없는 처리속도와 대응 능력을 얻습니다. 이러한 장비는 사용자 인터페이스의

///날_강_도_질///
크레드: [획득]
스킬칩: [획득]
신경:[X도안씀]

최첨단을 달리는 기술이지만, 위험이 따릅니다. 해커들이 신기술을 자신의 목적에 맞춰 조정하면서 신경-전기 자극 인터페이스의 속도와 처리 능력을 만끽하자, 기업은 매트릭스에 직접 연결된 신경을 노리는 정교한 방어 소프트웨어를 개발했습니다.

침입 대응 전자 장비(Intrusion Countermeasure Electronics), 흔히 ICE(아이스)라고 부르는 장비는 블루, 레드, 블랙, 이 세 가지 종류로 나눕니다. 블루는 가장 얌전한 종류로, 단순히 경보를 울리거나 해커의 연결을 되짚어 추적하고, 보안요원들에게 알립니다. 레드는 기업 서버에서 가장 흔한 ICE입니다. 레드 ICE는 강력한 전염성 알고리즘으로 소프트웨어에 오류를 일으키고 하드웨어를 망가뜨립니다. 마지막으로 블랙 ICE는 기술 측면에서나 법적인 측면에서나 최첨단에 있는 장비입니다. 블랙 ICE는 사이버네틱 데이터 인터페이스의 펌웨어를 직접 공격해 매트릭스에 연결된 희생자에게 치명적인 신경 피드백을 일으킵니다. 그리고 그에 못지않게 끔찍한, 어쩌면 더 끔찍한 능력인, 희생자를 갈팡질팡하게 만들고 최면성 환각이나 기억 상실, 영구적인 정신 피해를 줄 수 있는 강력한 향정신성 시뮬레이션 프로그램도 갖췄습니다. 왜 더 끔찍하냐고요? 희생자는 가상 세계에 정신이 갇혀 버려서 기업의 추출팀이 도착할 때까지 그 자리에서 꼼짝하지 못한 채 살아있기 때문입니다.

매트릭스의 지형

매트릭스는 어떻게 생겼을까요? 만든 사람 마음입니다. 매트릭스는 다양한 디자인 형식과 색상, 상징이 뒤섞인 멜랑주입니다. 겉을 감싼 껍질을 벗기고 기반 시스템에 접근하면, 특색 없는 격자선이 지평선을 향해 부드럽게 곡선을 그리면서 하드웨어가 운영되는 실제 장소의 지형을 반영한 모습이 나타납니다. 격자선 위에는 다양한 통신사에서 운영하는 지역 네트워크 안에 모인, 갖가지 컴퓨터 시스템을 나타내는 가상 구조물들이 있습니다. 마치 **스프롤**의 물리적 현실을 디지털 세계에서 반영하듯, 거대기업의 가상환경은 소규모 기업이나 정부, 시설 기관 위로 우뚝 솟아 있습니다. 중요한 차이가 있다면, 가상 세계의 구조물은 물리 법칙에 구애받지 않는다는 점입니다. 어떤 기업의 본사는 터무니없이 높은 요정 이야기풍의 성으로 구현되었고, 또 다른 곳은 빛을 발하는 가스 구체로 보이는 한편, 어떤 곳은 수정으로 만든 벽 안에 행복하고 부지런한 일꾼들이 미소를 지으며 오가는 사람들에게 경례하는 모습이 비쳐 보이는 모습으로 나타나기도 합니다.

매트릭스 안의 또 다른 위험요소

매트릭스는 현실 세계처럼 역동적인 환경이며, MC는 가장 대표적인 위협인 ICE 말고도 다른 위험요소를 매트릭스에 내보낼 수 있습니다. 기업은 종종 무인 보안 시스템의 눈을 피할 만큼 숙달된 침입자들을 찾아내기 위해 대침투 해커를 고용하여 시스템 순찰을 맡기기도 합니다. 사이버 범죄자들에게는 더욱 끔찍한 일이지만, 이러한 인간 상대들은 (혹은 창의성을 발휘하는 고도의 전문가 시스템이나 AI는) 침입자의 행동을 예측하고 이를 뒤엎을 방법을 찾아냅니다.

대침투 해커는 ICE를 지원하기 위해 침입자의 주의를 돌리거나 정신을 산만하게 만들며 적 프로그램을 발동하기 위한 시간을 법니다. 침입자의 사이버덱과 프로그램을 직접 공격하는 대침투 해커는 ICE로 간주하여 **ICE 녹이기**로 처리할 수 있습니다. 만약 해커들의 결투를 **스프롤**의 주요한 이야기로 만들고 싶다면, 사이버스페이스 전투를 다루는 커스텀 액션을 직접 만들어야 합니다.

해커는 사이버덱을 사용해 자신의 정신을 적대적인 컴퓨터 네트워크에 연결하기 때문에, 언제든지 대침투 해커가 판세를 뒤집어 침입자의 사이버웨어를 해킹할 기회가 생깁니다. 비록 「암호화」된 사이버웨어는 암호를 무력화하는 액션이 먼저 필요하지만 말입니다. 다른 사람의 사이버웨어를 해킹하면 무력화, 오작동, 데이터 수집과 전송, 추적 등 여러 가지 효과를 일으킬 수 있습니다. 오늘날 컴퓨터 바이러스나 스파이웨어 악성 소프트웨어가 무엇을 할 수 있는지 생각하고 이를 바탕으로 효과를 추론하세요.

인공지능

비밀리에 자의식을 가진 컴퓨터 시스템(인공지능, 즉 AI)은 사이버펑크 장르의 필수요소입니다. AI는 보통 매우 드물고 희귀하며, 공식적인 연구 개발 프로그램의 결과나 복잡한 컴퓨터 시스템의 의도치 않은 부산물로 기업 시스템 속에 깊숙이 숨어 있습니다. 따라서, **스프롤**에는 AI를 다루는 특별한 규칙이 없습니다. MC는 자신만의 독특한 방법으로 이야기에 맞춰 AI를 게임에 집어넣으세요. 어쩌면 자의식을 가진 블랙 ICE나 일반 NPC, 혹은 위험요소로 취급할 수도 있습니다. 테이블에 따라 AI는 중요한 사건의 시발점이나 탐사 주제, 또는 비교적 흔하게 마주칠 수 있는 NPC로서 배경의 중요한 일부가 될 수 있습니다. 심지어는 PC로 AI를 등장시킬 수도 있습니다. AI로 PC를 할 때는 완전한 기계 몸을 지닌 킬러 AI처럼 표면적인 묘사만 바꾸면 되는 경우도 있고 몸이 없는 해커 AI처럼 일부 액션을 제한해야 하는 경우도 있습니다.

기업 시스템

기업 시스템은 거대하고, 복잡하고, 안전하며, 독립적인 컴퓨터 시스템입니다. 기업 시스템은 건물과 시설의 물리적인 부분을 조종하는 여러 소형 시스템뿐만 아니라, 기업 내 합법적인 사용자들이 매일 사용하는 가상 환경의 모든 요소를 포함합니다. 몇 가지 흔한 하위 시스템을 아래에서 설명하겠습니다.

기업 시스템의 내부 디자인은 보통 바깥쪽 디자인, 특히 공개적으로 접근 가능한 구역의 디자인을 그대로 유지합니다. 시스템 안에서는 사용자의 가상 현실 속 분신(아바타)이 매트릭스 내에 구조물로 구현된 운영 시스템과 생산 관리, 데이터베이스, 보안 조치 등을 관리하고 조종합니다. 보통 아바타의 모습은 기업의 통일 규정에 따라 기업 시스템의 전체 디자인과 조화를 이루도록 만듭니다. 디지털 위장은 다른 무엇보다도 중요하기 때문에, 해커들은 침투하려는 기업 구조물의 다양한 주제와 스타일에 맞춰 그만큼 가지각색의 아바타를 사용하곤 합니다. 사실 기업은 홍보나 디자인 측면에서 보수적인 측면을 유지하기 때문에, 기업 시스템에 침투하는 해커들의 아바타가 더욱 다양하다고 할 수 있습니다.

기업 시스템의 보안은 ICE의 성능과 수, 그리고 더 큰 매트릭스에 얼마나 많이 연결됐는지에 따라 다릅니다. 어쩌면 시스템 대부분이, 혹은 전부가 오프라인 상태라서 아주 짧은 기간만 외부에서 접속할 수 있거나, 아예 직접 시설에 침투해 접속하는 방법밖에 없을지도 모릅니다. 매트릭스 구조물을 조종하려면 합법적인 운영자가 적법한 제어 장치를 사용하거나, 불법 사용자가 사이버덱을 사용해 **보안 무력화**나 **시스템 조종** 액션으로 해킹해야 합니다. ICE는 반드시 **ICE 녹이기** 액션을 사용해 직접 공격, 또는 소프트웨어 무한 반복으로 제압해야 합니다.

하위 시스템, 루틴, 보안 조치

기업 시스템 내의 하위 시스템은 합법적인 시스템 운영자, 또는 시스템의 제어권을 장악한 해커가 직접 조종할 수 있는 루틴과 보안 조치를 갖췄습니다. 루틴과 보안 조치는 시스템 관리자와 대침투 해커가 가상세계 침입자에 맞서 취하는 행동을 나타낸 MC 액션입니다. 해커는 **보안 무력화**를 사용해 보안 조치를 뜻대로 사용할 수 있으며 **시스템 조종**으로 루틴을 사용할 수 있습니다. 때로 루틴이나 보안 조치를 사용하면 **자금 데이터 찾기** 같은 또 다른 액션이 발동할 수 있습니다.

사용자는 보통 접근 권한이 있는 가상 환경 속의 매트릭스 하위 시스템 사이를 자유롭게 거의 순간적으로 오갈 수 있습니다. 비록 대형 시스템 안에 자리 잡은 보안이 철저한 구역을 뚫고 들어가려면 **로그인** 액션을 사용해야 하지만 말입니다. 아래는 기업 시스템 내에서 흔히 볼 수 있는 몇 가지 하위 시스템 종류입니다. 어떤 기업은 이 중 일부만 갖췄고, 어떤 기업은 전부 갖췄습니다. 시설의 목적에 따라 특정 하위 시스템만 여러 가 갖춘 경우도 있습니다.

로그인 게이트는 매트릭스 시스템의 출입을 담당합니다. 당연히 모든 보안 시스템에는 로그인 게이트가 있습니다. 합법적인 사용자는 로그인 게이트에서 인증 자료를 제출하며, 불법 사용자는 **로그인** 액션으로 거짓 인증 자료를 제출합니다.

보안 조치:

⏻ 로그인을 허가하거나 거부합니다.

⏻ 경보를 울리거나 멈춥니다.

⏻ ICE를 가동하거나 정지합니다.

건물 보안 노드는 물리적인 보안 시스템을 감시합니다. 대부분의 보안 시스템은 다수의 카메라와 감지기, 최첨단 보안 장비를 동원해 비슷한 방식으로 물리적인 장소를 감시합니다. 때로 특정 장소에 가장 쉽게 들어갈 수 있는 방법은 매트릭스 보안을 차단한 다음 모든 물리적인 방어 수단을 해제하는 것입니다.

예시 루틴:

- ⏻ 카메라 네트워크를 가동하거나, 정지하거나, 감시하거나, 기록하거나, 망가뜨리거나, 계속 반복시킵니다.
- ⏻ 물리적인 경보를 켜거나 끕니다.
- ⏻ 전자자물쇠로 잠긴 문을 열거나 닫습니다.
- ⏻ 자동 무기 시스템을 작동하거나, 정지하거나, 망가뜨리거나, 우선순위 목표를 바꿉니다.
- ⏻ 모든 물리적인 시설을 폐쇄하거나 폐쇄를 풉니다.
- ⏻ 전자 제어식 덫을 가동하거나 정지합니다.

보안 조치:

- ⏻ 경보를 울리거나 멈춥니다.
- ⏻ ICE를 가동하거나 정지합니다.

건물 서비스 노드는 물리적인 건물이나 구역 내의 다양한 일반적인 업무를 제어합니다. 시설 대부분은 조명이나 에어컨, 전원 공급 등을 제어하는 일종의 자동화 시스템을 갖췄습니다.

예시 루틴:

- ⏻ 건물 시스템(에어컨, 조명, 전원 등)을 가동하거나, 정지하거나, 감시하거나, 재프로그래밍합니다. (참고: 보안 시스템이나 생명 유지 시스템은 분리된 매트릭스 시스템이 제어하는 독립적인 예비 전력을 갖추는 경우가 많습니다)

보안 조치:

- ⏻ 경보를 울리거나 멈춥니다.
- ⏻ ICE를 가동하거나 정지합니다.

생산 관리 시스템은 해당 시설에서 생산하는 제품을 제어합니다. 큰 기업 시설(거대 아콜로지의 가상 환경 등)에는 서로 다른 실험실이나 창고, 공장을 제어하는 다양한 종류의 생산 관리 시스템이 있을 수도 있습니다. 생산 관리 시스템이 관리하는 루틴은 생산하는 제품에 따라 다릅니다: 예를 들어 농업 회사의 종자 발아 시스템은 무기 부서의 실험장과 루틴이 무척 다를 것입니다.

예시 루틴:

- ⏻ 생산 설비를 가동하거나 중단합니다.
- ⏻ 최초 생산이나 납품을 시작합니다.
- ⏻ 생산 설비의 일부를 활성화하거나 멈춥니다.
- ⏻ 생산 설비 일부를 재프로그램합니다.

보안 조치:

- ⏻ 경보를 울리거나 멈춥니다.
- ⏻ ICE를 가동하거나 정지합니다.

연구 개발 제어 시스템은 최첨단 연구를 수행하고 보관하는 실험실과 데이터베이스를 제어합니다. **생산** 관리 시스템과 마찬가지로, 시스템이 제어하는 루틴은 연구 및 실험하는 대상에 따라 크게 다릅니다: 유전자 접합과 폭발물 개발, 신체기관 성장은 각각 서로 다른 제어 방식과 시스템이 필요합니다.

예시 루틴:

- ⏻ 밀폐 구역을 개봉하거나 폐쇄합니다.
- ⏻ 실험 변수를 변경합니다.
- ⏻ 실험 절차를 시작하거나 취소합니다.
- ⏻ 대피 명령을 내리거나 철회합니다.
- ⏻ 비상 계획을 가동하거나 중단합니다.

보안. 조치:

- ⏻ 경보를 울리거나 멈춥니다.
- ⏻ ICE를 가동하거나 정지합니다.

데이터베이스는 데이터를 보관합니다. 데이터베이스는 종종 특정 데이터를 추출하거나 발견하고, 일반적인 자금 데이터를 빼내기 위한 침입 시도의 목표가 됩니다. 많은 해커는 데이터베이스 침입이 크레드를 소소하게 버는 좋은 부업이라고 생각합니다.. 하지만 쓸모없거나 위험한 데이터, 혹은 꼬리가 붙은 데이터를 가려내는 실력이 있어야 할 것입니다.

예시 루틴:

- ⏻ 기록을 만들거나, 수정하거나, 삭제합니다.
- ⏻ 백업 데이터를 삭제합니다.
- ⏻ 접근 로그를 삭제하거나 수정합니다.
- ⏻ **자금 데이터를 찾습니다.** (데이터베이스에서 자금 데이터를 찾을 때 **정신**으로 판정하세요: 판정에 성공하면 무언가 팔 수 있는 근사한 데이터를 발견합니다. **10+**면, **거리에 나서기** 판정 결과가 **7-9**일 때 선택을 하나 덜 하세요.)

보안 조치:

- ⏻ 경보를 울리거나 멈춥니다.
- ⏻ ICE를 가동하거나 정지합니다.

루트는 시스템 전체를 제어합니다. 보통 시스템 운영자가 침입자에 맞서 시스템을 지키기 위해 맨 먼저 가는 곳입니다.

보안 조치:

- ⏻ 사용자 권한을 변경합니다. (**로그인** 액션 선택지 중 "접근 권한이 제한됩니다" 상태를 제거할 수도 있습니다)
- ⏻ 하위 시스템을 격리하거나 다시 합칩니다.
- ⏻ 모든 외부 혹은 내부 로그인을 차단하거나, 양쪽 모두 차단합니다.
- ⏻ 가상 환경을 종료하거나 리부트합니다. 이는 때로 물리적인 시스템의 운영에 큰 피해를 줍니다.
- ⏻ 경보를 울리거나 멈춥니다.
- ⏻ 하위 시스템의 ICE를 가동하거나 정지합니다.

CE

CE는 해커의 침입과 매트릭스 시스템의 손상을 막기 위해 설계한 자율 프로그램입니다. CE는 다른 매트릭스 시스템처럼 루틴을 갖췄지만, **보안 무력화**로는 제압할 수 없기 때문에 반드시 **ICE 녹이기**로 망가뜨려야 합니다. ICE의 루틴은 MC가 액션을 사용할 때, 그리고 매트릭스 액션에 언급될 때 사용합니다(매트릭스 액션을 참조하세요).

블루 ICE는 침입자를 찾고, 경보를 울리며, 침입자의 위치를 추적하여 시스템 담당자가 현실 세계 속 대응팀(내부 기업 팀 또는 적절한 지역 사법기관)에게 알리도록 한 다음 침입자의 연결을 끊으려 합니다.

블루 ICE가 루틴을 실행하면, MC는 다음 중 한 가지를 선택합니다:

- ⏻ 경보를 울립니다. (관련 임무 시계를 전진시키세요)
- ⏻ 침입자의 위치를 추적합니다. (추적 +1)
- ⏻ 침입자의 정체를 파악합니다. (기업 시계를 전진시키세요)
- ⏻ 침입자의 연결을 끊습니다.
- ⏻ 대침투 해커에게 지원을 요청합니다.

레드 ICE는 침입자를 찾고, 경보를 울리며, 침입자의 위치를 추적한 다음 전투에 들어가 피드백 알고리즘으로 침입자의 사이버덱에 피해를 줍니다.

레드 ICE가 루틴을 실행하면, MC는 다음 중 두 가지를 선택합니다:

- ⏻ 경보를 울립니다. (관련 임무 시계를 전진시키세요)
- ⏻ 침입자의 위치를 추적합니다. (추적 +2)
- ⏻ 침입자의 정체를 파악합니다. (기업 시계를 전진시키세요)
- ⏻ 침입자의 연결을 끊습니다.
- ⏻ 침입자의 프로그램을 망가뜨립니다. (작동중인 프로그램 하나를 파괴합니다)
- ⏻ 침입자의 사이버덱을 망가뜨립니다. (사이버덱의 수치 중 하나를 감소합니다)

블랙 ICE는 침입자를 찾고, 경보를 울리며, 침입자의 위치를 추적한 다음 전투에 들어가 치명적인 피드백 알고리즘으로 침입자 본인에게 피해를 줍니다. 블랙 ICE는 침입자가 연결을 끊지 못하게 심리-전자 테크닉을 사용해서 침입자를 죽일 때까지, 또는 현실 세계의 대응팀이 침입자가 있는 물리적 장소에 도착할 때까지 매트릭스에 가둬둔 합니다.

블랙 ICE가 루틴을 실행하면, MC는 다음 중 세 가지를 선택합니다:

- ⏻ 경보를 울립니다. (관련 임무 시계를 전진시키세요)
- ⏻ 침입자의 위치를 추적합니다. (추적 +3)
- ⏻ 침입자의 정체를 파악합니다. (기업 시계를 전진시키세요)
- ⏻ 침입자의 사이버덱을 망가뜨립니다. (사이버덱의 수치 중 하나를 감소합니다)
- ⏻ 접속한 침입자에게 실제 피해를 줍니다. (1-피해 「장갑 무시」)
- ⏻ 침입자가 **긴급 종료**하지 못하도록 막고 정신을 매트릭스에 가둡니다.

특수 ICE

특수한 전술을 발휘하는 ICE가 등장할 수도 있습니다.

- ⏻ **코드 월:** 이 블루 ICE는 실패한 해커를 매트릭스 바깥으로 쫓아냅니다 ICE는 오직 침입자의 연결을 끊으려 할 뿐, 경보를 울리지는 않습니다 다만 무슨 일이 있었는지 일지는 작성하므로 누군가 일지를 점검할 수도 있습니다.

- ⏻ **클랙슨:** 이 레드 ICE는 단순히 경보를 울린 다음, 침입자를 더 잘 처리할 수 있는 매트릭스 보안 담당에게 알립니다.

- ⏻ **좀비:** 이 블랙 ICE는 침입자를 추적한 다음, 정체를 밝히기 전에 우선 긴급 종료하지 못하도록 막은 다음 공격 부대에 침입자의 위치를 알립니다.

- ⏻ **방화범:** 이 블랙 ICE는 해커의 뇌를 직접 튀겨서 제거하는 대신, 침입자가 긴급 종료하지 못하도록 막은 다음 사이버덱이 불타오를 때까지 반복해서 공격합니다.

해커의 하드웨어

사이버덱은 매트릭스의 신호를 신경 자극으로 전환하고, 반대로도 바꿉니다. 또한 해커가 기업의 하위 시스템과 ICE에 대항해 프로그램을 실행하는 플랫폼도 제공합니다 즉, 사이버덱은 매트릭스와 사용자 사이의 인터페이스라고 할 수 있습니다. 사용자와 매트릭스 사이에 오가는 신호는 사이버덱을 거쳐 갑니다. 만약 사이버덱이 타거나 파괴되면 통신 경로가 끊어지고 사용자는 매트릭스와 연결이 차단됩니다.

사용자는 사이버웨어 없이 사이버덱을 직접 사용할 수도 있지만, 타자 속도는 느리기 마련입니다. ICE의 기계 속도를 따라가려는 사용자는 반드시 신경 인터페이스를 사용해 **접속**해야 합니다.

접속은 해커와 침투요원, 그리고 추가 사이버웨어로 신경 인터페이스를 선택한 캐릭터가 사용할 수 있는 플레이북 액션입니다(4장: 플레이북). **접속** 액션을 가진 캐릭터는 가상 시스템을 제작자가 의도하지 않은 방식으로 다룰 수 있는 프로그래밍과 가상 인터페이스 기술을 갖췄습니다.

신경 인터페이스 사이버웨어를 사용하는 캐릭터는 매트릭스 속에서 뛰어난 속도와 반사신경을 얻어 전력으로 매트릭스 액션을 할 수 있습니다(5장: 사이버웨어). 육체의 속도에 구애받는 수동 인터페이스와는 달리, 신경 인터페이스 사이버웨어를 사용하는 캐릭터는 생각의 속도로 매트릭스에 들어갈 수 있습니다. 신경 인터페이스는 해커가 완전한 전자장비인 ICE의 반응 속도에 맞설 수 있는 유일한 방법입니다. 신경 인터페이스 사이버웨어가 없거나 사용하지 않고 **접속**한다면, 캐릭터는 ICE에게 물리적인 피해를 받지 않지만, 매트릭스 액션을 판정할 때는 관련 특성치를 무조건 -1로 간주합니다.

매트릭스 액션

캐릭터는 현실 세계와 마찬가지로 매트릭스의 가상 세계에서도 사람들을 만나 이야기할 수 있습니다. 그러므로 매트릭스 안에서도 여러 기본 액션을 사용할 수 있습니다. 캐릭터는 정보를 수집하는 액션으로 현실 세계에서 가상 세계에 관한 정보를 찾을 수 있고, 그 반대로도 찾을 수 있습니다. 보인이 심킨 시스템에 **로그인**을 시도하기 전에 숨은 시스템의 위치를 확인하고, 백도어를 찾으려면 **조사하기**를 사용하세요. ICE가 있는지 확인하고, 기업 서버를 오가는 암호화되지 않은 데이터의 흐름을 **조사**하고, 인간 대침투 해커의 흔적을 찾으려면 **파악하기**를 사용하세요.

매트릭스 액션은 컴퓨터 시스템을 무단으로 사용하는 행동을 다룹니다. 오직 매트릭스로 **접속**한 사용자만이 매트릭스 액션을 사용할 수 있습니다.

로그인 (신스)

시스템 **접속** 권한을 얻으려면, **신스**로 판정하세요.

10+: 문제없이 접속합니다.

7-9: 접속하지만, 다음 중 한 가지를 선택합니다.

- ⏻ 수동 추적 (+1 추적)
- ⏻ ICE가 가동합니다.
- ⏻ 경보가 울립니다. (현재 사용하는 임무 시계를 전진시키세요)
- ⏻ 접근 권한이 제한됩니다. 제한을 받는 동안 이 시스템 안에서 하는 모든 매트릭스 액션은 계속 판정에 -1 페널티를 받습니다.

6-: 접속하지만, MC가 두 가지를 선택합니다.

무허가 사용자는 우선 **로그인**으로 시스템에 들어가야 합니다. 어떤 선택지를 고를지 신중하게 생각하세요: 수동 추적은 특정한 단계에 이를 때까지 아무 일도 일어나지 않지만, 어느 순간 기업이 캐릭터의 물리적인 위치를 찾아낼 것입니다. 경보 발동 역시 임무 시계가 낮을 때는 특별히 위험하지 않지만, 그만큼 팀원 전체의 여유가 줄어듭니다. ICE 가동은 즉시 문제를 부르며, 시스템의 보안 수준에 따라 위험 정도가 달라집니다. 접근 권한 제한은 모든 것을 좀 더 어렵게 만들고 더 많은 문제를 일으킬 수도 있지만, 당장 나쁜 일이 일어나지는 않습니다. 모든 선택지는 통제 불능 상태로 치달을 가능성이 있으며, 특히 ICE가 개입하면 상황이 빠르게 나빠집니다. 명심하세요. 언제든 **긴급 종료**를 하고 손을 뗄 수 있습니다.... 블랙 ICE가 등장할 때까지는 말입니다.

캐릭터가 해커라면, 시스템에 **로그인**한 다음 잊지 말고 **콘솔 카우보이**를 사용하세요.

MC: 당신은 방콕에 있는 버추어테크 시스템의 주소로 들어갔고, 곧 거대한 검은색 첨탑이 보이네요. 흑요석으로 된 스핑크스 한 쌍이 주 로그인 게이트 옆에 나란히 앉아있습니다. 스핑크스의 눈은 시스템 안팎을 오가는 데이터를 훑어봅니다.

헤이저: 제 아바타를 데이터 패킷으로 위장한 다음 데이터 흐름에 섞여 들어갑니다. 로그인 판정에 10이 나왔네요.

MC: 스핑크스의 시선이 시스템 코어로 미끄러지듯 들어가는 당신 아바타를 가볍게 스치고 지나갑니다.

보안 무력화 (정신)

하위 시스템의 보안을 무력화시키려면, **정신**으로 판정하세요.

> **10+**: 제압한 하위 시스템에 쓸 수 있는 예비를 3점 받습니다.

> **7-9**: 예비를 1점 받습니다.

> **6-**: 경보가 울리며, 이 때문에 추가로 문제가 발생할 수 있습니다.

캐릭터는 예비 1점을 사용해서 하위 시스템의 보안 조치를 하나 가동할 수 있습니다.

일반적인 규칙으로, ICE 외의 디지털 시스템 그 자체를 마음대로 조작하려면 **보안 무력화**를 사용하세요. 예비를 사용하면 해당 노드의 보안 조치를 사용할 수 있습니다. 대부분의 노드는 보안 조치를 사용해 경보나 ICE를 가동하거나 정지할 수 있지만, 그 외 다른 선택지가 있을지도 모릅니다. **보안 무력화**는 보통 매트릭스에서 일어날 수도 있는 문제를 막을 때나 도망갈 때 유용합니다.

MC: ICE가 유리 조각처럼 산산 조각나면서 개인 데이터베이스의 반짝이는 빛 사이로 사라집니다. 서버 전체는 경보가 발동된 탓에 여전히 파란색으로 빛납니다.

안티K-테라: 추적당하기 전에 우선 경보부터 끄고 싶어요. 이 데이터베이스 노드의 **보안을 무력화**시킬수 있을까요?

MC: 당연히 다른 곳에 소식이 알려지기 전에 해당 노드의 경보를 끌 수 있습니다.

안티K-테라: 그 정도면 충분해요. **정신**으로 판정하겠습니다… 10이 나왔네요. 예비 3점을 받습니다. 1점은 지금 당장 사용해서 경보를 끄고, 나머지는 나중을 위해 남기겠습니다. 자… 어디까지 했더라…

시스템 조종 (신스)

시설 안에서 디지털 방식으로 제어되는 부분을 조종하려고 시도한다면 **신스**로 판정하세요.

> **10+**: 조작 중인 하위 시스템에 사용할 수 있는 예비를 3점 받습니다.

> **7-9**: 예비를 1점 받습니다.

캐릭터는 예비 1점을 사용해 하위 시스템에 있는 루틴을 발동할 수 있습니다.

디지털 시스템이 제어하고 보호하려는 시설을 망치려면, **시스템 조종**을 사용하세요. 예비를 사용해서 노드의 루틴을 발동하세요. 루틴은 자물쇠나 조명, 응급 상황, 냉난방 장치, 또는 다른 자동화 시스템 등 해당 시설의 장비나 시스템을 작동하거나 멈춥니다. 캐릭터가 고를 수 있는 선택지는 노드와 시설에 달렸습니다. **시스템 조종** 액션은 임무 목표를 달성하거나 동료, 또는 적을 **돕거나 방해할 때** 유용한 경우가 많습니다.

MC: 네뷸라, 당신은 경비병들이 여기저기 흩어져 사무실의 칸막이 방들을 뒤지기 시작할 때 책상 밑으로 기어들어 갔습니다.

헤이저: 네뷸라가 곤경에 처한 것 같네요. 사무실 조명을 끄겠습니다.

MC: 그럼 **시스템 조종**을 해야 합니다.

헤이저: 좋네요. **신스**로 판정하죠? 주사위 결과는 6이 나왔습니다.... 여기에 2를 더하면 8 입니다. 예비는 1점밖에 받지 못하네요. 그래도 충분해요! 불을 끄겠습니다.

MC: 좋아요, 네뷸라. 사무실 불이 모두 꺼질 때 경비병 중 두 명이 바로 당신 옆에 있습니다. 당신 사이버웨어 눈은 곧바로 적외선 모드로 전환됐어요. 경비병들이 허둥지둥 야간투시경을 장착하는 틈에 기회가 생겼습니다. 어떻게 할래요?

ICE 녹이기 (예리)

가동된 ICE 구조물을 피하거나, 파괴하거나, 정지시키려면, **예리**로 판정하세요.

> **7+**: ICE를 피하거나, 파괴하거나, 잠시 정지시킵니다. 플레이어가 선택하세요.

> **7-9**: ICE는 당하기 전에 캐릭터에게 루틴을 성공리에 실행합니다.

ICE 녹이기는 ICE를 피하거나, 파괴하거나, 정지하는 행동을 다룹니다. 판정에 성공했을 때 ICE가 어떻게 되는지는 해커의 마음입니다. 자취를 숨기는 데 신경 쓰지 않는 해커는 파괴를 선호합니다. ICE를 정지시킨 해커는 오랜 시간 동안 해당 노드나 하위 시스템에서 느긋하게 활동할 수 있습니다. ICE를 피한다면 해당 ICE는 계속 활동할 것이며, 허가 없이 들어간 또 다른 침입자가 곤경에 빠질 것입니다.

약한 성공이 나오면, ICE는 해커에게 당하기 전 루틴을 실행합니다. ICE의 수준에 따라 실행할 수 있는 루틴의 수준도 달라집니다. 블루 ICE는 루틴 한 가지를, 레드 ICE는 두 가지를, 블랙 ICE는 세 가지를 선택합니다. 각 단계의 ICE가 실행하는 루틴은 보안 수준이 높을수록 더욱 강력합니다. 그러므로 실력이 없거나 운이 없는 해커는 ICE와 조우할 때 기하급수적으로 위험해집니다.

MC: 선반 위 책과 두루마리가 붕 뜨더니 분석 프로그램의 떠다니는 양동이 쪽으로 모여듭니다. 글자와 숫자를 쓴 코드와 이진수열이 책 속에서 튀어나와 양동이 속으로 빨려 들어갈 때, 갑자기 모든 것이 얼어붙은 듯 멈추고 흑백으로 바뀝니다. 곧 벽이 작은 물방울이 되어 부서지고 검은색 무광 철판 갑옷을 입은 인간 모습의 형체가 철벅거리면서 벽을 뚫고 나오더니, 당신 아바타에게 거대한 검은색 칼을 휘두릅니다.

헤이저: 좋지 않네요. 전기톱 공격 프로그램을 꺼내서 칼을 막을게요.

MC: **ICE 녹이기**입니다. **예리**로 판정하세요!

헤이저: 5... 2를 더하면 약한 성공입니다.

MC: 당신은 살짝 늦게 전기톱을 꺼냈습니다. 엔진을 가동해서 기사의 팔을 썰어버리기 전, 칼이 아바타를 뱁니다. 이 기사는 레드 ICE라서 두 가지 선택을 할게요. 우선 칼이 양동이를 베어서 분석 프로그램을 손상시킵니다. 아바타에게 난 구멍으로 데이터가 새어 나와 당신이 로그인을 한 저 뒤쪽으로 길게 흘러내립니다. 시스템이 캐릭터를 추적하는 수치가 2 올라갑니다.

긴급 종료 (냉철)

캐릭터나 사이버덱, 혹은 프로그램이 ICE에게 피해를 받기 직전 긴급 종료를 하려면, **냉철**로 판정하세요.

10+: 심각한 피해를 받기 전 접속을 끊습니다.

7-9: 긴급 종료를 하지만, 다음 중 한 가지를 선택하세요.

⏻   데이터 일부를 잃습니다.

⏻   진행된 이야기에 맞춰 대가 일부를 치릅니다.

⏻   목표 시스템의 주인이 캐릭터의 현재 위치로 찾아갑니다.

6-: 진행된 이야기에 맞춰 대가를 치르며, 접속을 끊지 못합니다.

보통은 별다른 방해 없이 접속을 종료할 수 있습니다. 무언가 나쁜 일이 닥쳐서 매트릭스 접속을 끊으려 시도할 때 **긴급 종료** 액션을 사용하세요. 진행된 이야기에 맞는 대가는 캐릭터 자신의 피해, 사이버덱이나 프로그램의 손상, 더욱 불길한 무언가 등입니다. 블랙 ICE는 캐릭터가 긴급 종료를 못하도록 표면상 합법적인 향정신성 코드 루틴을 사용하곤 합니다. 캐릭터의 정신이 매트릭스에 갇힌다면, 현실 세계에서 누가 먼저 캐릭터를 발견해서 몸에 무슨 짓을 할지가 중요해집니다. 같은 편이기를 바라세요!

MC: 주 연구소 노드의 코드는 의도적으로 불가사의하고 비효율적으로 만든 것처럼 보입니다. 명확하게 설명할 수는 없지만, 긴 코드가 활성화되고 시스템 구조가 이리저리 깜빡이고 훽훽 바뀌는 모습이 보입니다. 당신은 넓고 바싹 마른 평원에 서 있습니다. 당신의 삼각다리 밑 대지는 쩍쩍 갈라졌고, 하늘에는 거대한 붉은 용이 흐릿하게 나타났습니다. 용은 울부짖으며 당신을 향해 새하얗고 뜨거운 향정신성 데이터 숨결을 내뱉습니다.

안티K-테라: 안돼안돼안돼! 또다시 당하기는 싫어요. **긴급 종료**합니다!

MC: **냉철**로 판정하세요!

안티K-테라: 주사위야 제발… 9가 나왔습니다. 제 **냉철**은 0이니까 그냥 9네요. 얼마나 나쁜 일이 벌어지나요…

MC: 여기 세 가지 선택지 중 하나를 고르세요.

안티K-테라: 흠… 좋아요… 이번에는 최소한 플러그를 뽑았네요. 으. 이 데이터는 이번 임무에서 꼭 필요하니까, 대가 일부를 치르겠습니다.

MC: (용은 블랙 ICE입니다. 반약 누나를 침진하게 실행했다면 MC는 세 가지 선택지를 골랐을 것입니다. 하지만 진행된 이야기에 맞춰 대가 일부를 치르므로, MC는 한 가지 선택지만 고릅니다) 당신은 플러그를 뽑았고, 다시 여인숙으로 돌아갔습니다. 이곳은 어둡고, 서늘하고 안전한 장소입니다. 하지만 어딘가에서 역겨운 화학물질 냄새가 납니다. 덱을 보니 연기가 가늘게 피어오르네요. 사이버덱의 처리속도에 2 피해를 주세요.

매트릭스 MC 플레이

MC의 관점에서, 매트릭스는 이야기 속에 나타나는 또 다른 상징이기 때문에 묘사하기 어려울 수도 있습니다. 매트릭스 속에서 해커는 프로그램 소스 코드 위에 덧씌운 가상의 이미지를 보지만, 매트릭스 액션은 코드를 직접 조작합니다. MC는 플레이어가 장면을 상상하고 해킹의 기술적인 측면을 활용할 수 있도록 반드시 이 두 가지 층의 이야기를 같이 묘사해야 합니다. 이를 위한 한 가지 기법은 가상 현실 속 장면을 묘사하되, 기술 용어를 사용하여 그 밑에 깔린 코드도 나타내야 합니다.

MC: 옴니다이나믹스의 기업 시스템은 파란색 거대한 수정으로 형상화되어, 마치 닻을 내린 것처럼 은은하게 빛나는 푸른색 번개 줄기로 매트릭스 평면 위에 연결되었습니다. 번개 줄기는 우지직 우지직 소리를 내면서 구불구불한 모습으로 일그러지고 꿈틀댑니다. 수정 아래에는 바로 바닥면에 로그인 게이트가 주변 매트릭스에서 시스템 안쪽으로 데이터 줄기를 빨아들이는 검은색 소용돌이처럼 보입니다.

아나 (코어를 플레이합니다): 데이터 줄기를 따라 소용돌이를 향해 활공해서 패스워드를 도용합니다.

해커가 시스템 안으로 침투한 다음에는 시스템의 전반적인 모습을 알려주세요. 시스템 지도 같은 것을 미리 만들 필요는 없지만, 어쨌든 해커는 특정 목표를 가져야 합니다. 해커가 침투조를 지원한다면 건물의 보안과 건물 서비스 노드를 묘사하세요. 어느 시설 일부분을 파괴하는 임무라면 캐릭터들은 생산 관리 시스템이나 연구개발 제어 시스템을 찾을 것입니다. 정보나 돈을 원한다면 데이터베이스가 있기를 바랄 것입니다. 기업 시스템이 어떤 모습과 분위기를 풍기는지 명확하게 생각을 정리하고 그에 알맞게 노드를 묘사하세요. 전체 시스템의 지도를 사전에 만들려면 많은 준비를 해야 하며, 준비한 내용을 써먹으려는 생각에 붙들릴 수도 있습니다. 그러면 플레이가 지체됩니다.

해커가 매트릭스에서 자기 일을 하는 동안 다른 플레이어들의 플레이가 멈추지 않게 하려면 두 가지 방법이 있습니다. 가장 많이 사용할 첫 번째 방법은 가상 세계와 현실 세계에서 장면을 이리저리 전환하는 기법입니다. 영화감독처럼 생각하세요. 진짜 삶에서 어떤 행동이 실제로 얼마나 걸릴지 염려하지 마세요. **스프롤**은 진짜 삶이 아닙니다. 그저 흥미진진한 이야기를 만드는 것뿐입니다. 해커가 **로그인**을 하면, 이를 처리한 다음 건물 옆면을 올라가는 침투요원의 장면으로, 그다음 청소부 수레에 총을 한가득 실은 킬러의 장면으로 전환하세요. 그리고는 다시 연구실 제어 하위시스템을 찾는 해커의 장면으로, 그다음 다시 침투요원의 장면으로 전환하세요. 이 방법에는 앞서 말한 것처럼 해커와 다른 팀원들이 따로 활동한다는 잠재적인 문제가 있음을 알아 두고, 그에 따라서 행동을 이끄세요. 두 번째 방법은 매트릭스 활동을 짧고 간단하게 만드는 것입니다. 이 방법은 해커가 사전조사 단계 동안 매트릭스에 들어가 임무에 도움이 될 정보를 찾는 것처럼 매트릭스 활동이 보조 역할에 그치거나 주 임무와 큰 관계가 없을 때 쓸 수 있습니다. 일반적으로, 나머지 플레이어들이 해커가 끝나기를 기다린다면 요점만 빨리 잡으세요. 기업 시스템을 묘사하고 해커의 **로그인**을 처리한 다음, 곧장 목표로 하는 노드로 보내세요. 모든 플레이어가 사이버펑크의 분위기를 맛볼 수 있게 하세요. 해커에게 자신의 기술을 뽐낼 간단한 기회를 제공한 다음 주요한 장면으로 돌아가세요. 스포트라이트 분배 문제는 9장: 스프롤 MC 플레이에서 더욱 자세하게 다룹니다.

경보와 추적

무허가 사용자가 기업 서버 내에서 소프트웨어를 조작하면, 경보가 울리고 기업 보안 시스템이 침입자를 추적하려 시도합니다. 경보는 현실과 가상 세계에 있는 기업 직원들과 용병들에게 누군가 시스템을 손대는 중임을 알리는 신호입니다. 추적은 시스템에서 해커의 물리적 위치를 찾고, 연결을 끊은 다음, 해커를 오프라인으로 내쫓으려 하는 시도입니다. ICE가 추적 루틴을 가동하면, 가동할 때마다 시스템의 전체 추적 수치가 점점 올라갑니다. 기업 서버에서 축적된 추적 수치가 침입자 사이버덱의 은신 수치를 초과하면 MC는 즉시 침입자의 정체를 파악하는 루틴을 가동합니다. 이 결과 기존 기업 시계가 올라가거나 새 기업 시계가 등장하며, MC는 여러 가지 액션을 쓸 수 있습니다. 이제 ICE는 연결을 끊는 루틴을 사용할 수 있으며, MC는 해커가 있는 실제 위치에 기업 보안팀을 보내 현실 세계에서 문제를 해결하는 액션을 사용할 수 있습니다. 사이버덱과 1337가지 재주로도 수류탄이나 대구경 총탄, "예기치 못한 아파트 단지 화재", 순항 미사일을 막기 어려울 것입니다.

헤이저는 헬릭스텍의 사이공 아콜로지 시스템에 깊이 들어갔습니다. 사이버덱은 은신 2점이며, 신원 보호 프로그램을 사용해(+2 예시) 총 은신 수치가 4점입니다. 시스템은 헤이저의 위치를 알기 위해 추적을 가동합니다: 헤이즈는 몇 분 전 로그인 게이트를 통과해서 시설 유지 노드에서 블루 ICE와 한 판 붙고 오는 길입니다. 현재 시스템의 추적 수치는 2입니다. 연구 개발 데이터 노드에서 헤이저는 레드 ICE를 깨워서 추적 루틴을 당했습니다. 이제 시스템의 추적 수치는 4입니다. 헤이저의 은신 수치 4와 같지만 초과하지는 못했습니다. 아직 헤이즈의 위치는 들통나지 않았지만 아슬아슬한 상황입니다.

매트릭스 안에서 주고받는 피해

CE는 침입자에게 세 가지 루틴으로 피해를 줍니다: 프로그램 오류, 사이버덱 손상, 침입자에게 직접 피해 주기.

CE가 침입자의 프로그램에 오류를 일으키는 루틴을 발동할 때, MC는 어떤 프로그램을 망가뜨릴지 선택하세요. 목표 프로그램의 칩은 손상되어 더는 사용할 수 없습니다. 한번 오류가 난 프로그램은 수리할 수 없으므로 반드시 갈아 끼워야 합니다. 해커는 원하는 대로 다른 프로그램 칩이나 복사한 프로그램 칩을 집어넣을 수 있습니다. 침입자는 방화벽 1점을 소모해 프로그램에 오류를 일으키는 루틴을 막을 수 있습니다.

CE가 침입자의 사이버덱에 피해를 주는 루틴을 발동할 때, MC는 사이버덱의 어떤 수치를 낮출지 선택하세요. 얼마나 낮출지는 ICE 종류에 따라 정해집니다(레드 ICE는 1, 블랙 ICE는 2). 낮아진 수치는 곧바로 효과를 미칩니다. 처리속도가 낮아지면 프로그램 중 일부가 정지할 수 있으며, 은신을 낮추면 위치가 들킬 수 있습니다. 방화벽이나 내구력이 낮아지면 다음 공격에 취약해집니다. 침입자는 내구력 1점을 소모해 사이버덱에 피해를 주는 루틴을 막을 수 있습니다.

블랙 ICE가 침입자에게 직접 피해를 주는 루틴을 발동할 때(1-피해, 「장갑 무시」), 침입자는 1 피해를 받습니다. 이 피해는 방어구로 감소시킬 수 없습니다. 침입자는 평상시와 마찬가지로 피해 액션을 합니다.

어떤 종류의 피해를 받을지 MC가 선언할 때, 침입자는 **긴급 종료**를 시도할 수 있습니다. 판정에 성공하면 연결을 끊고 피해를 받지 않을 수 있습니다. 약한 성공이면 데이터를 일부 잃거나 (임무에 중요한 데이터, 또는 자금 데이터), MC가 선언한 피해 일부를 받거나, 추적을 당합니다. 실패하면 원래 규칙에 따라 모든 피해를 받은 다음, 여전히 연결된 상태로 상대하고 싶지 않은 ICE와 싸워야 합니다.

메리는 보통 이토록 싸게 일을 맡지는 않았지만, 듣기 좋은 바리톤 목소리의 남자에게는 마음이 약했다. 그들이 준 돈은 자신의 몸값에는 턱없이 부족했다. 하지만 그들은 가능한 한 많이 내려고 노력했고, 메리는 그 때문에 승낙했다. 그 이유로, 그리고 월터의 끈기 때문에. 월터는 술집에서 만났다. 그는 친구들과 여러 이쁜이에게 재미있는 이야기를 들려주던 중이었다. 월터는 바텐더와 이야기를 하던 메리에게 술을 한 잔 사려고 했는데, 메리가 그럴 필요 없다고 하자 퇴짜를 맞은 줄 알았다고 생각했다고 한다.

메리가 웃음을 터뜨린 것도 그다지 위안은 되지 않았을 것이다.

하지만 월터는 포기하지 않고 말을 걸었고, 그가 당장 메리의 옷을 벗기려는 목적을 품지 않았다는 사실이 드러나자 둘 사이의 대화는 좀 더 많아졌다. 새벽 다섯시까지 아는 노래란 노래는 다 불렀던 무렵, 서로 속마음을 털어놓으면서 월터가 항의 시위에 의사가 충분하지 않다고 고백했을 때 메리는 항복을 외치는 자신을 발견했다. 단 하루, 단 하루만 도와주겠다고 말이다. 6개월 동안의 대화에서 말 없는 몇 시간의 쾌락으로 이어지는 순간이었다. 애정의 바탕에는 마지못한 상호 존경과 런던이라는 망할 도시에 가진 공통의 의무감이 있었다. 아니면 훌륭한 섹스가. 좀 더 솔직하게 말하자면 둘 다였다.

메리는 의대 중퇴생 따위가 아니었다. 비록 월터가 그렇게 생각하도록 놔두는 게 둘 다 마음이 편했지만 말이다. 얼마전 메리는 학교를 졸업했고, 그 후 세상 깊숙한 구석에 있는 나쁜 사람들을 위해 나쁜 일을 몇 가지 맡았다. 메리는 '해를 입히지 말라'라는 히포크라테스 선서를 자신의 직업에 적용할 때는 추가적인 해석이 필요하다는 결론을 내렸고, 아마도 환자에게, 오로지 환자에게만 적용해야 한다는 결론을 내렸다. 유니파이드 시큐리티의 정예 경비부대 앞에서 투쟁의 노래를 부르는 사람들에게는 메리 같은 의사가 필요할 것이었다. 메리가 런던을 떠났을 때 경비부대는 여전히 타이탄제 무장을 갖췄지만, 낮은 가격으로 들어온 도급업체, 혹은 그 비슷한 누군가를 찬양하라! 만약 월터가 불만을 품은 동료 이상주의자들의 목소리에 둘러싸이지 않았다면, 저 뒤에 있는 시위자들의 물결 속에서 메리의 총이 발사된 소리를 들었을 것이다.

시위대의 머리를 부수려 드는 몇몇 보안요원들을 죽이는 일은 예전에 런던을 떠날 당시 살인을 저질렀던 것만큼 끔찍하지는 않았다. 그때의 메리는 이미 오래전에 사라졌다. 메리는 이리스테크를 위해 일하면서 여러 가지 끔찍한 일을 배웠고, 무고한 아이들을 자기 환자로 만들려고 한 놈들의 머리에 총알을 박아주는 건 그다지 신경 쓰이지 않았다.

>>>>.9장.>>>>>00009>>>>>>>>

스프롤MC 플레이

계속 하시겠습니까? [Y / N]

////경로변경///
컨테이너번호: [4542-QIP-99.2]
원위치: 크라이스트처치_뉴질랜드
목적지: 더반_남아공

스프롤
MC 플레이

로딩 중...

"돈이 많아지니까 점점 여러 부분이 제각기 알아서 움직이더군요. 가끔은 자기들끼리 싸우기도 합니다. 말단 회계 부서에서 반란을 일으킨다거나."

조세프 비렉, *카운트 제로*, 윌리엄 깁슨

강령

스프롤의 MC를 할 때는 네 가지 중요한 규칙을 명심하세요: 언제나 마음 한구석에 네 가지 규칙을 염두에 두고 이에 맞춰 MC 액션을 조정하세요.

> » **스프롤**을 더럽고, 첨단기술이 가득하며, 무분별하고 과도하게 만듭니다.
> » 캐릭터들의 삶을 액션과 음모, 역경으로 가득 채웁니다.
> » 캐릭터들을 **스프롤**에 옭아맵니다.
> » 어떤 일이 일어나는지 플레이를 해서 알아냅니다.

위 규칙은 **스프롤**의 내적 논리이자 안전망입니다. MC로서 무엇을 해야 할지 잘 모를 때, 강령을 보세요. 네 가지 강령은 MC의 역할과 임무, 목표를 어떻게 이루어야 할지 요약한 정보입니다. "강령"은 "반드시 이뤄야 할 목표"임을 명심하세요. **스프롤**의 MC가 지킬 황금률입니다. MC는 이 책의 여러 가지 내용을 바꿀 수 있지만, 강령을 바꾸면 완전히 다른 게임으로 바뀝니다.

스프롤을 더럽고, 첨단기술이 가득하며, 무분별하고 과도하게 만듭니다.

스프롤은 오늘날의 도시를 극단적으로 부풀린 모습입니다. 위험한 구역은 더욱 위험해지며, 부유한 구역은 부와 사치가 흘러넘치며 자신들을 지키는 데 주저하지 않고 살상력을 동원합니다. 정부는 타락했고, 자기 잇속만 차리며, 기업을 상전으로 모시며 돈을 얻어먹습니다. 기업은 더욱 무정하고 오만합니다. 기술은 더욱 으리으리하고 강력하지만, 더욱 더럽고 비뚤어진 목적으로 쓰입니다. 모든 것이 돈과 착취, 권력과 폭력에 흠뻑 젖었습니다.

////경로변경///
컨테이너번호: [4542-QIP-99.2]
원위치: 크라이스트처치_뉴질랜드
목적지: 더반_남아공

캐릭터들의 삶을 액션과 음모, 역경으로 가득 채웁니다.

스프롤의 임무는 활극과 배반이 일어날 기회로 가득 차 있습니다. 장소 접근을 어렵게 하고 경비를 가득 세우세요. 캐릭터를 죽이기 위해서가 아닙니다. 대담한 침투를 펼치고, 격렬한 전투를 치르고, 짜릿한 강탈을 실행하고, 표리부동한 고용주가 친 덫을 빠져나오고, 아슬아슬하게 사람이나 물품을 빼돌릴 수 있는 시련을 제공하기 위해서입니다. 끝내주는 프로처럼 행동해야만 하는 위치에 캐릭터들을 밀어 넣어서 끝내주는 프로가 될 기회를 주세요.

캐릭터들을 스프롤에 옭아맵니다.

플레이어가 어떤 사람들이나 집단과 상호작용을 하고 싶은지는 액션과 행동수칙으로 알 수 있습니다. 캐릭터들을 주변 세계에 묶는 유대 관계를 눈여겨 살펴보세요. 캐릭터의 동기와 인맥이 돋보일 기회를 가능하면 자주 게임 속에 집어넣으세요. 보통 플레이어는 최소 세션마다 행동수칙 중 하나로 경험치를 얻을 기회를 얻어야 합니다. 다시 말해, 캐릭터의 연인과 아이들, 이전에 또는 현재 몸을 담은 조직, 적과 비밀은 플레이 중 자주 등장해야 합니다. 이러한 사람들과 집단을 사용해 플레이어들을 서로 다른 방향으로 끌어당기세요. 팀을 분열시키고, 임무에 집중하지 못하도록 방해하고, 사랑하는 사람들을 위험에 빠뜨려서 행동을 주저하게 만드세요. 캐릭터와 **스프롤** 사이의 연결 고리에 온통 피범벅이 된 지문을 바르세요. 캐릭터들과 NPC 사이에 삼각관계를 만드세요. 플레이어가 어려운 선택을 하도록 만드세요.

어떤 일이 일어나는지 플레이를 해서 알아냅니다.

이야기의 줄거리나 결과보다는 시작 지점과 행동 방향을 준비하세요. 몇몇 집단과 NPC가 서로 충돌하는 목표를 두고 부딪히는 상황을 준비하고, 캐릭터들을 끌어들인 다음, NPC와 집단이 자신의 목표를 쫓아 행동하고 캐릭터들의 개입에 반응하도록 하세요. 게임이 어떤 방향으로 어떻게 흘러가는지를 보면 MC와 플레이어 모두 놀라고 흥미진진해 할 것입니다. 플레이어들을 따라 거친 사이버펑크의 이야기로 질주하세요! 11장: 임무에서 이야기를 어떻게 준비하고 움직일지 좀 더 자세하게 다룹니다.

MC가 말할 때는

강령뿐만 아니라 항상 따라 말할 것이 있습니다.

» 원칙대로 말하세요(아래를 참조하세요).

» 준비한 임무 내용대로 말하세요.

» 정직하게 말하세요.

» 규칙대로 말하세요.

정보는 이야기를 움직이는 원동력입니다. 그러므로 플레이어가 액션을 발동하면 그렇게 정보를 주세요. 액션에 따라, 원칙에 따라, 준비한 임무 내용에 따라 규칙대로 모든 정보를 제공하세요. 정직하게, 기꺼이 말해 주세요. 거대기업이 무엇을 꾸미는지 자세하게 알려준 다음 플레이어들이 이 정보를 가지고 무엇을 하는지 지켜보세요.

원칙대로 말할 때는 잊지 말고 강령의 틀 안에 맞추세요. 게임을 진행하는 동안 자주 원칙을 살펴보세요. 플레이어들이 계속 이야기에 몰입할 수 있도록 준비한 것을 말하세요. 캐릭터들을 액션과 음모, 역경으로 몰아가세요.

원칙

원칙은 강령을 이행하기 위해 사용하는 구체적인 수단입니다. 강령을 실현하기 위해 액션을 사용할 때 원칙대로 하면 가장 좋습니다.

» 모든 것을 번쩍이는 크롬으로 덮은 다음 더럽힙니다.

» 이야기로 시작해서 이야기로 끝냅니다.

» 플레이어가 아니라 캐릭터에게 말을 겁니다.

» 질문을 하고 답변을 활용합니다.

» 모든 사람에게 이름을 줍니다.

» 모든 것에 기업의 흔적을 남깁니다.

» 모든 일을 캐릭터 자신의 문제로 만들어서 골치를 썩입니다.

» NPC를 쓰고 버리는 자산처럼 다룹니다.

» 화면 밖의 일도 생각합니다.

» 캐릭터들의 팬이 됩니다.

모든 것을 번쩍이는 크롬으로 덮은 다음 더럽힙니다.

항상 사이버펑크의 느낌과 분위기를 염두에 두세요. 사이버펑크 장르의 상징적인 모습은 거울 같은 사이버웨어 눈에 비친 네온사인입니다. **스프롤**이 보여주는 사이버펑크 미래에서는 이미지가, 기술이, 인류의 기회주의적인 특징이 전부입니다. **스프롤**에서 어떤 사람이나 장면을 설명할 때는 향상된 기술을 부착하고, 번쩍이는 크롬으로 표면을 덮은 다음, 네온빛에 물들이고, 도시의 오물과 쓰레기를 잔뜩 문지르세요.

이야기로 시작해서 이야기로 끝냅니다.

액션을 할 때는 게임 대신 이야기에서 어떤 효과가 발생할지 설명하세요. 규칙상 어떤 효과가 있는지 설명하는 데에서 멈추지 말고, 항상 이야기로 돌아오세요. 예를 들어 플레이어에게 피해를 주는 액션을 사용했다면, 어떻게 피해를 주었는지 묘사하고 규칙상 효과를 설명한 다음, 액션이 결과를 묘사하면서 이야기로 돌아오세요. 그다음 플레이어에게 되돌려 물으세요. "어떻게 할래요?"

이야기로 시작해서, 규칙을 적용한 다음, 적용 결과를 더해서 이야기로 되돌아오세요. 게임은 함께 만든 이야기 속에서 벌어집니다. 그러니 필요할 때만 이야기를 떠나세요.

액션이 발동해서 발생하는 문제 대부분은 보통 이야기 속에서 정해진 대로 상황을 확실히 전달하면 해결할 수 있습니다. 무엇을 위해 판정을 할지 명확하게 알 때까지는 주사위를 꺼내지 마세요. 현재 상황에서 왜 이 판정을 해야 하는지 모르겠다는 플레이어가 나오면, 무엇이 이해되지 않는지 좀 더 자세하게 물어보세요.

플레이어가 아니라 캐릭터에게 말을 겁니다.

플레이어가 아니라 캐릭터에게 말을 걸면, 이야기가 우선이라고 생각하는 데 도움을 줍니다. 플레이어는 모두 함께 만든 이야기 속에서 캐릭터와 캐릭터 행동에 신경을 기울일 수 있습니다.

질문을 하고 답변을 활용합니다.

플레이 중 질문을 던져서 함께 만든 세계로 플레이어들을 끌어들이세요. 플레이어들의 답변을 이야기에 결합하고, 이후 플레이에서 다시 등장시켜 플레이어들의 도움과 창의력에 보답하세요.

MC는 플레이어들이 창의적인 결정을 할 수 있도록 도와서 모두의 창의성을 끌어내고 플레이어들이 게임과 배경 세계에 더욱 정성을 쏟게 할 수 있습니다. 또한 준비할 내용도 줄어들며, 게임이 어느 방향으로 흘러갈지, 설정이 어떻게 발전할지 플레이어들과 함께 놀라움을 만끽할 수도 있습니다.

테이블에 참여한 전원은 **스프롤**의 분위기를 유지하는 책임을 공유합니다. 누군가 게임의 분위기를 흩트리는 답변을 하거나, 제안을 던지거나, 행동을 하면 명확하게 말하세요. 이는 해당 플레이어가 무언가를 제대로 받아들이지 못한다는 신호입니다. 무슨 일인지, 왜 그런지 의논하세요.

모든 사람에게 이름을 줍니다.

캐릭터들이 **스프롤**에서 만나서 대화하는 모든 사람에게 이름을 주세요. 실제 사람처럼 생각하고 느끼게 하세요. 동기와 성격을 부여하세요. 즉석에서 이름 짓기가 어렵다면 필요할 때 사용할 수 있도록 이름 목록이나 간단한 캐릭터 묘사를 준비하세요.

인터넷은 MC의 친구입니다. 세계 각지의 여러 성과 이름을 소개하는 웹사이트는 얼마든지 있습니다. 문화적인 배경과 성적 취향, 성 정체성을 다양하게 소개하세요. **스프롤**은 전 세계적인 대도시입니다. 어쩌면 케이프타운에서 뭄바이, 상하이, 로스 엔젤레스, 리오, 로테르담에 이르기까지 기업의 이익과 관심사로 연결된 전 세계 스프롤 중 하나일 수도 있습니다. 모든 문화권의 사람들을 **스프롤**에 끌어모으세요. 기업은 누구도 차별하지 않습니다. 그저 재능 있는 사람들을 뽑아 최대한 착취할 뿐입니다.

모든 것에 기업의 흔적을 남깁니다.

기업의 마케팅은 **스프롤** 모든 곳에 손길을 뻗었습니다. 플레이를 시작할 때 MC와 플레이어들은 몇 가지 기업 이름을 준비했을 것입니다. 닥치는 대로 사용하세요. 상표와 모델명, 기업 구호 등의 목록을 만드세요. PC들에게 총알을 쏘듯, 칼을 휘두르듯 사정없이 모든 것에 기업이 상표와 모델명을 붙이세요.

이름과 마찬가지로, 기업이나 구호, 상표, 디자인 스타일 등 필요한 것은 무엇이든 다양한 출처에서 끌어 쓰세요. 사이버펑크는 갈피를 못 잡을 정도로 다양한 언어로 쓰인 광고가 혼잡한 거리에서 어지럽게 난무하고, 네온사인에 박힌 가지각색의 글씨가 번쩍번쩍 공세를 펼치며, 경쟁하는 기술 사이에서는 치열한 대결이 벌어지고, 수천 개의 마케팅 부서가 단 일 분 동안이라도 시장 점유율에서 우세를 차지할 방법을 찾아 헤매는 세계입니다.

모든 일을 캐릭터 자신의 문제로 만들어서 골치를 썩입니다.

기업의 계획 때문에 파괴되는 장소는 단순히 아무런 슬럼가가 아닙니다. 바로 캐릭터가 잘 알고 지켜주는 누군가의 집과 터전입니다. 기업은 캐릭터를 유용한 자산으로 여깁니다. 즉, 캐릭터가 잘 알고, 신뢰하고, 의지하는 사람들을 지렛대로 사용해 캐릭터를 움직이려 할 것입니다. 특히 기업은 연줄을 적극적으로 이용합니다. 간접적으로, 혹은 노골적으로 연줄을 위협하세요. 연줄의 아파트를 무너뜨려서 캐릭터들의 관심을 끌어모으세요.

NPC를 쓰고 버리는 자산처럼 다룹니다.

NPC를 보호하지 마세요. NPC는 MC와 플레이어들이 만드는 이야기에 극적인 요소와 골칫거리를 보태기 위해 존재합니다. 멋진 홍콩 영화를 보세요. 적절한 시기에 좋아하는 조연 캐릭터의 머리에 총알을 박아 넣으면 커다란 극적, 감정적 가치를 불러일으킨다는 교훈을 배울 수 있습니다. NPC로부터 가능한 한 많은 이야기의 가능성을 끌어모으세요. 하지만 캐릭터의 행동이나 NPC 스스로가 저지른 행동 때문에 받아야 하는 이야기 속 대가를 피해지 마세요. 만약 기업이 캐릭터처럼 쓸모 있는 자산도 기꺼이 처분할 수 있다면, 캐릭터를 움직이는데 쓴 수단으로만 사용한 쓸모없는 자산은 얼마나 더 쉽게 버릴 수 있을까요? MC 역시 기업처럼 하세요.

임무에서 모든 NPC를 죽이라는 말이 아닙니다. 고정 출연하는 NPC는 분명 충분한 가치가 있습니다. 친구나 연줄, 심지어 적을 살릴 기회를 캐릭터에게 주세요! 만약 적수의 죽음이 명확하지 않다면(특히 사이버네틱 의학의 가능성을 고려할 때) 때맞춰 돌아오게 해서 큰 극적 효과를 불러 일으킬 수도 있습니다.

화면 밖의 일도 생각합니다.

캐릭터는 **스프롤**의 일부만을 볼 수 있습니다. 하지만 나머지 부분도 꾸준히 움직이세요. 특히 기업 시계를 신경 쓰세요. 캐릭터가 건드리지 말아야 할 사람들의 심기를 거슬렀다면, 그 사람들은 얌전히 팔짱 끼고만 있지 않을 것입니다. 11장: 임무 회복 항목을 참조하세요. 특정 기업 시계가 2100을 넘었다면, 해당 기업은 캐릭터를 적극적으로 지켜볼 것입니다. 어쩌면 제3의 세력을 출현시켜서 임무를 더욱 복잡하게 만들어야 할 수도 있습니다. 강령을 명심하세요!

캐릭터들의 팬이 됩니다.

이는 항상 염두에 두어야 할 중요한 원칙입니다. **스프롤**을 플레이하는 목적은 모두가 만든 멋진 캐릭터로 함께 협력해서 이야기를 만들기 위해서입니다. MC로서 플레이어에게 던지는 질문은 테이블에서 만든 캐릭터를 형성하는데 핵심적인 역할을 한다는 사실을 명심하세요. 그러므로 각 캐릭터를 만들 때는 MC의 의견이 어느 정도 포함됩니다!

액션

MC는 다음 경우에 액션을 사용합니다:

» 플레이어가 판정에 실패할 때.

» 다들 어떻게 될지 궁금해하며 MC를 쳐다볼 때.

» 이야기에 필요할 때.

액션은 **스프롤**의 분위기와 주제를 더욱 확실하게 강조하기 위해 MC가 무엇을 해야 할지 영감을 줍니다. 액션을 보고 무엇을 할지 결정한 다음, 캐릭터들에게 무슨 일이 발생했는지 이야기로 보여주세요. 캐릭터가 방금 무엇을 했는지, 캐릭터에게 방금 무슨 일이 일어났는지, 그리고 화면 바깥에서 다른 세력이 어떤 행동을 했는지 염두에 두고 항상 게임 속의 이야기 상황에 맞춰 액션을 하세요. 여러 카운트다운 시계, 특히 사전조사 시계와 임무 시계의 상황을 잊지 마세요. 다음은 MC 액션의 기본 목록입니다:

» 캐릭터들에게 총부리를 보여줍니다.

» 캐릭터들의 삶을 당장 곤란하게 만듭니다.

» 누군가를 곤경에 빠뜨립니다.

» 피해를 줍니다.

» 캐릭터들의 자원을 소모합니다.

» 대가를 요구하는, 또는 대가 없는 기회를 제공합니다.

» 조건이나 결과를 내걸고 의향을 묻습니다.

» 기업이나 임무, 위험요소의 액션을 사용합니다.

액션을 마친 다음에는 항상 "어떻게 할래요?"라고 물으세요.

캐릭터들에게 총부리를 보여줍니다.

캐릭터들에게 장래에 문제를 일으킬 무언가를 암시하세요.

"철사를 자를 때, 전자기 자물쇠가 쾅, 하면서 열리는 소리가 들립니다.... 그리고 작게 반짝이는 노란 불빛이 보입니다. 예비 시스템인 것 같습니다. 어떻게 할래요?"

"쿵쿵대면서 둔탁한 발걸음이 계단을 내려오는 소리가 들립니다. 당신은 여기에 도착하기 직전이에요. 어떻게 할래요?"

"시설을 스캔합니다. 깨끗해 보입니다. 잠시만요, 방금 형체 하나가 어두워진 창문을 지나갔네요. 사이버웨어 눈의 화면을 다시 재생해봅니다. 예. 방탄복을 입은 형체입니다. 하지만 그 이상은 알 수 없네요. 어떻게 할래요?"

캐릭터들의 삶을 당장 곤란하게 만듭니다.

캐릭터에게 당장 문제를 일으킬 무언가를 드러냅니다.

> "눈이 핑. 일비틴시 MDI 즐게들 한 블대가 사무실로 난입합니다. 어떻게 할래요?"
>
> "단말기 뒤에 몸을 숙이는 동안 눈을 찌르는 조명등 불빛이 안뜰을 환히 밝히면서 여기저기를 철저하게 훑습니다. 침입자는 들어라! 당장 항복해라!' 어떻게 할래요?"
>
> "T-버드가 쏘아봅니다. 네 X 같은 변명은 충분히 들었어. 당장 집 내놔.' 곁눈질하니, 지미가 방아쇠울에 손가락을 거는 모습이 보이네요. 어떻게 할래요?"

누군가를 곤경에 빠뜨립니다.

누군가를 위험에 빠뜨리고, 지연시키고, 붙잡으세요. 플레이어가 캐릭터 자신을 지키느냐, 연줄을 지키느냐, 지금 당장 임무를 완수하느냐를 두고 어려운 선택을 하도록 만드세요.

> "경비가 할로우의 가슴을 붙들고 옴니다이나믹스 레비저 47을 머리에 들이댑니다. 종 내려놓고 제어판에서 떨어져!' 어떻게 할래요?"
>
> "희미한 휘파람 소리와 함께, 피닉스가 폭발적으로 움직입니다. 이식된 칼을 넓게 휘두르며 카비의 머리를 베려 합니다. 루루, 여기 있는 사람 중 당신만 인조 신경을 달았어요. 어떻게 할래요?"

피해를 줍니다.

캐릭터에게 이야기 속에서 진행된 이야기에 맞춰 피해를 주세요. 이 액션은 따분해지기 쉬우므로, 정말로 지금 쓰기 적절한 액션인지 확인하고 최대한 재미있게 만드세요. 자세한 내용은 이후 피해 주기 항목을 참조하세요.

> "리무진이 부드럽게 갓돌 앞에 멈춰 섰습니다. 벡터는 운전석 창문을 내린 다음 신호를 보냅니다. 당신은 길 건너편에 있는데, 갑자기 찢어지는 듯한 소리와 함께 촘촘하게 발사한 총알 여러 발이 자동차 앞유리를 뚫습니다. 벡터의 머리가 박살나면서 좌석 사이로 흩어지네요. 어떻게 할래요?"
>
> "당신은 밑에서 다리를 걸어차려고 시도했지만, 충분하게 힘이 들어가지 못했습니다. 당신이 정강이 보호대를 걷어차자 남자는 그저 으르렁거릴 뿐입니다. 검은색 안면 보호판이 차갑게 당신 쪽을 향했고, 남자는 방아쇠를 당겨 플레세트탄 한 무더기를 당신 어깨에 박아 넣습니다. 2 피해를 받으세요. 어떻게 할래요?"

캐릭터들의 자원을 소모합니다.

장비는 오작동을 일으킬 수 있고, 타이어는 터집니다. 드론은 추락하고, 성능미달인 사이버 웨어는... 음, 성능미달입니다. 총은 탄약이 떨어지고, 사이버좀비는 물건을 부숩니다. 피해 주기는 충분히 좋은 MC 액션이지만, 때로는 캐릭터가 가진 물건을 빼앗은 다음 곤란한 상황을 어떻게 타개할지 지켜보는 편이 더욱 재미있을 때도 있습니다.

> "보물 상자의 뚜껑을 젖히고 분석 프로그램을 돌리자, 스페인 금화가 비현실적으로 반듯이 놓여 있네요. 갑자기 거대한 망치가 금속을 두드리는 것처럼 날카롭고 귀가 먹먹한 폭발음이 들립니다. 찌를 듯한 고통이 관자놀이를 지나가고, 현실 세계에서 눈을 뜨니 사이버덱에 연기가 모락 모락 나는 구멍이 뚫려 있고, 진홍색 제복을 입은 보안요원들이 와 있습니다. 어떻게 할래요?"

> "당신은 지붕 끝까지 기어오른 다음 조심스럽게 탐사 드론을 통풍구에 집어넣습니다. 무언가 드론을 확 잡아끄는 느낌이 듭니다. 카메라 화면이 현기증 나게 빙글빙글 돌더니, 부츠 바닥이 화면을 가득 메우면서 영상이 끊깁니다. 아마도 드론이 발각된 것 같습니다. 어떻게 할래요?"

대가를 요구하는, 또는 대가 없는 기회를 제공합니다.

MC는 항상 빼앗기만 하는 것이 아니라 가끔은 베풀 줄도 알아야 합니다. 선물에는 보통 낚싯줄이 달려 있지만, 때로는 대가가 없을 수도 있습니다. 캐릭터들은 위험한 행동에 어떤 대가가 따르는지 파악할 줄 아는 프로입니다. 그러므로 선물을 줄 때는 어떤 낚싯줄이 걸렸는지, 어떤 대가를 치르거나 치를 가능성이 있는지 알려주세요.

> "카터가 쇼핑몰 건너편의 비상문으로 힘차게 걸어가는 모습이 보입니다. 좀 멀리 떨어져 있네요. 하지만 배양통버거를 먹는 고객들 사이를 죽어라 달리면 뒤따라 잡을 수 있을 것 같아요. 물론 쇼핑몰 경비원은 좋아하지 않겠죠. 당신 선택이에요."

> "연구 개발 연구실의 파일을 검색하는 동안, 시스템 지도에 없는 보안 데이터베이스를 발견했습니다. 한번 보고 싶나요?"

조건이나 결과를 내걸고 의향을 묻습니다.

플레이어는 종종 캐릭터가 무엇을 할 수 있는지 묻곤 합니다. 알려주세요. 그리고 만약 한다면 어떤 종류의 문제가 일어날지, 무엇을 대가로 치러야 하는지, 혹은 무엇을 포기해야 할지도 말해주세요. 그다음 플레이어들이 무엇을 하는지 살펴보세요. 바로 이것이 "어떤 일이 일어나는지 플레이를 해서 알아냅니다" 의 본질입니다. 플레이어들에게 어려운 선택을 제시하고, 어떻게 하는지 지켜보는 일은 무척 재미있습니다. 진짜로 어려운 선택을 만드는 데는 분명 기술이 필요하며, 감을 잡을 때까지는 실습이 필요합니다. 어려울 줄 알았던 선택을 플레이어들이 쉽게 지나갔다면 속 태우지 마세요. 다음 기회를 기다렸다가 다시 시도하세요.

"뒤편에서 보안요원들이 계단을 올라오는 소리가 들립니다. 옥상을 빠져나가려면 대낮에 집라인을 타는 방법밖에 없습니다. 분명 누군가 보겠지요."

"궤도 엘리베이터가 비상 기술팀을 태우고 곧 떠날 예정이지만, 현재 폐쇄 조치가 실행 중입니다. 그래서 엘리베이터를 타려면 폐쇄를 풀거나 다른 방법으로 궤도 정박소를 떠날 방법을 찾아야 합니다. 탈 거에요?"

"시설까지는 차로 갈 수 있지만, 거기로 가려면 꽉 채운 연료를 거의 다 써야 하고, 돌아올 때도 역시 연료를 가득 채워야 합니다. 그러니 현장에서 연료를 찾거나 여분 적재공간 상당 부분을 연료로 채워야 합니다. 어떻게 할래요?"

기업이나 임무, 위험요소의 액션을 사용합니다.

때로는 특정한 집단이나 상황, 장소가 자신만의 특정한 액션을 가질 수도 있습니다. 보통 기본 MC 액션을 분위기에 맞게 더욱 구체적으로 바꾼 액션입니다. 11장: 임무에서 이러한 액션의 예를 소개합니다.

위기 고조

모든 액션이 평등한 결과를 낳지는 않습니다. **스프롤**에서 액션은 "약한 액션"과 "강한 액션"이 있습니다. 두 액션의 기준은 캐릭터에게 효과가 얼마나 직접 미치는지에 따라 정해집니다. 약한 액션은 앞으로 닥칠 위험과 대가를 준비하는 한편, 강한 액션은 당장 캐릭터에게 직접 닥치는 위험입니다. 하지만 실제 플레이에서 두 액션은 0과 1처럼 정확하게 나뉘는 것이 아니라 양극 사이 연속선상 어딘가에 위치합니다. 보통 MC는 약한 액션을 사용해 상황을 도입한 다음, 상황이 점점 절정으로 치달으면서 서서히 더욱 강한 액션을 사용합니다. 이 방법은 각 장면과 서로 이어진 장면 모음, 임무, 카운트다운 시계로 관리하는 스토리 아크 등 모든 규모의 이야기에서 적용합니다. 다음 예시는 일련의 장면 안에서 액션이 점차 강해지는 상황을 나타냈습니다.

» 보안을 우회하려다가 경보를 울렸습니다. (MC는 캐릭터들에게 **총부리를 보여줍니다**. 액션을 사용했습니다. 캐릭터들이 어떠한 반응을 하지 않아도 되기 때문에 약한 액션입니다)

» 간트와 케네디는 보안요원들이 계단으로 달려오는 발소리를 들었습니다. (다시 **캐릭터들에게 총부리를 보여줍니다**(혹은 지속적인 **자산**을 배치합니다), 하지만 이번에는 보안요원들이 곧 들이닥치기 때문에 조금 더 강한 액션입니다)

» 보안 부대 하나가 사무실로 뛰어듭니다. (MC는 **캐릭터의 삶을 당장 곤란에 빠뜨립니다**. 이제 위험이 눈앞에 닥쳤고, 캐릭터들은 반드시 반응해야 합니다)

» 기업의 경호원이 헤이저에게 총을 겨누면서 항복하라고 말합니다. (MC는 **누군가를 곤경에 빠뜨립니다**. 당장 치러야 할 대가로 위협하기 때문에 좀 더 강한 액션입니다)

» 칼날을 장착한 여자가 안티K-테라에게 칼을 휘두릅니다. (MC는 다시 **누군가를 곤경에 빠뜨립니다**. 하지만 캐릭터가 당장 반응하지 않으면 피해를 받기 때문에 훨씬 강한 액션입니다)

» 저격수가 총을 쏴서 케네디를 맞춥니다. (가장 강한 액션입니다. 캐릭터에게 **피해를 줍니다**)

피해 주기

위험한 상황에 뛰어든 캐릭터는 피해를 주고받습니다.

피해는 기본 액션과 플레이북 액션, 또는 MC 액션의 결과로 생깁니다. "진행된 이야기에 맞춰" 피해를 주라고 액션에 명시되었다면, 묘사한 행동과 장면에 따라 어떤 피해를 주어야 이야기에 어울릴지 결정하세요. 이번 항목은 무기로 피해를 어떻게 주는지, 방어구로 어떻게 피해를 막는지 설명한 다음, 다른 방법으로 피해를 주고받을 때는 어떻게 할지 지침을 제시합니다.

피해는 보통 무기를 사용해서 줍니다. 무기에는 얼마나 큰 피해를 줄 수 있는지, 혹은 어떤 종류의 피해를 주는지를 나타내는 무기 수치가 있습니다(4-피해, 2-피해, 0-피해, 충격-피해 등). 일반 무기의 무기 수치는 6장: 자산을 참조하세요. 만약 무기 수치가 숫자라면, 이 무기에 맞았을 때 피해 시계가 몇 칸 전진하는지 나타냅니다. 0-피해나 충격-피해는 피해 시계를 직접 채우지는 않지만, 피해 판정(2장: 기본 액션) 결과에 따라 피해 시계가 전진할 수도 있습니다.

간트는 MDI의 보안 장교에게 **세게 나가기**를 시도했지만 실패했습니다. 간츠는 화가 나 헬리스텍 레비저 중권총으로 장교를 쏩니다. 중권총은 피해 수치가 3-피해이므로, 보안 장교는 3 피해를 받습니다.

케네디는 에콰다인 페트로켐의 대응 부대와 **한판 붙습니다.** 케네디는 7-9를 굴려서 '캐릭터는 진행된 이야기에 맞춰 피해를 받습니다.'와 동료 하나가 진행된 이야기에 맞춰 피해를 받습니다.'를 고릅니다. MC는 케네디와 헤이저가 대응 부대의 EP-45 돌격 소총(4-피해)에 맞았다고 설명합니다. 케네디와 헤이저는 각각 4 피해를 받고 피해 판정을 합니다.

케네디가 한판 붙을 때 만약 에콰다인의 장교가 EP-10 소형 권총(2-피해)으로 헤이저의 등을 겨누었다면, MC는 장교가 권총으로 어떻게 헤이저를 쐈는지 설명할 것입니다. 이 경우 헤이저는 4 피해 대신 2 피해를 받습니다.

방어구는 무기에 「철갑탄」태그가 없는 한 피해를 줄입니다. **피해** 판정을 하기 전 장갑 수치만큼 받은 피해에서 빼세요.

> 「다음번 케네디는 에코다인 페트로켐의 대응 팀과 **한판 붙습니다.** 케네디는 방탄조끼 (1-장갑)를 입었고, 헤이저는 전신 방탄복(2-상갑)를 입었습니다. 케네디는 7-9를 굴려서 '캐릭터는 진행된 이야기에 맞춰 피해를 받습니다.'와 '동료 하나가 진행된 이야기에 맞춰 피해를 받습니다.'를 고릅니다. MC는 케네디와 헤이저가 대응 팀을 제압했지만 EP-45 돌격 소총에 맞았다고 설명합니다. MC는 양 캐릭터에게 4 피해를 주지만, 케네디는 피해에서 1점을, 헤이저는 2점을 뺍니다. 이제 케네디는 3 피해를, 헤이저는 2 피해를 받고 피해 액션을 합니다.

캐릭터는 건물에서 떨어지거나, 차에 부딪히거나, 문에 팔이 끼거나, 떨어지는 서버 받침대에 부딪히는 등 다른 방법으로도 피해를 받을 수 있습니다. 다음은 피해 단계의 지침입니다.

0 피해: 긁히거나 멍듭니다. 곧 낫습니다.

1 피해: 상대적으로 가벼운 부상입니다. 심각한 타박상이나 자잘한 자상, 삔 발목, 일시적인 호흡 곤란 등입니다. 아프지만 의료 조치가 필요하지는 않을 것입니다.

2 피해: 응급처치가 필요한 부상입니다. 피부에 큰 상처를 입거나, 뼈에 금이 갔을 것입니다. 아마 감염의 위험이 있을 것입니다.

3 피해: 심각한 부상입니다. 큰 자상이나 총상, 골절 등입니다. 평범한 사람은 쇼크 상태에 빠져 응급조치를 받아야 합니다. 백전노장은 견딜 수 있습니다.

4 피해: 입원이 필요한 부상입니다. 백전노장조차 망설일 것입니다.

5+ 피해: 정말로 운이 좋거나 특출 난 사람만이 살 수 있는 부상입니다.

스프롤의 피해 규칙은 사실적이면서도 빠른 분위기를 연출하기 위해 만들었습니다. 원하는 게임의 분위기에 어울리지 않는다면 피해 규칙을 다른 스타일에 맞춰서 일부 조정할 수 있습니다. 어떻게 조정할지는 12장: 스프롤 해킹하기에서 설명합니다.

피해와 NPC

자신의 몸과 실력을 팔아 다국적 기업에서 일회용 요원으로 활동하는 백전노장 NPC 는 **스프롤**에 그리 많지 않습니다. 다음 설명을 참조하여 이야기 속에서 특정 NPC를 "처리하기" 위해 얼마나 피해 수준이 필요한지 판단하세요. 일반적으로:

» 1 피해는 개인적인 폭력에 익숙하지 않은 시민을 처리할 수 있습니다.

» 2 피해는 보안요원 대부분을 처리할 수 있습니다.

» 3 피해는 잘 훈련받은 요원을 처리할 수 있습니다.

» 4 피해는 사이버웨어를 달지 않은 정예 전사를 처리할 수 있습니다.

사이버웨어를 단 정예 전사는 이름과 완전한 피해 시계를 가질 것입니다. 어쩌면 고유한 MC 액션을 지닌 위험요소일 수도 있습니다.

NPC는 무기뿐만 아니라 방어구도 갖출 수도 있습니다. 따라서 일반 보안요원은 소형 권총(2-피해)을 맞으면 쓰러지겠지만, 방탄조끼(1-장갑)를 입었다면 살아남아 계속 위협이 될 수 있습니다.

기업 임원이 칼로 2 피해를 받고 기절합니다.

MDI 경비 요원이 간트의 헬리스텍 레버저에 3 피해를 받고 고통 때문에 알 수 없는 소리를 지르며 의식을 잃습니다.

케네디가 공격한 에코다인 페트로켐의 대응 부대는 잘 훈련받은 보안요원들의 소형 무리입니다. 4 피해면 요원들을 쓰러뜨릴 수 있지만, 이들은 전신 방탄복(2-장갑)을 입었고 소형 무리이므로 케네디의 공격에서 피해를 1점 뺍니다. 케네디의 자동 산탄총(3-피해)에는 철갑탄이 장전되었으므로 대응 부대의 방탄복은 무시합니다. 하지만 무리 보너스는 여전히 적용합니다. 케네디는 2 피해를 줍니다. MC는 케네디가 이 중 한 명을 쓰러뜨리고, 나머지 요원들은 엄폐물을 찾아 물러났다고 설명했습니다. 케네디는 **한판 붙기**에서 성공해서 상황을 장악했지만, 대응 부대는 여전히 이야기 속에서 해결해야 할 위험요소입니다.

카운트다운 시계

카운트다운 시계는 자정, 0, 0시 0분, 죽음으로 향하는 시간 규칙입니다. 시계가 끝날 때면 무언가 나쁜 일이 일어납니다. 카운트다운 시계는 다음과 같습니다.

15:00	18:00		21:00	22:00	23:00	00:00

카운트다운 시계 전진시키기

이야기 속의 특정한 사건은 카운트다운 시계를 "전진"시킵니다. 시계를 전진시킬 때는 가장 왼쪽의 빈칸부터 채우세요. 가장 왼쪽의 채워진 칸이 현재 시각입니다. 그러므로 1500와 1800이 채워졌으면 현재 시각은 1800입니다.

카운트다운 시계는 이야기 상황을 설명합니다. 시계가 전진할수록 해당 시계가 나타내는 사건의 상태를 보여줍니다.

카운트다운 시계는 이야기를 지시하는 역할도 합니다. 카운트다운 시계가 특정 시간에 다다르면 이야기 속에서 무언가 효과가 발동됩니다.

특정한 액션에서 '누군가가 알아차리거나' '관심을 끄는' 선택지는 MC가 카운트다운 시계를 전진시켜도 된다는 신호입니다. 카운트다운 시계의 시간은 빠듯한 자원이므로, 시계를 전진시키는 것은 강한 액션입니다. 만약 강한 액션을 할 때가 아니라면 MC는 시계를 전진시키는 대신 **총부리를 보여줄 수 있습니다.** 강한 액션과 약한 액션은 앞의 설명을 참조하세요.

시계가 자정을 가리킬 때

카운트다운 시계가 0000에 다다르면, 무언가 일어납니다. 무슨 일이 일어날지는 시계 종류에 달렸습니다.

MC는 카운트다운 시계를 사용해 두 가지 종료 조건, 즉 목적의 진척 상황이나 위험이 닥친 정도가 얼마나 진행되었는지 추적할 수 있습니다. 때로는 둘 사이에 차이를 둘 필요는 없지만, 둘을 명확하게 정리하면 이야기를 적절하게 만드는 데 도움이 됩니다.

가장 흔한 카운트다운 시계는 캐릭터에게 얼마나 위험이 가까이 닥쳤는지, 그리고 팀에게 얼마나 여유가 남았는지 추적합니다.

» 피해 시계는 캐릭터가 얼마나 죽음에 가까워졌는지 추적합니다.

» 사전조사 시계는 팀의 활동이 얼마나 들킬 위기에 처했는지 추적합니다.

» 임무실행 시계는 임무가 얼마나 실패에 가까워졌는지 추적합니다.

» 기업 시계는 기업이 팀에 얼마나 주목하는지 추적합니다.

» 기자의 잠음 시계는 조사 대상이 증거를 완전히 은폐할 때가 얼마나 가까워졌는지 추적합니다.

다른 종류의 카운트다운 시계는 이야기 흐름에 영향을 미치지만, 팀에게 직접 위험을 끼치지 않는 목적을 향한 진척 상황을 추적합니다.

» 위험요소 시계는 위험요소가 목적을 이루는 데 얼마나 가까워졌는지 추적합니다.

» 능동적으로 활동하는 목표를 노리는 임무에서, 임무실행 시계는 목표가 자신의 목적을 이루는 데 얼마나 가까워졌는지(다만 반드시 궁극적인 목적일 필요는 없습니다) 추적합니다.

» 기자의 기사 시계는 기자가 특종에 얼마나 가까워졌는지 추적합니다.

임무 시계는 양쪽 목록 모두에 소개되어 있습니다. 때로 임무 시계는 캐릭터들에게 위험이 될 수 있는 목적이 얼마나 진척되었는지 추적합니다.

MC는 시계를 만들 때 0000에 다다르면 무슨 일이 벌어지는지 명확하게 정해야 합니다. 가장 흔한 시계들은(피해, 사전조사, 임무, 기업) 이 책에 결과가 명확하게 적혀 있습니다. MC가 게임의 다른 부분을 추적하기 위해 만든 시계는 0000에서 어떤 결과가 벌어지는지 적어 두세요. 0000에서 어떤 결과가 일어날지 생각이 잘 안 난다면 이 시계가 목적의 진척을 나타내는지, 위험 정도를 나타내는지 생각해 보세요.

시계의 중간 단계에서 어떤 일이 일어나는지도 몇 가지 적으세요. 시계는 이야기를 설명하는 동시에 이야기를 지시하는 역할도 한다는 사실을 명심하세요. 시계가 1500일 때, 캐릭터들이 무언가 시계가 2100이 될 만한 행동을 한다면 시계는 곧장 2100로 전진합니다.

스토리 아크 역할을 하는 카운트다운 시계

카운트다운 시계는 여러 규모로 작동하는 스토리 아크로 볼 수도 있습니다. 가장 높은 수준에서는 기업 시계가 게임 전체를 아우르며, 캐릭터가 이를 바꾸려면 큰 노력을 기울여야 합니다.

그 아래 수준에는 기자의 **사건의 냄새** 액션처럼 몇 세션에 걸쳐 영향을 미치는 중간 수준의 스토리 아크가 있습니다. **사건의 냄새**가 해결되면, 기업 시계 한두 곳에 큰 영향을 줄 수 있습니다. 위험요소 시계 역시 중간 수준의 스토리 아크로 나타낼 경우가 많습니다. 캐릭터가 처리해야 할 갱단 문제는 금방 위기에 이르러 결과가 나올 것입니다. 기업은 길게 내다보고 활동합니다. 거리의 문제는 반감기가 훨씬 더 짧습니다.

가장 낮은 수준의 스토리 아크는 임무이며, 사전조사와 임무실행 시계에 좌우됩니다. 임무는 보통 한 세션 동안 지속됩니다. 임무 중 내린 선택은 임무 시계에 영향을 주며, 임무가 끝난 후에는 기업 시계에 영향을 줍니다.

MC는 임무마다 임무 조건 그 자체로, 플레이어는 **연출 선언하기**로 게임 세계에 새로운 요소를 도입할 수 있습니다. 캐릭터의 연출은 캐릭터에게 도움을 줄 뿐만 아니라 **스프롤**의 세계를 한 층 더 넓힙니다. 캐릭터가 임무를 수행하면서 성장하고 변화를 겪듯, **스프롤** 역시 마찬가지로 달라집니다.

카운트다운 시계의 종류

카운트다운 시계 중 특별히 관심을 기울여야 하는 종류는 다섯 가지가 있습니다: 피해 시계, 임무 시계 두 가지(사전조사와 임무실행), 기업 시계, 위험요소 시계.

피해 시계

모든 캐릭터는 각자 얼마나 심각한 상태인지 나타내는 피해 시계를 가집니다. 피해 시계가 1500이나 1800, 2100에 있다면 캐릭터는 얻어맞고, 멍들고, 피투성이가 되었지만 괜찮은 편입니다. 기초적인 응급처치 지식을 갖춘 사람이라면 누구든지 캐릭터의 상처를 치료할 수 있습니다. 하지만 피해 시계가 2200이나 2300에 다다르면 숙련된 의료 전문가의 보살핌이 필요합니다. 피해 시계가 0000에 다다르면 구급차가 필요합니다. 바로 지금 당장 말입니다.

앞서 설명한 **피해 주기** 항목을 참조하세요.

임무 시계

임무 시계는 두 종류가 있으며, 두 시계 모두 상대가 팀의 활동을 얼마나 의식하는지 추적합니다. 사전조사 시계는 팀이 임무를 준비하고 조사를 하면서 얼마나 시끄럽게 굴었는지 추적합니다. 임무실행 시계는 임무가 진행되는 동안 상대가 얼마나 경계를 하는지 추적합니다.

사전조사 시계와 임무실행 시계는 11장: 임무에서 설명합니다.

기업 시계

기업 시계는 기업이 캐릭터들을 얼마나 잘 파악했으며, 팀의 방해 활동에 얼마나 신경 쓰는지 나타냅니다. 기업 시계가 전진하면 기업은 캐릭터들의 행동을 방해하고, 결국에는 캐릭터와 주변 인물들에게 맞서 행동을 개시합니다. MC는 임무를 제작할 때 기입 시계의 위치를 고려하세요.

특정 기업을 대상으로 한 임무의 성공과 실패는 관련 기업 시계의 상태를 바꿉니다. 기업 시계의 변동은 주로 임무의 보복 단계에서 일어납니다(11장: 임무).

위험요소 시계

기업 시계가 압박감을 나타낸다면, 위험요소 시계는 진행 정도를 나타냅니다.

위험요소 시계는 캐릭터들이 막지 않는 한 일어날 불쾌한 미래까지 얼마나 남았는지를 보여줍니다. 아래 위험요소를 참조하세요.

기업

> *우리는 도망쳤어. 서비스 도어로 빠져 나와서, 도쿄의 차량들 속으로 뛰어들어서 신주쿠에 이르렀어. 그 때 나는 호사카의 팔이 얼마나 긴지 처음으로 실감했어.*
>
> *문이란 문은 모두 닫혔어. 지난 2년간 업무상 같이 일했던 사람들은 우리가 오는 모습을 보면 마치 강철 셔터를 내린 것 같은 눈길을 보냈어. 그들이 전화기로 손을 뻗기 전에 도망쳐야 했지. 지하 세계의 표면 장력은 세 배 정도 늘어서 어디로 갈 때마다 팽팽한 막으로 우리를 튕겨냈어. 깊이 잠적할 기회도, 시선 밖으로 사라질 기회도 없었어.*
>
> *호사카는 첫날 대부분의 시간 동안 우리가 도망치도록 내버려 두었지. 그리고는 누군가를 보내 폭스의 등을 다시 한 번 부러뜨렸어.*
>
> New Rose Hotel, 윌리엄 깁슨

스프롤을 처음 플레이할 때, MC와 플레이어는 이야기의 일부가 될 기업 몇 군데를 결정합니다. 기업은 거대기업이나 정부기관, 지하조직, 강력한 정치 로비 집단, 막강한 힘을 지닌 개인의 제국 등 캐릭터가 말려들 만한 일을 하는 거대한 조직이라면 어디든 가능합니다.

기업 액션:

- » 눈치채기 힘든 메시지를 보냅니다.
- » 폭력적인 메시지를 보냅니다.
- » 문제를 종결합니다.
- » 문제에 돈을 쏟습니다.
- » 처분 가능한 자산을 고용합니다.

- » 지속적인 자산을 배치합니다.
- » 작은 기업을 인수합니다.
- » 누군가의 삶을 어렵게 합니다.
- » 두뇌 피질에 폭탄을 설치합니다.
- » 첨단기기를 배치합니다. (드론, 추적기, 업로드 기기 등)

기업은 독자적인 목적과 강령을 지닙니다. 하지만 거리의 수준으로 볼 때는 다음 세 가지로 응축됩니다: 기업 액션을 할 때, 다음 항목을 고려하세요:

> » 기업은 이윤을 극대화하고 비용을 최소화합니다.
> » 기업은 책임을 부인하고 반대의견을 압박합니다.
> » 기업은 기술과 인간 양쪽 모두를 한계까지 쥐어짭니다.

기업 만들기

특정 기업이 이야기에 처음 등장할 때, MC는 해당 기업의 시계를 만듭니다. 기업 시계 일부는 플레이 준비 9단계에서 만들지만, 플레이 도중 새로 등장할 수도 있습니다.

게임을 준비하는 동안, 기업은 처음 플레이어가 기업을 만들 때 묘사한 내용과 캐릭터 만들기 과정에서 기업과 캐릭터가 주고받은 상호과정을 반영하여 어느 정도 특성을 발전시켜 나갑니다. MC는 각 기업의 특성을 대표하는 커스텀 기업 액션을 준비해도 좋습니다.

모든 기업은 각자 시장에서 유독 눈에 띄게 강한 분야가 있습니다. 어쩌면 하나 이상일 수도 있습니다. 하지만 **스프롤**의 모든 기업은, 철저하게 다각화한 조직이므로 적어도 플레이어들이 만든 **스프롤** 안에서는 모든 분야에 강하게 자리 잡았습니다. MC는 겉으로 드러나는 지배력과 더욱 깊숙하게 있을지도 모르는 무언가를 암시하는 커스텀 기업 액션을 몇 가지 만들 수도 있습니다.

모든 기업 액션과 마찬가지로, 커스텀 기업 액션은 플레이 중 MC를 상기시키기 위한 목적을 가졌습니다. 기업 액션으로 할 수 있는 모든 일은 이미 MC 액션에 포괄되지만, **때로는 캐릭터들에게 총부리를 보여줍니다.** 보다는 기업 액션 시트에 있는 **처분 가능한 자산을 고용합니다.** 를 보는 편이 더욱 도움이 될 수도 있습니다. 플레이 전에 커스텀 기업 액션을 일부 만들어 놓는 것은 효과적이면서 유연한 준비 태세입니다.

노라는 테이블에서 만든 기업을 검토 중입니다. 존은 "헬릭스텍: 유전공학, 사이버네틱스, 군용 신체 강화" 라는 내용을 제안하면서, 헬릭스텍은 첨단 사이버네틱스 연구에 뛰어들었으며, 그림자 속 기업 전쟁 속에서 현장 실험을 한다고 설명했습니다. 노라는 헬릭스텍의 특징을 바탕으로 두 가지 액션을 만듭니다:

- 현장 실험을 합니다.
- 라이벌 기업의 문제에 끼어듭니다.

그다음 노라는 헬릭스텍의 주요 분야인 유전공학, 사이버네틱스, 군용 신체 강화를 고려하여 두 가지 액션을 더 만듭니다.

- 위협이 될 수 있는 첨단 사이버네틱스 기술을 드러냅니다.
- 유전자 변형 또는 유전자 공격을 일으킵니다.

기업에 지나치게 인격을 부여하지 마세요. 이 단계에서 기업은 특색 없는 거대한 조직일 뿐입니다. 기업에 인격을 더하려면, 기업 내에서 위험요소로 존재하는 특정한 파벌을 만드세요.

위험요소

위험요소는 기존 카운트다운 시계와는 별도의 목적을 지닌 주요한 적으로, 여러 임무에 걸쳐 계속 활동하면서 그 자체로 이야기의 중요한 부분이 됩니다. 위험요소는 캐릭터의 행동에 방해가 되는 어떠한 종류의 적도 될 수 있으며, 비중 있게 묘사를 해야 할 만큼 충분히 숭요합니다. 또한, 위험요소는 치숙한 기업과는 일정 부분 이상 독자적으로 움직이면서 여러 임무 동안 캐릭터의 삶과 밀접하게 붙어 있어야 합니다.

스프롤에는 집단, 외톨이, 장소, 헤드라인, 이 네 가지 종류의 위험요소가 있습니다. 각 위험요소는 관련 액션, 0000일 때 무언가 결과가 발생하는 위험요소 시계, 자신만의 커스텀 액션을 갖춥니다. 또한 위험요소는 액션뿐만 아니라 목적도 지닙니다. 아래 목록은 위험요소가 목적으로 가질 법한 몇 가지 예시입니다.

위험요소 항목 마지막에서는 위험요소를 만들고 묘사하는 방법을 다룹니다.

집단

집단은 같은 목적이나 목표를 가지고 함께 행동하는 사람들의 모임입니다. 집단은 체계적일 수도 있고 주먹구구식일 수도 있으며, 한 명의 지도자 아래에서 위계조직을 가진 조직일 수도, 여러 지도자 아래에서 분산되었거나 점조직 형태일 수도 있습니다. 집단은 어쩌면 갱단이나 민병대, 정부 기관, 기업의 하위 부서, 테러리스트나 활동가, 해커 모임, 간헐적으로 발생하는 사회 운동일지도 모릅니다. 어떤 종류의 조직인지, 무엇을 원하는지, 어떻게 활동하는지 설명하세요.

집단 목적

소유하고, 전복하고, 공포에 떨게 하고, 파괴하고, 군림합니다.

집단 액션:

» 갑작스럽고 직접적으로, 강력하게 공격합니다.

» 자산이나 아군을 매수합니다.

» 누군가, 또는 무언가를 빼앗습니다.

» 음모나 무력으로 영토를 주장합니다.

» 누군가, 또는 무언가를 파괴합니다.

» 누군가, 또는 무언가를 폭로하겠다고 위협합니다.

» 요구합니다.

» 기회를 엿보고 사전조사를 합니다.

» 약점을 캡니다.

» 기업의 지원을 구합니다.

외톨이

외톨이는 개인입니다. 외톨이가 다른 사람을 도구나 피고용인으로 이용할 수도 있지만 이들은 목적에 큰 영향을 끼치지 않는 별도의 일회용 자산일 뿐입니다. 외톨이는 어쩌면 범죄계의 마스터마인드나 정치가, 돈 많은 개인, 기업의 사악한 중역, 연쇄 살인마 사이버좀비, 캐릭터의 라이벌 용병일 수도 있습니다. 어떤 종류의 외톨이인지, 무엇을 원하는지, 어떻게 활동하는지 설명하세요.

외톨이 목적

> 타락시키고, 조종하고, 길을 잃게 하고, 훔치고, 살해합니다.

외톨이 액션:

- » 사회나 구조의 부패를 비춥니다.
- » 인간과 기술, 육신과 기계 사이의 갈등을 나타냅니다.
- » **스프롤**의 무분별한 모습을 나타냅니다.
- » 미끼가 걸린 제안을 합니다.
- » 예상치 못한 각도에서 공격합니다.
- » 정면에서 공격합니다.
- » 폭력이나 폭로로 누군가, 또는 무언가를 위협합니다.
- » 누군가, 또는 무언가를 빼앗습니다.
- » 요란하게 주의를 분산시킵니다.
- » 개인이나 조직을 모욕하거나 불쾌하게 합니다.
- » 기업의 지원을 구합니다.

장소

장소는 보통 해당 지역에 사는 사람들이 무엇인가 의미를 가지고 투자한 지리적인 구역입니다. 이 사람들은 자신들이 거주하는 장소에 서로 애착을 지닌 점을 제외하면 공통된 목적을 가지지는 않을 것입니다. 장소는 슬럼가나 게토, 아콜로지, 기업 시설, 외부인 출입 제한 부유 주택가, 공업지대, 지하 단지, 고립주의 공동체, 위성궤도 정거장, 유흥가 등입니다. 어떤 종류의 장소인지, 누가 거기에서 살고 무슨 일을 하는지, 이곳에서 산다는 것이 어떤 의미인지 설명하세요.

장소 목적

> 가두고, 번식시키고, 좌절시키고, 소모하게 하고, 고립시킵니다.

장소 액션:

- » 누군가를 내쫓거나, 안에 머물게 합니다.
- » 주변 환경에서 분리되었다는 것을 과시합니다.
- » 내부의 결집력을 보여줍니다.
- » 배후에서 벌어지는 범죄 행위를 보여줍니다.
- » 누군가를 음모나 폭력, 관료체계로 옭아맵니다.
- » 누군가의 꿈을 짓밟고 없애는 모습을 강조합니다.
- » 기업의 냉혹한 모습을 드러냅니다.
- » 사회가 갈라지고, 망가지고, 없어지는 모습을 보여줍니다.
- » 기업의 영향력에 굴복합니다.

헤드라인

헤드라인은 무언가 위협적인 상황입니다. 헤드라인은 사람 때문에 일어난 일일 수도 있지만 자체적인 힘과 가속도를 얻어서 더 이상 누구의 통제도 받지 않습니다. 헤드라인은 입소문이나 밈, 사회 문제나 환경 문제, 점점 퍼지는 화학 폐기물 구름, 변혈된 유행병, 그레이 구 재앙, 도시의 약물이나 심센스 문제, 기초적인 자의식을 갖춘 컴퓨터 바이러스, 부식된 우주 엘리베이터 케이블, 곧 닥칠 궤도상 충돌 등이 있습니다. 어떤 종류의 헤드라인인지, 어떤 영향을 미칠지, 누가 영향을 받을지 설명하세요.

헤드라인 목적

중독시키고, 폭로하고, 터뜨리고, 빈곤하게 만들고, 발려들게 합니다.

헤드라인 액션:

» 사회 안의 갈등을 드러냅니다.

» 사회 안에서 방치된 것을 드러냅니다.

» 기업의 냉혹한 모습을 드러냅니다.

» 사회의 무분별한 모습을 드러냅니다.

» 도움을 구하도록 누군가를 강요합니다.

» 누군가, 또는 무언가를 고립시킵니다.

» 진실을 은폐합니다.

» 고소합니다.

» 헛된 행동이나 파괴적인 행동을 하도록 강요합니다.

» 행동을 막습니다.

헤드라인 액션은 특정한 개인이나 집단, 기업체 등 헤드라인을 촉발한 선동자나 희생자가 헤드라인에 반응하는 행동으로 나타낼 수도 있습니다.

헤드라인은 기자의 기사 시계로 나타내거나, 동시에 나란히 등장할 수도 있습니다. 만약 기자가 현재 헤드라인을 조사한다면 잡음 시계가 곧 헤드라인의 위험요소 시계일 수도 있습니다. 만약 기자가 특종을 터뜨리면, 새로운 헤드라인이 발생할지도 모릅니다.

위험요소를 만들고 사용하기

스프롤의 모든 이들이 위험요소는 아니지만, 누구든지 위험요소가 될 수 있습니다. 위험한 집단이나 개인, 장소나 상황 등 모든 것이 캐릭터의 행동이나 무대응 때문에 위험요소로 바뀔 수 있습니다. 위험요소는 캐릭터가 **세계 나갈 때,** 사이버웨어를 얻을 때, 무언가를 한 결과로 누군가의 심기를 건드렸을 때 발생할 수 있습니다. 위험요소가 발생하면 MC는 해당 위험요소의 위험요소 시계를 만듭니다. 위험요소 시계는 위험요소의 목적이 얼마나 달성됐는지를 나타내므로, 0000에 도달했을 때 어떤 결과가 일어날지, 중간 단계에서 무슨 일이 발생하는지 적으세요.

위험요소와 기업은 서로 규칙상으로는 관계가 없습니다. 기업이 캐릭터를 벌레처럼 무심코 짓밟는 정체불명의 거인이라면, 위험요소는 캐릭터를 뒤꿈치로 비벼서 으깨는 사디스트 개자식입니다. 위험요소는 어쩌면 기업과 관계가 있을지도 모르지만, 어떤 면으로든 서로 분리된 존재입니다. 만약 헬릭스텍의 보안 드론 부서의 팀장이 트윈 스파이럴 아콜로지의 의장이 되는 것을 목적으로 삼은 위험요소라면, 팀장의 목적을 막는다고 해서 헬릭스텍의 기업 시계가 움직이지는 않을 것입니다.

위험요소는 규칙상 기업과 분리되어 있고, 거대한 단일 조직인 기업과 개인 사이에 자리 잡은 존재이므로, MC는 위험요소를 더욱 유연하게 사용해서 **스프롤**에서 기업과 개인이 사회에 미치는 영향을 강조할 수 있습니다. 디스토피아적인 근미래 사이버펑크 세계에서 집단과 개인, 장소와 사건이 어떻게 자리 잡는지 고찰하기 위해 위험요소를 사용하세요. 비자본주의적인 목적을 가진 집단이 기업 지배 사회의 그림자 속에서 어떻게 목적을 달성할까요? 도대체 어떤 사람들이길래 힘을 합쳐 행동하기를 거부하고 극단적인 개인주의를 선호하나요? 이 선택은 디스토피아 사회의 나쁜 모습을 비추나요 아니면 사회에서 떨어진 외톨이의 결점을 비추나요? (외톨이 액션 중 **사회나 구조의 부패를 비춥니다**를 고려하세요) 환경과 장소는 기업 자본주의의 보편화 물결에 어떻게 저항하거나 순응하나요? 기업이나 집단, 개인은 어떻게 거시적인 사건을 만들고 이용하고, 저항하나요?

위험요소를 설정하고 세계와 이야기 속에서 어떤 역할을 할지 정했다면, 무척 복잡한 관계망이 형성되었을 것입니다. 위험요소와 기업 사이의 관계를 그림으로 만들면 위험요소와 기업 사이, 그리고 특정 기업과 손을 잡은 다양한 위험요소 사이의 관계를 시각화하는 데 도움이 됩니다. 처음 시작할 때는 굳이 그림으로 만들 필요성을 못 느낄 수도 있지만, 플레이가 점점 진행되고 깊어지면서 위험요소도 점차 축적됩니다. 이때 관계 지도가 있으면 다양한 관계를 정리할 때 훨씬 편합니다.

위험요소 시계는 기업 시계와 같은 방식으로 전진합니다. 만약 어느 액션에서 기업 시계를 전진시키라고 요구할 때, 위험요소 시계를 전진시키는 편이 이야기에 더욱 어울릴 것 같다면 기업 시계 대신 전진시키세요. 임무가 끝나 보복 단계(11장:임무 참조)가 되면 위험요소 시계도 기업 시계와 함께 검토한 다음, 전진시키는 편이 이야기에 어울린다면 그렇게 하세요.

모든 것을 하나로 묶기

정리할 게 많아 보이지만, MC의 역할을 강령, 원칙, 액션이라는 도구와 시계, 기업, 위험요소라는 이야기 요소로 분해하면 **스프롤**을 쉽게 운영할 수 있습니다. MC를 플레이하는 동안 앞서 말한 세 가지 도구를 준비했다가 지침이 필요할 때 찾아보세요. 시계와 기업, 위험요소, 그리고 이 셋과 관련된 특수한 조건이나 액션, 목적도 준비해 두었다가 이야기 요소와 관련해서 특별한 아이디어가 필요할 때 찾아보세요.

강령과 원칙은 게임의 지도 역할을 합니다. 강령은 MC가 항상 무엇을 해야 할지를 알려주며, 원칙은 강령에 따라 무언가를 할 때 사용하는 도구입니다. 매 세션이 시작할 때마다 이 두 가지를 보고 MC로서 무엇을 어떻게 할지 숙지하세요. 곧 몸에 배어 노련한 전문가처럼 플레이어들에게 골칫거리를 던지고, 캐릭터의 행동 수칙에 총을 겨눌 것입니다.

액션 사용하기

MC가 **스프롤**을 플레이할 때 가장 자주 해야 할 행동은 액션 사용하기입니다. 액션은 어떻게 사용해야 할까요? "큰 그림"에서 볼 때 MC는 액션을 사용해서 이야기와 대화에 이바지합니다. 다 좋은데, 실제로는 어떤 의미일까요?

플레이어에게 행동이나 선택을 하도록 재촉하고 강요합니다.

MC는 왜 모든 액션을 할 때마다 플레이어에게 어떻게 할 거냐고 물어야 할까요?

MC 액션의 가장 큰 목표는 플레이어가 게임을 앞으로 이끌 수 있는 선택을 하도록 재촉하는 것입니다. 이 말의 의미는 다음과 같습니다:

» 예측 가능한, 그리고 예측 불가능한 결과가 쉽힌 여러 가지 긴가 선택지를 캐릭터들에게 제시합니다.

» 특정한 길이나 선택지로 가려면 극복해야 하거나 대가를 치러야 하는 장애물을 캐릭터들에게 제시합니다.

» 캐릭터들이 피하려 하는 이야기 속 결과를 제시합니다.

» 두 가지 나쁜 대안, 또는 누군가에게는 좋지만 이득을 함께 누릴 수 없는 결과처럼 어려운 선택지를 캐릭터에게 제시합니다.

MC는 캐릭터들의 삶을 어렵게 만들고 위험에 빠뜨리기 위해 MC 액션을 사용합니다.

캐릭터는 임무를 완수하고 위험에서 벗어나기 위해 자신의 액션을 사용합니다.

명심하세요. 실패하더라도 캐릭터의 삶을 흥미진진하게 만드는 골칫거리가 생길 뿐, 이야기 흐름을 끊는 좌절이 되어서는 안 됩니다. 판정에 실패하더라도 정보를 주세요. 사실 판정 실패는 플레이어들에게 나쁜 소식을 전할 수 있는 절호의 기회입니다.

삼각관계

캐릭터들의 행동을 유도하는 한 가지 방법은 PC와 NPC, 스프롤에 등장하는 파벌 사이에 서로 삼각관계를 만드는 것입니다. 삼각관계는 세 캐릭터가 서로 다른 두 명과 각각 관계를 맺는 것이며(그림으로 그리면 삼각형이 됩니다), 이 중 최소한 두 관계는(삼각형의 두 변) 서로 대립하거나 긴장 상태여야 합니다. 삼각관계는 서로 아는 두 NPC가 각자 같은 PC에게 상반된 요구를 하거나, 두 PC가 같은 NPC에게 서로 다른 것을 바라는 상황일지도 모릅니다. 삼각관계를 만들고 나면, 플레이어의 행동을 유도하기 위해 캐릭터들과 관계를 자극하는 골칫거리를 등장시킬 수 있습니다.

간트는 VB 테크에게 「빚」을 졌고, 네불라는 VB 테크에게 「추적」을 당하고 있습니다. 둘은 자신들의 고용주가 VB의 기술자 중개인임을 알아냅니다. 이제 네불라는 이번 임무를 어떻게 생각하나요?

헤이저는 덱을 고칠 때 바비를 찾아가곤 합니다. 그런데 바비는 기술자 모임에서 안티K-테라의 주요한 경쟁자이기도 합니다. 만약 바비가 팀을 찾아와 도움을 청한다면 캐릭터들은 어떻게 반응할까요?

아이시클은 케네디를 위험한 장소에서 빼내 준 적이 있는 운전사입니다. 그러나 셰이머스는 아이시클이 극도로 성가시다고 생각합니다. 셰이머스는 쉐클러프 인더스트리에 「빚」을 졌습니다. 만약 쉐클러프 인더스트리에서 아이시클을 분명히 죽을 수도 있는 상황으로 보내기를 원하면 셰이머스는 어떻게 할 건가요?

진행이 막히면?

보통 강령을 이해하고 상황을 상상한다면 다음에 어떤 일이 일어나야 할지 알 수 있습니다. 진행이 막히면, 이야기를 따르고, 액션 목록을 살펴보고, 뻔해지세요.

이야기를 따르세요

MC가(혹은 플레이어가!) 어떤 액션을 해야 할지 모른다면, 이야기가 명확하지 않기 때문일 수도 있습니다.

멈추세요.

장면을 다시 설명하세요. 모든 중요한 등장인물을 설명하고 이들이 무엇을 하는지도 알려주세요. 장면이 벌어지는 장소를 묘사하세요. NPC들이 각자 무엇을 바라는지도 생각하세요. 왜 이들이 지금 하고 있는 이 행동을 하나요?

우선 이야기 속 상황과 NPC들의 동기를 명확하게 이해하고, 정확히 무슨 일이 일어날지 알기 위해 그 지점부터 이야기를 진행한다면, 대개는 알맞은 액션이 머릿속에 떠오릅니다. 어쩌면 여러 액션이 떠오를 수도 있습니다!

그런 다음 새로운 행동이나 반응, 골칫거리가 방금 설명한 상황을 어떻게 바꿨는지 묘사하는 식으로 액션을 사용하고 대화를 이어나가세요.

액션 목록을 살펴보세요

액션 목록은 필요할 때 아이디어를 얻기 위해 있습니다. 사용하세요! 플레이어들에게 잠시 기다리라고 말한 다음 생각해도 좋습니다. 하지만 완벽한 액션을 구상하기 위해 시간을 질질 끌지 마세요. 현재 상황에서 논리적으로 뒤따르는 액션을 고른 다음 캐릭터들이 행동하도록 재촉하고 강요하세요.

이야기를 존중하고 강령과 게임의 분위기를 지키는 한, 액션 목록에 반드시 얽매일 필요는 없습니다.

때로는 여러 액션에서 영감을 받아 MC 액션을 사용할 수도 있습니다. 가끔 **캐릭터들의 삶을 당장 곤란하게 만듭니다.** 와 **누군가를 곤경에 빠뜨립니다.** 를 굳이 구분할 필요가 없습니다. MC 액션은 아이디어를 얻기 위한 지침일 뿐이지, 각 액션이 서로 엄격하게 나뉘지는 않습니다.

뻔해지세요

"뻔한" 액션을 사용해도 좋습니다. 때로는 뻔한 액션을 사용할 명확한 이유가 있습니다. 게다가, MC에게 뻔해 보이는 액션도 플레이어들에게는 색다르게 보일 수도 있습니다.

가장 좋은 액션은 대화를 계속 흐르게 하는(그래서 게임도 흐르게 하는) 액션입니다. 항상 홈런을 칠 필요는 없습니다. 실수는 하기 마련입니다. 게임이 끝난 몇 시간 후에야 플레이어들에게 제시할 수 있는 완벽한 "어려운 선택"이 떠오를 수도 있습니다. 항상 꿈꾸던 완벽한 묘사를 잊어버릴 수도 있습니다. 괜찮습니다! 다음에 잘하면 됩니다. 자신에게 친절해지세요.

태그와 이야기 속 위치

MC는 캐릭터의 태그를 항상 지켜보세요(6장: 자산에서 자세히 다룹니다). 그중에서도 사이버웨어를 달아서 얻는 태그는 주목하세요(추적, 빛, 그 외 다양한 사이버웨어 태그). 골칫거리를 불러일으킬지도 모르는 태그는 유념해 두어야 합니다. 캐릭터를 곤경에 빠뜨린 가능성이 있는 태그의 목록을 만드세요. 액션을 사용하면서 아이디어가 필요할 때, 액션 목록과 함께 태그 목록도 훑어보세요.

태그 대부분은 플레이어가 이야기 속에서 특정한 행동을 선언할 기회를 제공합니다. 플레이어는 마음껏 태그를 끌어 쓸 수 있습니다. MC는 이미 팀이 어떤 능력을 갖췄는지 대략 알겠지만, 새로운 플레이어가 있다면 이야기 속 신댁지를 활용하도록 상기시켜 줄 필요가 있습니다. 하지만 MC가 주목해야 할 가장 중요한 태그는 이야기 속에 골칫거리를 등장시킬 구실을 주는 태그입니다.

스포트라이트 관리

스프롤에서는 캐릭터들이 서로 물리적으로 떨어진 거리에도 불구하고 즉각적으로 의사소통을 주고받을 수 있는 통신기술 덕분에 목표를 향해 힘을 합쳐 행동할 수 있습니다. 게다가 캐릭터들은 서로 흩어져서 행동하는 일이 자주 발생합니다. 즉 MC는 한 장소에서만 무슨 일이 일어나는지 관심을 집중할 수 없으며, 여러 가지 다른 상황을 동시에 고려하면서 재미있는 이야기와 플레이어들의 만족을 위해 여러 무리 사이에서 가능한 한 고르게 주의를 분산해야 합니다.

MC는 첩보물을 진행할 때 주어진 시간 동안 어느 캐릭터가 스포트라이트를 받는지 주의 깊게 관리해야 합니다. 침투요원이 기업의 파티에 잠입하면서 수다를 떨고, 킬러는 무식하게 큰 총을 가득 담은 더플 백을 든 채 근처 업무용 출입구에서 대기 중이고,

군인은 벤에 탄 채 지휘를 하고, 운전사는 수직이착륙기를 몰고 경찰의 레이더를 피해 하늘 높이 날아 올라서 수색 드론을 보내 내부를 감시한다면 MC는 네다섯 군데의 장소를 염두에 두어야 합니다. 또한 해커는 다른 캐릭터들이 보지 못하는 가상 세계에서 활동하는 경우가 많습니다. 이 때문에 8장: 매트릭스에서도 스포트라이트 관리 문제를 간단하게 언급했습니다.

스포트라이트 관리는 캐릭터들이 분산될 때 가장 신경써야 하지만, 함께 있을 때도 여전히 고려해야 합니다. **스프롤**은 대화를 주고받는 RPG임을 명심하세요. 플레이어들은 정해진 순서대로 행동하지 않습니다. MC는 현재 대화와 이야기에 맞춰 캐릭터들 사이에서 시간을 분배해야 합니다. 예를 들어, 침투요원에게 초점을 기울여야 하는 장소에서는 다른 팀원들이 행동할 시간을 기다리며 대기하는 동안 침투요원이 좀 더 길게 플레이할 수도 있습니다. 항상 초점을 바꿀 기회를 유심히 살펴보세요. 특히 예기치 못한 방법으로 말입니다.

가능한 많은 캐릭터를 동시에 행동하게 해서 스포트라이트 전환을 가능하게 하세요. 임무를 짤 때 이번에는 물리적인 행동으로만 해결, 다음에는 해킹으로만 해결 같은 식으로 경직된 순서를 만들어 스스로 궁지에 빠지지 않도록 주의하세요. 해커가 (혹은 누구든 간에) 길게 행동을 하는 동안 팀의 나머지 캐릭터들이 앉아서 기다리기만 한다면, 장면을 바꿔서 기다리는 팀원 중 한 명에게 골칫거리를 던지세요.

긴장감을 높이기 위해 여러 장면을 오가는 영화감독처럼, 캐릭터 사이를 오가며 대화를 하세요. 손에 땀을 쥐는 상황이 오면 다른 장면으로 전환하세요. 위기에 처한 캐릭터에게 다음에 무슨 일이 일어날지 플레이어 모두가 궁금해할 것입니다. 한 캐릭터가 판정에 실패하면 **다른 누군가가 곤경에 빠질 수도 있습니다.** 침투요원이 판정에 실수하면 소음이 발생해서 군인과 영상 통화 중이던 기업 중역이 불안에 빠져 통화를 중단할 수도 있습니다. 군인은 어떻게 할 건가요? **캐릭터들의 삶이 당장 곤란에 빠지면,** 어느 캐릭터에게 당장 나타나는 골칫거리가 다른 캐릭터에게는 보이지 않을 수도 있습니다. 보안요원들이 다가오는 소리가 침투요원에게 들릴 무렵, 킬러는 이들이 업무용 출입구를 막기 시작하는 모습을 봅니다. 킬러는 어떻게 할 건가요?

결정의 순간에서 스포트라이트를 전환하면 플레이어가 캐릭터의 행동을 심사숙고할 수 있습니다. 때로는 그렇게 시간을 주세요. 하지만 때로는 생각할 시간을 주지 마세요. 스포트라이트를 계속 비춰서 플레이어가 압박 속에서 어떤 결정을 내리는지 지켜보세요. 이런 기법은 MC가 테이블의 분위기를 읽는 능력에 달려 있습니다. 모든 플레이어가 재미있게 플레이하는지 확인하세요. 만약 플레이어가 곤경에 빠지는 상황을 어려워한다면, 그런 식으로 도전받기를 좋아하는지 아닌지 물어보세요. 불편한 상황에 빠지기를 좋아하지 않는 한 불편하게 만들지 마세요. 함께 재미있는 이야기를 만들기 위해 플레이한다는 점을 명심하세요. **스프롤**은 액션영화의 눈으로 특정한 사이버펑크의 주제를 탐구하는 게임이지, 현실의 모사가 아닙니다. 강령과 원칙을 명심하세요.

- » **스프롤**을 더럽고, 첨단기술이 가득하며, 무분별하고 과도하게 만듭니다.
- » 캐릭터들의 삶을 액션과 음모, 역경으로 가득 채웁니다.
- » 캐릭터들을 **스프롤**에 옭아맵니다.
- » 어떤 일이 일어나는지 플레이를 해서 알아냅니다.

제이슨은 멜버른에서 의뢰인들을 만나길 좋아했다.

그가 멜버른을 좋아하는 도시로 꼽는 이유는 음식 때문이다. 제이슨이 태어나기도 수십 년 전에 멜버른은 무척 수월하게 반체제로 돌아섰고, 모든 시설은 실내로 숨겨졌다. 그리고 이제 그 명성은 무척 공격적으로 유지되고 있다. 멜버른의 쾌적한 분위기를 망치는 사람은 그 보답으로 십중팔구 어딘가 불쾌한 곳으로 여행을 떠나게 된다. 아마 서부 오스트레일리아 한가운데로. 그리고 무척 추하고 야만적인 죽음을 맞이할 것이다. 홀로 쓸쓸히 죽거나, 광산에 접근했다가 경비에게 사살당해서 말이다. 그 덕분에 멜버른을 방문한 사람들은 제이슨의 의뢰인들처럼 질서를 잘 지켰다. 제이슨은 중개인 따위 거치지 않았다. 중개인 따위는 필요없다고 생각했기 때문이다.

에스프레소를 홀짝이며, 제이슨은 자리 건너편에 미끄러지듯 앉은 남자에게 고개를 끄덕였다. 새 의뢰인은 제이슨이 제시한 규칙을 글자 그대로 지켰다. 남자는 음료를 주문한 다음, 음료가 올 때까지 서류가방을 열지 않았고, 음료를 맛본 다음, 제이슨의 얼굴에 명백히 괜찮다는 표정이 드러날 때까지 기다렸다. 에스프레소를 홀짝이며, 의뢰인 마크 할우드는 우선 사진을 자리 건너편으로 쓱 밀었다. 제이슨이 고개를 끄덕인 다음, 제안 금액을 적은 종이 한 장이 사진을 따라 건너편으로 미끄러져 갔다. 제이슨은 눈썹을 추켜세웠다.

"평범한 금액이 아닌데요."

"평범한 여자가 아니니까."

제이슨은 눈 하나 깜빡이지 않고 상대를 응시했다. 결국, 할우드는 압박감을 이기지 못하고 덥수룩한 회색 머리를 쓸어넘기면서 입을 열었다. "이 여자는 파리의 우리 비영리 단체에서 일하는 외부감사관이오. 가족도 없고, 남자친구도 없고, 그저 물고기가 가득한 수조뿐이오. 눈에 띄는 빚도, 뭔가 엇나갈 나쁜 버릇도 없소."

제이슨이 코웃음을 치자, 할우드는 눈을 희번덕거렸다. "밤에 늦게 자는 편이오. 책을 읽지. 화장하기를 좋아하오. 때로는 실용성과는 거리가 먼 신발도 사고. 와인을 마시기는 하지만 과음하지는 않소. 아주 평범한 옆집의 파리지앵 여성이오."

"그리고요?"

"그리고 숫자의 천재요.. 지난 20년 동안 아무도 그 클리닉의 회계 장부를 밝혀낸 사람이 없었는데, 이 여자가 해냈소. 아직은 아무 일도 안 했지만, 혐의를 잡기 위해 증거를 모을 거라고 확신하오. 파리뿐만 아니라 다른 몇 군데 활동까지 훼방 놓을 수 있소."

제이슨의 기다리는 눈빛을 보면서 할우드는 넌더리가 난다는 듯 한숨을 쉬었다.

"강도질을 당하던 중 일이 잘못되었거나, 우연히 불의의 사고에 희생된 것처럼 보이게 할 것, 그게 우리의 유일한 요구조건이오. 복잡할 것 없소. 어떻게든 뉴스에 나는 것은 피할 수 없으니."

할우드가 준 정보를 곱씹으면서 제이슨은 에스프레소를 다 마실 때까지 심사숙고한 다음, 조심스럽게 사진과 제안금액에 손을 올렸다.

"여자 이름을 말해 주셔야죠."

할우드는 어깨를 으쓱였다. "넘겨준 자료를 읽은 줄 알았는데. 엘르 부샤르요."

첫 세션

계속하시겠습니까? [Y / N]

/////////큰 놈 수치 분석////////
사이버웨어 눈: 아이리쉬 BLU35
사이버웨어 통신기: 헬릭스텍 CH4TTYC4THY
신경인터페이스: 미상- ¿넥스트젠?

첫 세션

스프롤의 설정 대부분은 각 테이블에서 정합니다. 그러므로 플레이를 시작할 때는 꼭 참가자 전원이 함께 설정을 만드세요. MC는 플레이어들 사이의 대화를 중재하는 중요한 임무를 맡습니다. 특히, 게임 세계를 분명하게 규정할 수 있도록 플레이어들에게 질문을 던지세요. 첫 세션, 또는 단편 플레이 첫 부분에서는 질문을 많이 하세요. 우선 설정을 폭넓게 생각하세요. 모두의 의견을 일치시키기 위해 3장: 플레이 준비의 시작 단계에서 질문을 생각해 둔 다음, 플레이 준비 단계를 밟으세요.

항상 기업부터 설정하세요(0단계: 기업을 설정합니다). 그다음 각 플레이북이 임무 중 무슨 일을 하며, 팀에서 어떤 역할을 맡는지 소개하세요.

3장: 플레이 준비의 일부 단계는 플레이어가 직접 목록에서 선택지를 고릅니다. 이 선택지는 창의성을 제한하기 위한 것이 아니라, 게임의 주제를 환기하고 플레이어들의 창의성을 고취하기 위해 제시했다는 사실을 명심하세요. 플레이어들은 얼마든지 직접 이름과 외모를 만들 수 있습니다. 하지만 MC는 플레이어들이 만든 내용을 항상 눈여겨보면서, 다 함께 만든 게임 세계와 캐릭터의 분위기를 테이블 전원이 제대로 받아들였는지 확인하세요.

사이버웨어와 액션은 제시한 목록에서만 선택해야 합니다. 하지만 추가로 사이버웨어를 얻는 액션을 선택했다면, 5장: 사이버웨어의 주요 목록에서 사이버웨어를 선택할 수 있습니다. 플레이어는 성장할 때 다른 플레이북에서 액션을 선택할 수 있습니다. (7장: 성장 참조)

개인 행동수칙은 좀 더 유연합니다. 각 플레이북에 있는 행동수칙 목록은 그저 플레이북에 모든 선택지를 배치하고 플레이어가 읽어야 하는 선택지를 줄여서 캐릭터 만들기를 빠르게 끝낼 수 있도록 수를 제한했을 뿐입니다. 만약 시간이 충분하거나, 플레이어가 숙련자이거나, 어떤 캐릭터를 만들지 플레이어가 확고한 생각을 가졌다면 반드시 플레이북의 선택지에 따를 필요는 없습니다. 플레이어는 7장: 성장에 있는 전체 목록에서 개인 행동수칙을 선택하거나, 심지어는 직접 자신만의 행동수칙을 만들 수 있습니다. (12장: 스프롤 해킹하기 참조)

///////// 큰 놈 수치 분석 ////////
피부: 아큐먼 샤크위크 7
기술 슬롯: 헨더슨으로 올인
분석결과: 피할 것

질문하세요

캐릭터들은 누구인가요? 어디에 있나요? 어떤 종류의 일을 하나요?

MC는 캐릭터 만들기의 9단계: 유대에서 캐릭터가 어떤 인물인지 여러 정보를 얻을 수 있습니다. 단편 플레이에서는 이 정도로 충분하지만, 캐릭터 만들기 과정에서 MC가 염두에 두어야 할 질문이 몇 가지 있습니다. 이 질문들은 캐릭터를 더욱 구체적으로 만들 뿐만 아니라, 같은 플레이북이나 설정을 가진 다른 캐릭터와 차별화시키는 데도 도움을 줍니다.

- » **사이버펑크를 어떻게 생각하는지 물어보세요:**
  - 사이버펑크 사회와 장르의 어떤 측면이 끌리나요? 거리의 생활? 패션? 방방곡곡에 사용되는 기술? 사이버웨어? 각종 약물? 기업의 권력?
  - 사회 각 분야에서는 이러한 사회 및 기술적인 측면을 어떻게 생각하나요? 임금 생활자들은? 기업 중역들은? 거리의 사람들은? 유행을 좇는 상류층 사람들은?
- » **설정을 물어보세요:**
  - 게임의 무대가 되는 대도시는 어디에 있나요?
  - 도시에서 중요한 부분은 어디인가요?
  - 캐릭터들은 어디에서 일하며, 어디서 주로 시간을 보내나요?
  - 캐릭터들이 일하고 주로 시간을 보내는 장소에서 중요한 인물은 누구인가요?
- » **사이버웨어 관련 내용을 물어보세요:** 특히 3장:플레이 준비에서 언급된 내용을 물어보세요(그리고 다음 항목에서 좀 더 논의하세요).
- » **누구에게 빚을 졌는지 물어보세요.**
- » **적은 어떤 이들인지 물어보세요.**
- » **캐릭터의 배경을 물어보세요.**
- » **이전에는 무슨 일을 했는지 물어보세요.**
- » **기업에 관해 물어보세요.**

처음부터 모든 것을 확정하려 들지는 마세요. 다만 플레이어들이 자신의 캐릭터를 어떻게 해야 이야기 속에 맞춰질지 명확하게 감을 잡을 수 있을 정도로 충분하게 물어보세요. 나머지 부분은 플레이하면서 채울 수 있습니다.

사이버웨어

사이버웨어 관련 질문은 가장 중요합니다. 사이버웨어는 **스프롤**의 모든 사람이 장착했을 만큼 이 장르의 핵심적인 요소이니까요. 흐지부지 넘어가지 마세요. 사이버웨어 장착은 정말 큰 수술이며, 공격적인 목표를 가지고 인간의 목숨 따위는 무시하는 거대한 조직에 평생 갚아야 한 수두 위는 빚이 생길 결과를 각오하고 선택해야 합니다. 캐릭터 만들기 과정 동안 MC는 모든 플레이어에게 사이버웨어와 관련된 나름 두 키지 중요한 질문은 건집니다.

» 왜 신체 부위를 사이버웨어로 대체했나요?

» 어떻게 해서 사이버웨어 설치 비용을 마련했나요!

모든 플레이어가 캐릭터 만들기 과정을 끝낼 때 즈음, MC는 위의 두 가지 질문에 각 캐릭터가 어떻게 대답했는지 답변을 들어야 합니다. 첫번째 질문은 캐릭터가 품은 희망과 공포가 무엇인지 언뜻 보여주며, 캐릭터가 **스프롤**의 다른 사람들과 어떤 관계를 맺었는지를 알려줍니다. 두번째 질문은 캐릭터가 최소 한 곳의 기업과 가진 관계를 구체적인 규칙 정보로 제공합니다.

플레이어들은 첫번째 질문의 기본 대답을 "직업상 이점 때문에"라고 쉽사리 정할 수도 있습니다. 결국 사이버웨어를 하지 않은 해커나 킬러는 훨씬 더 일을 구하기 어려울 테니까요. 하지만 이 답은 진짜 답이라기보다는 질문의 방향을 다른 쪽으로 옮길 뿐입니다. 계속 답을 요구하세요. 만약 사이버웨어가 직업의 필수조건이라면, 그다음 질문은 "왜 몸의 일부를 잘라내서 전자기기로 대체하는 직업을 선택했나요?" 입니다.

첫 임무

플레이어들이 각자 캐릭터를 만든 다음, MC는 이 게임에서 등장하는 **스프롤**의 세계를 규정하기 시작합니다. 바로 임무를 시작할 시간입니다.

임무를 제작하기 전, MC는 반드시 강령과 원칙을 숙지하고(9장: 스프롤 MC 플레이) **스프롤**에서 임무 구조가 어떻게 돌아가는지 익숙해져야 합니다(11장: 임무).

임무의 목표부터 정하면서 시작하세요. 플레이어들이 설정한 기업 시계 중 비교적 낮은(1500 또는 1800) 기업을 하나 선택해 그 기업을 상대로 임무를 주세요. 위기감은 들어야 하지만, 첫 임무부터 플레이어들에게 끔찍한 재앙으로 끝나지 않는 한 두 번째 세션에서 기업이 플레이어들을 벌레처럼 짓밟아버리려 하는 결과가 나오면 안 됩니다.

고용주가 캐릭터들에게 무엇을 시키려 하는지 생각하세요. 첫 임무의 전제는 평범한 추출이나 보호처럼 간단해야 합니다. 캐릭터와 액션을 소개하는 것이 이번 임무의 주요사항입니다. 사이버펑크 게임에서 어떤 종류의 임무를 할 수 있는지는 11장: 임무의 임무 유형을 보고 아이디어를 얻으세요.

누가 보수를 지급하는지 생각하세요. 캐릭터 중 누군가가 「빚」을 졌다면, 이번 임무는 빚을 지운 회사가 내렸을 것입니다. 실제 임무를 맡긴 기업의 중개인을 생각하세요. 외모는 어떻게 생겼나요? 회의 장소는 어디를 선택했나요? 공개된 장소인가요? 아니면 기업의 세력권 내? 팀에게 어떤 인상을 심으려고 하나요? 권력가? 부자? 위험한 놈? 기업의 대리인? 캐릭터들 같은 거리의 전문가? 캐릭터들이 **일거리를 얻는** 장면은 보통 게임의 분위기를 정하는 첫번째 기회입니다. **스프롤**의 기업은 어떤 모습이며, 이들이 고용한 불법 요원들과는 어떤 관계를 맺었나요? 피고용인으로 대우하나요? 아니면 일회성 드론처럼 대우하나요? 혹은 위험하지만 불가피하게 사용하는 와일드카드로 대우하나요? 협박해야만 움직일 수 있는 잠재적 위험대상인? 아니면 정중하게 대우하고, 산해진미를 대접하며, 충성심을 얻기 위해 기업 생활을 당근으로 써서 붙들어 놓나요? MC는 첫 임무에서 전체 게임의 분위기를 정할 수도 있고, 이 기업의 분위기를 정할 수도 있습니다. 게임의 시작 장면은 플레이 중 반드시 등장한다고 장담할 수 있는 유일한 장면입니다. 그러므로 MC는 훨씬 더 구체적인 방법으로 시작 장면을 생각할 수 있습니다. 고용주와 회의 장소를 고려해 좀 더 명확하고 기술적인 참고사항을 만드세요.

일거리를 준 다음에는 임무 구조를 설명하세요. 특히 사전조사 단계와 임무실행 단계를 설명하세요:

> 　　정보를 수집하고 임무를 준비하는 데는 어떤 액션이 알맞은지 설명하세요.

> 　　어떻게 [첩보]와 [장비]를 얻고 사용하는지 설명하세요.

> 　　사전조사 시계가 **보수 받기** 액션에 어떤 영향을 주는지 설명하세요.

> 　　임무를 시작하기 전 모든 것을 완벽하게 준비할 필요가 없음을 설명하세요. 액션을 사용한 결과 준비한 내용이 허사가 될 수도 있습니다.

고용주를 통해 플레이어들에게 임무를 진행하기 충분한 정보를 주세요. 플레이어들은 원한다면 기본 임무 계획을 빨리 짤 수 있어야 합니다. 플레이어들에게 정보를 전달할 방법은 몇 가지 있습니다. 우선 MC는 임무에 필요한 내용을 짠 다음 고용주를 통해 무엇을 해야 할지 알려줄 수도 있고, 플레이어들이 **조사하기**, 할 일 확인, 정보 획득을 위한 **거리 나서기** 등을 시도해서 필요한 사항을 스스로 발견하도록 할 수도 있습니다. 플레이어들이 직접 찾게 한다면 되도록 정보를 빨리 주세요. **스프롤**은 캐릭터들이 행동에 나설 때 가장 잘 돌아갑니다. 불필요한 탐색은 최대한 줄이세요.

준비를 적게 하려면 플레이어들의 질문을 되묻는 기법도 활용하세요. 플레이어들이 어떻게 기업 시설에 잠입할지 **조사한다면**, 무엇을 찾았는지 되물어본 다음 그에 맞춰 진행하세요. 심지어는 판정에 실패하더라도 정보를 줄 수 있습니다. 다만 이 경우에는 대답을 살짝 뒤틀어서 상황을 복잡하게 만드세요. 하지만 이 대답은 지금까지 맞춰온 분위기와 설정에 어울려야 합니다.

판정 실패는 플레이를 더욱 재미있게 만드는 방향으로 이야기를 골치아프게 만듭니다. 판정 실패를 조사의 흐름을 끊거나 임무 성공을 가로막는 좌절로 간주하는 대신, 골칫거리와 반전을 도입하는 계기로 만드세요. 기자가 건물의 비밀번호를 얻으려고 연줄에 접촉했지만 판정에 실패했다면, 주저하지 말고 비밀번호를 주세요. 하지만 연줄이 요구하는 대가를 더욱 올리거나, 비밀번호가 먹히지만 오래된 번호라서 경보를 울리거나, 적대 세력이 기자와 연줄의 거래를 발견하게 만드세요. 이야기를 항상 앞으로 이끌어 나가세요.

첫 임무에서 적을 골칫거리로 등장시키는 방법도 고려해 보세요. PC 중 하나라도 「추적」당한다면, 추적자를 임무 중 등장시킬 기회를 노리세요. 캐릭터의 정체성의 중요한 부분을 게임 속에 결합하는 효과가 있을 뿐만 아니라, 임무의 주요 적들을 새로 더 등장시키지 않아도 되기 때문에 쉽게 진행할 수 있습니다. 추적자가 등장하면 반드시 사전조사나 임무실행 시계에 압력을 가할 필요 없이도 플레이어들을 더욱 긴장시킬 수 있습니다.

캐릭터들은 세션이 끝난 다음, 더 많은 연줄과 더 많은 적, 더 많은 기업의 위협을 얻습니다. 차후 임무의 장애물이나 주요 목표, 접선으로 활용하세요. 플레이어가 **거리 나서기** 판정에 실패할 때 MC는 연줄이 겪는 문제를 이야기에 도입할 수 있지만, 임무를 제작할 때나 MC 액션을 할 때도 역시 연줄의 문제를 내세울 수 있습니다. 사전 준비의 일부로, 캐릭터의 현재 연줄과 그들이 가질 법한 흥미로운 문제를 생각해 보세요. 갱단이 신경불안증에 시달리는 해커의 약물 공급을 끊으면 무슨 일이 벌어질까요? 킬러의 군대 시절 동료 조종사가 수직이착륙기를 압수당했나요? 빌어먹을, 그 기업은 기자의 시청 쪽 연줄에 압력을 가하고 있습니다. 모두 도움이 필요한 사람들입니다. 도움이 필요한 시기는 각자 다르므로, 몇 가지 문제를 품속에 간직해 두었다가 필요할 때 내보내서 임무를 좀 더 복잡하게 만드세요.

임무를 시작하는 방법을 이리저리 섞어보세요. 첫 장면을 계획 수립 장면으로 짠 다음, 회상 장면을 열어 고용주와 만나 **일거리 얻기** 판정을 하세요. 심지어는 진짜로 액션 장면 한가운데부터 시작한 다음 일정한 때마다 회상을 사용해 사전조사 장면으로 돌아갈 수 있습니다. 영화나 책, TV 드라마 등에서 본 시간 구조라면 무엇이든 플레이할 때 차용하세요. 특히 액션물이나 첩보물 영화, 그리고 참고자료 2: 감사의 말에 있는 작품을 참조하세요. 새로운 기법을 실험할 때는 시간별 사건 순서가 임무 시계와 어떻게 상호작용하는지 고려해야 합니다. 무엇보다도 임무 시계는 임무를 짜임새 있게 만들고 플레이어들에게 규칙상으로 시간 압박을 주기 위해 사용한다는 점을 명심하세요. 사건의 순서와 흐름에 따라서 임무 시계가 전진하거나, 반대로 임무 시계의 전진에 맞춰 사건의 순서와 흐름이 영향받을 수도 있습니다.

플레이어가 연줄을 만들면, 연줄이 어떤 인물인지 질문을 한 다음, 캐릭터, 연줄, 기업, 그리고 플레이 중 등장했거나 플레이어의 대답에서 언급된 위험요소 사이에서 삼각관계를 만드세요(삼각관계는 세 인물 사이에서 최소한 두 개의 관계가 서로 대립하거나 긴장 상황에 있는 관계입니다. 자세한 내용은 9장: 스프롤 MC 플레이에서 참조하세요). 연줄을 만든 플레이어에게 게임에서 연줄을 사용할 수 있을 만큼 충분한 정보를 달라고 요청하세요. 연줄이 어떤 인물인지, 어떻게 이 세계에 끼워 넣을 수 있을지, 어떤 종류의 문제를 가질 법한지 상상할 수 있도록 플레이어에게 충분하게 물어보세요. 이렇게 하면 나중에 연줄의 성격이나 겪어온 인생의 일부 측면을 캐릭터의 삶에 결합해서 캐릭터에게 골칫거리를 선사하기가 훨씬 쉽습니다.

기업은 캐릭터들이 자사의 목적을 달성할 것이라고 기대하고 고용한다는 점을 명심하세요. 팀의 강점을 활용할 수 있도록 임무를 제작해야 하지만, 때때로 힘든 과제를 주세요. 예를 들어 팀이 잠입 침투에 특화되어 있지만 해커가 없다면, 해커를 보안 구역까지 호위한 다음 무사히 빼내는 임무를 주세요.

임무 중에는 연줄들을 몰아붙여서 플레이어들을 압박하세요. 연줄을 위협하고, 곤경에 빠뜨리고, 캐릭터가 힘든 선택에 부딪히게 하세요.

단편 플레이

이번 장에서 설명한 절차 대부분은 단편 플레이에서도 쓰입니다. 단편 플레이에서도 MC는 강령과 원칙, **스프롤**의 임무 구조를 잘 숙지해야 하며, 플레이어들을 도와 캐릭터 만들기 단계를 최대한 빨리 끝낼 수 있도록 액션과 플레이북에도 익숙해야 합니다. 경험상 네 명이 캐릭터로 이루어진 팀을 만들 때는 한 시간 정도 걸리지만, MC가 처음 스프롤을 플레이한다면 좀 더 걸릴 수도 있습니다.

정상시처럼 캐릭터를 만드세요. 하지만 MC는 어떤 질문을 할지 좀 더 고려해야 합니다. 좀 더 걸릴 수도 정보는 크게 필요 없으므로, 한 시간 내에 캐릭터 만들기를 끝낼 수 있도록 최선을 다하세요.

기업 시계가 0000에 가장 가까운 기업을 단편 플레이에 집어넣으세요. 이 기업을 상대로 한 임무인가요? 아니면 이 기업이 고용주이고, 캐릭터들이 임무에 실패해서 제거되도록 계획을 꾸몄나요? 어쩌면 임무와 무관한 제삼자이지만 화약고에 불을 지필 기회를 포착했을지도 모릅니다.

새로운 플레이어를 가르치거나, MC 자신이 **스프롤**을 처음 해본다면 첫 임무를 진행하는 것처럼 게임을 간단하게 시작하세요. 게임에 익숙해져서 새로운 시간 기법을 쓰더라도 플레이어들이 잘 따라온다면 앞서 설명한 것처럼 새로운 사건 배열 방법을 써 보는 것도 고려하세요. 무엇보다도 MC 스스로 얼마나 편하게 플레이할 수 있는지가 가장 중요합니다. 어쩌면 플레이어들은 갖가지 매체를 이미 충분히 경험해서 복잡한 이야기 구조도 쉽게 받아들일 수 있을지도 모릅니다.

MC는 임무 시계용으로 활용할 수 있는 실제 시계처럼 플레이에 도움이 되는 시각적인 자료를 마련할 수도 있습니다. 이는 색인 카드에 시계 숫자를 적은 다음 시계가 전진할 때마다 플레이어들 눈에 보이도록 칸을 채우는 것처럼 간단할 수도 있습니다. 플레이어 앞에 임무 시계를 공개하면 플레이어들은 임무에 시간 제한이 있다는 것을 상기할 것이며, MC는 플레이어들이 행동에 나서도록 계속 압박을 가할 수 있습니다.

사이버펑크를 상상하세요

스프롤은 MC가 준비할 부분이 매우 적은 편입니다. 가장 중요한 준비는 상상입니다.

사이버펑크 관련 그림을 보고, 책을 읽고, 영화를 보세요. 디비언트아트(www.deviantart.com)나 다른 웹사이트에 올라온 사이버펑크 태그가 붙은 작품을 보세요. 참고자료 2: 감사의 인사에 도움이 될 사이버펑크 작품 목록이 있습니다. 그런 다음 플레이에서 머릿속에 채운 이미지를 게임에 쏟아부으세요.

상상은 MC와 플레이어들의 머릿속에서 함께 만든 세상에 색채를 더하고, 활기를 불어 넣습니다. 사이버펑크를 상상하세요. 매력적인 사이버펑크 속 인물을 떠올려 보세요. 이 사회에서 사람들이 어떤 모습을 하고 무슨 생각을 할지 머릿속에 그려보세요. 사람들의 동기와 음모를 구상하고, 주변을 둘러싼 기술과 사이버웨어에 어떤 반응을 보일지 상상의 나래를 펼쳐보세요.

기업을 상상하세요. 주요 소비자들은 누구인지, 건물은 어떻게 생겼는지, 기업 로고나 제복은 어떤 모습인지 머릿속에 그려보세요. 기업의 목적은 무엇이고 이를 이루기 위해 어떤 전략과 계획을 짜는지 구상하세요. 기업이 세우는 사악한 계획과 배반, 기만을 생각해 보세요.

사이버펑크 세계의 각종 장소를 상상하세요. 크롬으로 도금하고, 네온으로 빛나고, 각종 쓰레기로 지저분한 술집과 뒷골목, 불법 자동차 가게, 라면 가판대와 국수 노점을 떠올려 보세요. 캐릭터들이 침입할 기업의 각종 흥미로운 시설을 생각해 보세요. 보기만 하더라도 캐릭터가 어떤 행동을 할지 아이디어가 샘솟는 생생한 사이버펑크 장면을 떠올려 보세요. 주저하지 말고 예전 사람들이 꿈꾸던 미래의 상상을 재활용하세요. 패션과 이야기는 항상 과거에서 아이디어를 빌립니다. 상상의 출처를 네온과 크롬, 빈곤과 사치, 기술과 기업의 이중성으로 꾸미세요.

임무의 시작점을 계획하고 일거리에 무엇이 필요한지 준비하세요. 기업의 시설과 보안 수단을 구상하세요. 캐릭터들이 마주칠 만한 인물들과 장소를 브레인스토밍하세요. 임무가 어떻게 달성될지 모든 가능성을 열어 두고, 플레이어들이 제시하는 깜짝 놀랄 아이디어에 귀를 열고 받아들이세요. 놀라움을 받아들일 줄 아는 MC는 게임을 흥미진진하고 신선하게 즐길 수 있습니다. 마지막으로 강령을 기억하세요: 어떤 일이 일어나는지 플레이를 해서 알아냅니다.

여전히 이름은 몰랐지만, 손 끝 하나 건드리지 않고 자신을 제발로 같이 돌아오도록 만든 남자가 사무실에 와 있었다. 아일린은 남자를 보자 어깨를 으쓱하며 피자 한 조각을 입에 우겨 넣은 다음, 팔 밑에 태블릿을 놓고 다른쪽 손으로 탄산음료 한 캔을 집었다. 무언가 새미있는 일이 벌어진 것 같다는 생각이 들어서, 문을 쾅 닫고 입을 우물거리며 책상 뒤 자신의 자리에 앉았다.

아일린은 배가 고파서 죽을 지경이었지만 허겁지겁 피자를 삼키지 않았다. 살인 사건이 일어난 후 몇 시간 동안 빗속에서 집집을 돌아다니면 그렇게 되기 마련이다.

"내가 여기 돌아왔으니," 아일린은 남은 피자 테두리와 아직 따지 않은 음료수 캔을 들고 사무실을 가리켰다. "당신 일은 끝난 줄 알았는데요."

"사실입니다. 그 일은 끝났지요. 당신네 회사는 당신이 집에 무사히 돌아와서 무척 만족했습니다." 남자의 목소리는 무미건조했다. "전 다른 일 이야기를 하려고 합니다."

아일린은 눈썹을 올리면서 세계 어디서나 통하는 못 믿겠다는 표정을 짓고, 음료수 캔을 땄다. 몇 모금을 마신 다음, 눈을 부라렸다. "오, 맙소사. 어디 한 번 다 말해보세요. 뭘 바라는 거예요?"

"당신을 돕고 싶습니다."

최악의 타이밍에 사레가 들렸다. 가슴을 두들기면서 기침과 욕설의 이중창을 내뱉는 아일린 앞에서, 남자는 웃음을 터뜨리지 않고 그대로 침착한 표정을 유지했다.

"내가 미친 게 분명하지. 날 돕겠다는 말을 당신 입에서 듣다니. 당신은 언론인도, 경찰도 아니잖아요." 아일린은 "경찰"이라는 말을 입에 올리며 자신이 더블린 경찰을 어떻게 생각하는지 보여주기 위해 손가락으로 따옴표를 만들었다. "심지어 당신의 그 빌어먹을 이름도 모른다고요."

"탤벗입니다." 남자의 웃음은 정말로 평온했다. "켈리 씨. 제가 찾는 사람이 있습니다. 끔찍한 일을 하는, 뻔할 정도로 끔찍한 남자이지요. 시민 대부분은 그런 사람이 있는 줄도 모릅니다. 전 그저 그 남자를 찾는 일이 우리 둘의 이익에 무척 일치한다고 생각할 뿐입니다. 우리는 서로 도움이 될 수 있습니다. 정말로."

아일린은 어깨를 으쓱였다. "왜 내가 그쪽을 돕고 싶겠어요?"

"그 남자가 바로 당신을 죽이려 했던 사람이니까요."

아일린은 할 말을 잃고 음료수 캔을 떨어뜨렸다. 두 사람의 침묵 사이에는 오직 탄산이 부글거리는 소리만 들렸다. 끈적끈적하고 달콤한 카페인 함유 음료가 아일린 발밑에서 거품을 일으키다가 사무실 깔개에 스며들어 갔다. 얼굴은 새하얗게 질렸고, 가슴은 쿵쾅거렸다. 숨을 크게 들이쉬었다. "어디 한 번 들어 보지요."

"당신은 더블린 공동체의 일원입니다. 여기저기 사람들을 알지요. 사람을 찾는 제 솜씨는 몸소 겪어서 알겠지만, 때로는 사람들과 좀 더 이어져야 일을 더 잘 할 수 있습니다. 연민이나 동정심이라고 해야 할까요, 당신이 잔뜩 가진 것 말입니다." 아일린은 혐오스럽다는 듯 코를 찌푸렸다.

"당신은 사냥꾼입니다. 켈리 씨. 사람들을 위해 이 일을 하세요. 함께 그 남자를 추적하면, 사람들을 도울 수 있습니다."

"당신은 뭘 얻지?"

남자는 쾌활한 미소를 지었다. "마음의 평안입니다."

>>>>.11장.>>>>>00011>>>>>>>

MISSION 임무

계속하시겠습니까? [Y / N]

계좌 #: F2427IS
빚: 3.041.200.200.556.99
수집: [진행중]

임무

로딩 중...

벤쿨린 거리의 어느 싱가포르 호텔에서, 폭스가 어두컴컴한 휴게실에 있는 푹신한 카운터에 기대어서 영향력과 내부 경쟁자들, 어느 직업 과정, 몇몇 싱크 탱크를 지키는 보안에서 발견한 약점 등을 여러 개의 원으로 그리던 일이 생각나. 폭스는 두개골 전쟁에서 선두를 맡았고, 기업들의 교차지점에서 중개인 역할을 했어. 전 세계의 경제를 움직이는 다국적 기업인 자이바츠들 사이의 은밀한 소규모 전투에서는 군인으로 일했지.

폭스는 씩 웃음을 짓고, 고개를 저으며 기업 간 첩보에 관해 조심스럽게 꺼낸 내 의견을 일축했어. 탁월성, 그가 말했어. 탁월성을 찾아야 한다고. 유난히 강조한 'ㅌ'자를 당신도 들을 수 있도록 말했지. 탁월성은 폭스의 성배나 다름없었어. 세계의 가장 잘나가는 과학자들의 두개골 속에 꼭꼭 숨어서 누구에게도 넘길 수 없는 순수한 인간 재능의 본질적인 부분 말이야.

탁월성은 종이 위에 옮길 수 없어. 폭스가 말했다. 디스켓 안에 쑤셔 넣을 수도 없다고.

기업 망명자 일거리는 짭짤한 돈벌이였지.

New Rose Hotel, 윌리엄 깁슨

"어떤 일이 일어나는지 플레이를 해서 알아냅니다"라는 강령을 가지고 어떻게 임무를 계획할까요?

임무 계획하기

배경세계를 고려하세요

다음 임무를 계획할 때는 다음 사항을 고려하세요:

» 현재 기업 시계의 상태는 어떤가요? 1800 이상인 기업은 캐릭터들의 정보를 수집합니다. 2100 이상인 기업은 캐릭터들을 노리기 시작합니다!

» 캐릭터들은 「추적」당하는 중인가요?

계좌 #: F2427IS
빚: [없음]
수집: [완료]

» 지난 임무에서 마무리가 미진했나요?
» NPC는 어떤가요? 캐릭터들이 연줄들에게 무언가 약속을 하고 지키지 않았나요?

고용주를 만드세요

MC는 고용주를 준비하고 팀에게 제시할 일거리의 윤곽을 만드세요. 고용주는 특색 없는 이름과(스미스 씨, 홍길동, 이 선생님) 개성 없는 복장을 갖췄지만 아마 눈에 띄는 특징이나 버릇이 한가지 정도 있을 것입니다. 사이버펑크의 세계라는 사실을 항상 명심하세요: 미러 선글라스나 사이버웨어, 착용형 컴퓨터, 기괴한 패션 등.

고용인이 어느 기업이나 위험요소를 대리할지 생각하세요. 원한다면 지금 결정해도 좋고, 아니면 나중에 결정해도 좋습니다.

고용인이 캐릭터들에게 어떻게 접근할지도 생각하세요. 이미 팀 전체, 또는 팀원 중 한 명과 관계가 정립되었나요? 양측이 한 장소로 모이는 상호 접촉인가요? 팀원 중 누군가 고용주의 기업에 「빚」을 졌나요? 고용주와의 첫 모임은 어떤 일이 일어날지 MC가 예측할 수 있는 얼마 안 되는 장면이니 미리 준비하면 더욱 안정적으로 플레이할 수 있습니다.

임무 동안 캐릭터들이 마주치는 모든 사람이 의심스러운 모습을 보이도록 하세요. 전반적으로 의심스러운 행동과 불길한 전조를 보여주어 배반의 씨앗을 뿌리되, 어떤 배반일지는 지금 당장 고민할 필요는 없습니다. 아래에서 소개하는 임무의 구조는 임무 후 캐릭터들에게 나쁜 일이 발생하도록 제작되었기 때문에, 어떤 선택을 할지는 나중에 결정하세요.

플레이북에 맞추세요!

플레이어들이 만든 팀을 생각하세요. 어떤 플레이북을 사용하나요? 각 플레이북은 팀이 갖춘 기술 모음입니다. 기업의 중개인은 의뢰할 일거리와 관련된 전문가들을 갖춘 팀을 찾습니다. 기업이 팀에게 어떤 종류의 일거리를 맡길지 생각하세요. 해커가 없는 팀은 해킹 행위가 많을 임무를 받을 수 없을 것이고, 킬러가 있는 팀은 아무리 은밀하게 진행하더라도 분명 폭력이 벌어질지도 모르는 임무를 소개받을 것입니다.

더욱 중요한 사항으로, 플레이북은 플레이어들이 흔드는 플래그입니다. 즉, 어떤 종류의 임무를 플레이하고 싶은지 MC에게 알리는 신호입니다. 운전사를 선택했나요? 기동성이 중요하고 운전과 관련 있는 일거리를 넣으세요. 사냥꾼이 있나요? 플레이어가 탐색과 수사를 많이 하고 싶기 때문입니다.

기업과 위험요소를 고려하세요

MC는 기업 중 누가 고용주이고 누가 임무 목표인지 고려하고, 양 측이 팀원들에게 복수할 이유가 있다면 해당 기업의 카운트다운 시계를 준비하세요. 어쩌면 둘 중 하나, 혹은 양측 모두 이미 시계가 등장한 기업일지도 모릅니다. 그럴 경우 해당 기업 시계의 진행 상황을 기준으로 어떤 태도를 보일지 정하세요.

위험요소가 임무에 끼어들었는지도 고려하세요. 다시 한번 말하지만, 임무 중 골칫거리가 발생할 때까지 위험요소 등장 여부를 결정지을 필요는 없습니다. 하지만 필요할 경우를 대비해서 어떤 다른 세력이 이번 임무에 관심을 가졌는지 생각해 보세요.

기업은 자체적인 강령과 기업 목표, 지배 구역과 자산을 지닙니다. 모두 다른 기업, 또는 고용된 용병에게 공격당할 수 있는 대상입니다. 위험요소는 분명하게 짜인 카운트다운 시계를 지닙니다. 캐릭터들이 임무 중 벌이는 활동이 어떻게 하면 기업이나 위험요소의 카운트다운 시계들을 전진시킬까요?

임무와 관련된 기업이나 위험요소에 「빚」을 지거나 「추적」당하는 캐릭터가 있나요? 임무에 어떤 영향을 주나요?

임무의 윤곽을 그리세요

MC는 어떤 종류의 일거리인지 고려해야 합니다. 예를 들면:

» 협박, 무력 과시, 메시지 전달

» 운송이나 탈취

» 납치나 절도

» 데이터 절도나 회수

» 암살이나 파괴

아래에 소개한 임무 유형을 아이디어로 쓰세요. 실제 세계에서 현재 벌어지는 사건과 기사도 참조하세요. 현실 세계는 여러모로 이미 사이버펑크 세계입니다. 무엇보다도, 사이버펑크의 모습을 상상하세요.

목표를 고르세요. 사람이나 장소일 것입니다. 목표는 어디에 있나요? 혹은 어디에 있을 겁니까요?

임무 행동수칙

MC는 또한 임무의 주요 단계를 나누고, 단계마다 경험치를 배분해야 합니다. 이 단계가 바로 임무 행동수칙입니다(7장: 성장 참조). 첫 번째 행동수칙은 항상 "임무를 수락하면, 경험치를 얻습니다"이며, 마지막 행동수칙은 항상 "임무가 끝나면..."이라는 형태로 만들지만, 그 사이의 행동수칙은 일거리의 종류에 따라 달라집니다. 팀이 다 함께 임무 행동수칙 중 하나를 처음으로 만족하게 하면, 팀원 모두 해당 행동수칙에 따라 경험치를 얻습니다.

플레이어들이 **일거리를 얻으면** MC는 곧바로 플레이어들에게 임무 행동수칙을 보여줍니다. 이 행동수칙은 임무가 어떤 모습으로 진행될지 대강 보여주지만, 고용주가 제공하는 정보 내에서만 만들어야 합니다. 임무 행동수칙으로 얻는 경험치는 보통 5점 정도지만, 임무가 복잡해지면 더욱 늘어날 수도 있습니다. 중간 단계의 행동수칙은 고용주가 설명한 임무의 주요 부분과 일치해야 합니다.

이번 일거리는 어느 기업의 관리자를 강제로 추쭐(즉, 납치)하는 임무입니다. 캐릭터들이 일거리를 수락하면, MC는 임무 행동수칙을 공개합니다:

임무를 수락하면, 경험치를 얻습니다.

언제, 어디서 쿠로사와를 빼돌릴지 결정하면, 경험치를 얻습니다.

추쭐을 완료하면, 경험치를 얻습니다.

임무가 끝나면 경험치 2점을 얻습니다.

캐릭터들은 **일거리를 얻었기** 때문에 모두 경험치를 1점 얻습니다. 이번 임무는 간단합니다. 두번째 단계는 결국 "조사를 마치고 계획을 짜면"(즉, 사전조사 단계)이며, 세번째 단계는 "캐릭터가 임무실행 단계를 마치면" 입니다.

앞의 예시는 첫 세션에서 나올 법한 임무입니다. 대부분의 임무는 좀 더 복잡할 것입니다. 또 다른 예시를 보겠습니다.

이번 임무는 간단한 어떤 기업의 부사장을 뒤처리하는 임무입니다(즉 암살/살인입니다). 부사장의 거처는 찾기 쉽지만, 사실 부사장은 적들이 자신을 죽이려 한다고 믿고 자신으로 변장한 대역을 고용했다는 반전이 있습니다.

임무를 수락하면, 경험치를 얻습니다.

부사장을 찾으면, 경험치를 얻습니다.

부사장이 죽으면, 경험치를 얻습니다.

임무가 끝나면 경험치 2점을 얻습니다.

캐릭터들이 사전준비 단계에서 "부사장"이 어디 있는지 찾더라도 임무 행동수칙에서는 반전이 드러나지 않습니다. 아마도 임무가 실제로 수행되기 전까지는 진짜 부사장을 찾을 수 없을 것입니다. 이 경우 두 번째와 세 번째 단계는 임무실행 단계 동안 수행될 것입니다. 하지만 캐릭터들이 사전준비 단계에서 부사장의 속임수를 밝히면, 모든 것이 원점으로 돌아갑니다.

부사장이 대역을 사용했다는 사실을 알아내면, 경험치를 얻습니다.
진짜 부사장을 찾으면, 경험치를 얻습니다.
부사장이 죽으면, 경험치를 얻습니다.
임무가 끝나면 경험치 2점을 얻습니다.

간단한 임무에서는 두 번째 행동수칙을 사전조사 단계의 끝을 알리는 신호로 만드세요. 앞서 설명한 예시에 따르자면 "언제, 어디서 쿠로사와를 빼돌릴지 결정하면..."과 "부사장을 찾으면..." 입니다.

세 번째 행동수칙은 맡은 일을 완료하는 내용으로 만드세요. 다시 앞선 예시를 따르자면 "쿠로를 안류하면, "과 "부사장이 죽으면..." 입니다.

좀 더 복잡한 임무에서는 임무실행 단계에서 추가로 완수해야 하는 일을 행동수칙으로 만들어 덧붙이세요. 예를 들어 "시설에 잠입하면..."이나 "바이러스를 업로드하면", "시설을 탈출하며..." 같은 식입니다.

마지막 행동수칙인 "임무가 끝나면..."은 보통 팀이 **보수 받기**를 시도한 나머지 모든 골칫거리가 해소되면 완료됩니다. 하지만, 임무 시계가 0000에 도달해서 팀원들이 뿔뿔이 흩어지고, 고용주를 다시 만나지 못하더라도 임무는 끝나기 때문에 성공이든 실패든 마지막 행동수칙은 무조건 실현됩니다. 즉, 캐릭터들은 임무에 실패해 돈과 명성을 잃어도 실패에서 경험을 얻습니다.

임무 행동수칙은 플레이어들에게 임무를 완수하려면 어떤 단계를 밟아야 하는지 지침을 주지만, 어떻게 임무를 수행해야 하는지 결정짓지는 않습니다. "부사장이 죽으면..."은 좋은 행동수칙입니다. "부사장을 쏘면..."은 너무 구체적입니다. 폭넓고 열린 행동수칙을 목표로 하세요.

임무 행동수칙의 의의는 플레이어들이 하위 목표를 정해 작전을 수립하도록 돕는 데 있습니다. 만약 플레이어들이 미리 제시된 임무 행동수칙의 틀을 벗어났지만 충분히 실행 가능한 계획을 구상했다면, MC는 현재 임무 행동수칙을 수정하거나 즉석에서 새 행동수칙을 만들 수 있습니다. 명심하세요. 잠시 휴식을 선언한 다음 캐릭터들의 행동이 어떤 결과를 낳을지 생각해 보아도 좋습니다.

새 요소 만들기

설명할 필요가 있는 인물이나 세력이 있는지 생각해 보세요. 어떤 보안 병력이 목표를 지키나요? 무장과 장비는 얼마나 잘 갖췄나요? 새로 만들어서 설명할 위험요소나 장소가 있나요?

고려할 만한 새 사이버웨어나 장비, 프로그램, 차량이 있나요?

이번 임무에서 MC나 플레이어의 커스텀 액션이 필요한가요? **조사하기**나 **파악하기** 판정으로 물을 수 있는 질문 중 이번 임무 전용으로 만든 질문이 있나요? 있다면 색인 카드처럼 플레이어가 볼 수 있는 곳에 만든 질문을 적으세요. (더욱 자세한 과정은 12장: 스프롤 해킹하기를 참조하세요)

임무 액션

때로는 임무와 연관이 있는 특정 장소나 인물, 또는 집단이 사용할 구체적인 액션이 필요할 수도 있습니다. 몇 가지 액션을 적은 다음 임무 중 어떤 부분이 플레이에 등장하는지 지켜보세요.

액션을 변형해서 현재 임무에 맞는 특정한 분위기를 입히세요. 다른 모든 MC 액션처럼 임무 액션 역시 임무를 골치 아프게 만들고 캐릭터들이 행동에 나설 수밖에 없도록 압박해야 합니다. 다음은 몇 가지 흔한 예시입니다:

» 경보를 울립니다.	» 예상치 못한 보안 수단을 드러냅니다.
» 건물을 폐쇄합니다.	» 개인적인 골칫거리를 드러냅니다.
» 지원병력을 부릅니다.	» 제 3의 세력을 드러냅니다.

만약 MC가 액션으로 만든 무언가가 **스프롤**에서 중요한 부분을 차지하게 된다면, MC는 나중에 이 존재를 완전한 위험요소로 발전시킬 수 있습니다.

노라는 데이터 절도 임무를 제작 중이며, 임무 액션을 몇 가지 준비하려 합니다. 임무 목표는 102층짜리 콘도에 있는 솔라 인베스트먼츠의 비밀 데이터 코어입니다. 노라는 앞서 설명한 여섯 가지 임무 액션을 모델로 삼아 다음 임무 액션을 구상했습니다:

- 솔라 인베스트먼츠의 대침투 해커에게 경보를 알립니다.
- 도시의 블록을 폐쇄합니다.
- 100층 복도에 있는 정예 대응팀을 움직입니다.
- 헬기형 드론 무리를 배치합니다.
- 슬라이서가 네뷸라와 대치합니다.
- 라이벌 MDI 침투 팀을 드러냅니다.

마지막으로

임무 제작 과정은 유동적입니다. 처음에 내린 결정도 마지막 요소를 고려할 때 바뀔 수 있습니다. 플레이어들에게 내놓은 임무가 이후 검토할 때 처음 구상하던 모습이 아니더라도 괜찮습니다.

같은 이유로, MC는 플레이 중 임무의 일부 면모를 바꿀지도 모릅니다. 예, 물론 헤이저는 그 무리와 관계가 있습니다! 그 심센스 기업이 이 시설을 보유한다면 훨씬 근사할 것입니다. NPC 리포터는 분명히 그 헤드라인 위험요소를 조사할 테니 이번 임무에 추가합시다. 준비한 내용을 존중하세요. 하지만 새로운 영감이 떠올랐을 때 주저하지 말고 아이디어를 따르세요. 게임을 가장 재미있게 즐길 방법을 택하세요.

어렵고 흥미진진한 임무를 만드세요. 강령을 기억하세요. "캐릭터들의 삶을 액션과 음모, 역경으로 가득 채웁니다" MC는 캐릭터들을 죽이려 들지 마세요. 하지만 기업은 죽이려 들지도 모릅니다!

임무 진행하기

임무 구조

임무는 다음과 같이 여섯 부분으로 구성됩니다:

1. 일거리 얻기
2. 사전조사 단계
3. 임무실행 단계
4. 보수 받기
5. 보복
6. 숙일 건가요, 맞설 건가요?

일거리 얻기

게임은 팀이 익명의 고용주와 만나면서 시작합니다. 임무 계획하기 항목에서 설명한 대로 이 장면을 게임의 분위기를 정하는 용도로 사용하세요.

일거리는 중개인이나 임무 알선 전문가, 캐릭터의 아는 연줄 등 몇 가지 경로를 통해 들어옵니다. 단편 플레이에서는 고용주를 만나 일거리를 얻는 장면을 설명하면서 시작하는 편이 좋습니다. 캐릭터의 개인 연줄을 통해 일거리를 제시했다면, 팀 전체가 필요한 임무라는 점을 확실하게 하세요.

누구든 만남에서 가장 많이 이야기한 캐릭터가 **일거리 얻기** 판정을 합니다. 다른 캐릭터들은 도울 수 있습니다. (혹은 방해할 수 있습니다... 하고 싶으면 해 보세요!)

명심하세요. 판정을 실패했다고 해서 협상이 결렬되지는 않습니다. 단지 골칫거리가 발생할 뿐입니다.

고용주는 정보 면에서 이점을 차지하면서 상황을 자기 뜻대로 통제할 것이며, 임무 바깥의 행동에 필요한 예산도, 도움도 주지도 않을 것입니다. 또한 판정 실패는 임무에서 좋지 않은 문제가 발생할 것임을 암시하는 추가 정보가 될 수도 있습니다.

일거리 얻기는 2장: 기본 액션에서 자세하게 설명합니다. 편의상 다시 올립니다.

일거리 얻기 (예리)

일거리 조건을 협상한다면, **예리**로 판정하세요.

10+: 아래 목록에서 3개를 선택합니다.

7-9: 아래 목록에서 1개를 선택합니다.

- ⏻ 고용주가 유용한 정보를 제공합니다. ([첩보])
- ⏻ 고용주가 유용한 장비를 제공합니다. ([장비])
- ⏻ 보수가 짭짤합니다. (보수를 세 배로 받습니다)
- ⏻ 눈길을 끌지 않고 만납니다.
- ⏻ 고용주의 정체를 알 수 있습니다.

팀은 **일거리 얻기** 판정에서 실패했습니다. 스미스 씨는 목표 시설의 보안을 설명했지만 무언가 편치 않은 표정입니다. 무언가 털어놓지 않은 것이 있습니다.

팀은 **일거리 얻기** 판정에서 실패했습니다. 이 선생님이 자리를 떠난 다음, 팀은 이 선생님이 앉았던 의자 뒤에서 보안 서버로 음성을 생중계하는 곤충형 드론을 발견했습니다.

고용주는 팀이 재빨리 계획을 짜고 즉시 실행할 수 있을 정도로 충분한 정보를 주거나, 사전조사가 어느 정도 필요하다는 점을 분명하게 알려야 합니다. 물론 아무런 사전조사 없이 임무를 수행한다면 십중팔구는 곤혹스러운 상황에 빠집니다. 그래도 게임은 흥미진진해질 것입니다!

사전조사 단계

사전조사 단계에서 팀은 임무실행을 준비합니다. 캐릭터들은 정보를 얻고, 계획을 짜고, 적합한 장비를 구하기 위해 **거리에 나서고, 조사하고, 연줄을 선언할 수** 있습니다. 사전조사가 길어질수록 기업이 팀의 계획을 알아차리고 그에 맞춰 대비할 위험이 커집니다.

사전조사 시계

사전조사 시계는 사전조사 단계 동안 활성화됩니다. 이 시계는 아래와 같은 내용으로 진행되는 카운트다운 시계입니다:

1200	모든 것이 괜찮습니다.
1500	팀은 약간의 소란을 일으키지만 심각한 상황은 아닙니다… 아직은 말이지요.
1800	목표는 어렴풋한 소문을 듣습니다.
2100	목표는 명확하지만 아직 확인되지 않은 소문을 듣습니다. 임무실행 시계를 전진시키세요.
2200	목표는 팀이 언제 임무를 수행할지 믿을 만한 정보를 얻습니다. 임무실행 시계를 전진시키세요.
2300	목표는 팀에 관한 믿을 만한 정보를 얻습니다. 임무실행 시계를 전진시키세요.
0000	팀의 정체가 완전히 드러납니다. 임무와 관련된 기업이나 위험요소 시계를 전진시키세요.

사전조사 시계는 임무 관련 정보를 캐는 팀의 활동이 기업의 귀에 들어가는지를 결정합니다. 플레이어가 사전조사 중 판정에 실패하고, 이야기 속에서 그럴 만한 상황이 되면 사전조사 시계가 전진합니다. MC는 처음에는 은근하게, 하지만 점점 노골적으로 **캐릭터들에게 총부리를 보여주거나, 캐릭터들의 삶을 당장 어렵게 만들어서** 시계가 전진한다는 신호를 보내야 합니다. 시계 단계마다 무슨 일이 일어나는지는 감추되 캐릭터가 볼 수 있는 곳에 현재 값을 보여주세요. 시계가 전진할 때는 플레이어들이 알아볼 수 있도록 조정하세요. 긴장을 조금씩 늘리세요!

네뷸라(선동가)와 안티K-테라(기술자), 룩(운전사), 셰이머스(사냥꾼)는 도망친 사이버웨어 밀수꾼을 찾아 납치하는 일에 고용됐습니다.

안티K-테라는 알고 지내는 거리의 의사에게 혹시 밀수꾼이 어디서 활동하는지 들어 본 적이 있냐고 묻습니다. 판성는 성공애서 히느 공엽 지대에 있느 연구식을 찾습니다. 하지만 물어보고 다닌 덕분에 원치 않는 관심을 끌어서 안티K-테라가 이것저것 캐묻고 다닌다는 소문이 퍼졌습니다. 사전조사 시계는 1200에서 1500로 전진합니다.

룩과 셰이머스는 연구실 주변 지역을 차루 돌아다니면서 어느 의심스러운 장소를 확인합니다(**파악하기**에 성공합니다). 둘은 잠복하여 감시하기 시작했지만, 잘못된 지역에 주차하는 바람에 이 지역 거리의 갱단의 성미를 건드려서 급히 떠나야 했습니다(**파악하기**에 실패합니다). 이 소란 때문에 밀수꾼은 안절부절못하기 시작합니다. MC는 사전조사 시계를 1500에서 1800로 전진시킵니다.

네뷸라는 갱단을 다독이고 혹시나 이들을 미끼나 주먹으로 고용할 수 있는지 시도해 보았지만, 일이 잘못 돌아가 결국 폭력으로 결말이 났습니다. 이 장면에서는 몇 번의 실패가 발생했지만, MC는 이 실패를 장면 내에서 갈등이 상승하는 용도로 사용했기 때문에 사전조사 시계는 여전히 1800로 남습니다.

룩은 건물 안으로 드론을 보내 방어태세를 확인합니다. 드론은 발각되어 파괴되기 전에 평면도와 보안 배치도를 상세하게 보냈습니다. 임무 지역에서 드론이 여기저기를 들쑤시는 모습이 발각되었기 때문에 충분히 사전조사 시계가 전진할 만합니다. 시계는 1800에서 2100로 전진합니다.

팀은 이제 충분히 정보를 수집했다고 판단하고, 계획을 짜서 밀수꾼 추출 작전을 시작합니다. 사전조사 시계가 2100까지 도달했기 때문에, 목표는 어느 정도 경계 태세를 갖췄습니다. 임무실행 시계는 1500에서 시작합니다. 만약 임무가 성공하면 팀은 아직 쓰지 않은 사전조사 단계 세 칸 덕분에 +3 보너스를 받고 **보수 받기** 판정을 합니다.

사전조사에서 할 일

스프롤의 캐릭터들은 판정에 보너스를 받고 여러 가지 액션을(**파악하기**나 **조사하기**, **돕기** 같은 기본 액션 포함) 사용하는 전문가입니다. 그러므로 지나치게 자주 실패하지는 않을 것입니다. 팀워크 역시 중요하므로, 어떻게 하면 서로를 도울 수 있는지 창의적으로 생각하도록 플레이어들을 독려하세요. 플레이북 대부분은 캐릭터들의 협동을 지원하는 액션이 있습니다.

간트는 헬리콥터 뒤에서 팀원들이 시설에 침투하는 모습을 생중계로 보고 있습니다. 간트는 동료들이 임무를 완수 수 있도록 동료를 이어폰에 연결된 사이버웨어 통신기로 명령을 내립니다. "케네디의 조준경으로 다 봤어, 셰이머스, 카메라가 움직이는 중이야… 곧 문 앞으로 달려. 3…, 2…, 1…, 지금이야!"

[계속하려면 아무 키나 눌러주세요]

매트릭스에서 활동하는 헤이저는 안티K-테라가 매트릭스 케이블 장착부분을 재조립하는 모습을 지켜봅니다. 헤이저는 안티K-테라가 올바른 순서로 전선을 결합하도록 **돕기** 위해 장비가 방출하는 신호음을 읽습니다.

사전조사 단계는 캐릭터들이 **일거리를 얻을 때** 시작하고, 고용된 목적에 따라 일을 시작할 때 끝납니다. 시작과 끝의 기준은 특히 수사처럼 일거리 자체가 사전조사인 임무에서는 주관적일 수도 있습니다. 이 경우 MC는 이야기 속에서 어떤 이유로 사전조사 시계를 멈추고 임무실행 시계를 쓰기 시작할 것인지 미리 고려해야 합니다. 보통 이 시점은 임무 행동수칙으로 표시합니다.

사전조사 단계가 끝나면, MC는 사전조사 시계(아직 채우지 않은 부분은 **보수 받기** 판정을 할 때 사용합니다)가 어디까지 진행됐는지 기록한 다음, 임무실행 시계를 준비하고, 사전조사 시계의 상태에 따라 지시대로 임무실행 시계의 칸을 채우세요.

임무실행 단계

캐릭터들이 수사를 마치고 계획을 짰으면, 진짜로 임무를 시작합니다. 임무실행 단계 동안 MC는 액션과 음모, 골칫거리를 증폭시키기 위해 액션을 사용합니다.

임무실행 시계

캐릭터들의 계획이 하나하나 펼쳐지면서, MC는 임무실행 시계를 전진시킬 기회를 얻습니다. 플레이어가 판정에 실패해서 MC가 목표의 경계심과 상황 인식 수준을 높이는 임무 액션(경보를 울립니다, 건물을 폐쇄합니다, 지원병력을 요청합니다)을 사용할 상황이 오면 임무실행 시계를 전진시킵니다. 임무실행 시계가 0000에 다다르면 임무는 실패하고 캐릭터들은 도망쳐야 합니다. 임무실행 시계는 다음과 같습니다.

1200 모든 것이 괜찮습니다.

1500 목표는 평소보다 더욱 경계합니다.

1800 목표는 완전히 경계태세를 갖췄습니다.

2100 목표는 위협에 적절히 대응할 수 있는 내부 자산을 전부 배치합니다.

2200 목표는 외부 자산을 요청하고, 여전히 통제할 수 있는 모든 것을 폐쇄합니다.

2300 목표는 외부 자산을 배치합니다.

0000 목표는 압도적으로 어마어마한 병력을 배치합니다. 목표가 속한 기업 시계를 두 번 전진시키세요.

임무실행 시계가 0000에 가까이 갈수록, MC는 액션을 더욱 강하게 사용해야 합니다. 시계가 2300에 다다르면 MC의 액션 대부분은 강해야 하지만, MC는 PC들의 팬이라는 사실을 명심하세요. 캐릭터들이 무능력하게 보이지 않도록 해야 합니다.

시계가 0000에 다다르면 즉시 새롭게 고조된 나쁜 상황을 설명하고, 각 플레이어에게 자신의 캐릭터가 어떻게 이 상황을 벗어났는지, 혹은 어떻게 도주 중 붙잡히거나 죽었는지 설명하게 시키세요.

사전조사 시계와 마찬가지로 시계 단계마다 무슨 일이 일어나는지는 캐릭터가 볼 수 있는 곳에 현재 값을 부여주세요. 시계가 전진할 때는 시간이 점점 바닥나는 모습을 플레이어들이 알아볼 수 있도록 조정하세요.

헤이저(해커), 간트(중개인), 케네디(킬러), 후트(기자)는 솔라 인베스트먼츠의 해안 아콜로지에 잠입해 새로운 준궤도 비행 구동 제어 칩의 프로토타입을 훔치는 일을 의뢰받았습니다. 이들은 사전조사를 어느 정도 했으며, 사전조사 시계는 임무실행 시계에 영향을 줄 만큼 전진하지 않았습니다.

팀이 아콜로지로 가기 위해 간츠가 고용한 잠수정 파일럿은 맡은 일을 훌륭하게 했습니다. 팀은 수중 선착장 바깥쪽에 무사히 도착했습니다.

캐릭터들은 스쿠버 장비를 착용한 다음 무인 배달 잠수정에 붙어서 선착장에 들어왔습니다. 케네디는 은밀하게 보안요원들을 제거했고, 헤이저는 보안실에서 접속했으며, 나머지 팀은 연구 개발 구역으로 들어갔습니다. 임무실행 시계는 계속 1200에 머무릅니다.

헤이저는 문을 열고 경보를 해제하면서 팀원들을 아콜로지 안으로 인도했습니다. 그러던 중 건물 서비스 노드에서 레드 ICE와 마주쳐 깜짝 놀랐다가, 경보가 더 올리기 전 제압했습니다. 하지만 임무실행 시계가 1500로 전진하는 것을 막지는 못했습니다.

팀이 연구 구역에 도착했을 때, 케네디는 보안요원들을 제거했지만 전투는 시끄러웠고 후트가 총을 맞습니다. 임무실행 시계는 1500에서 1800로 전진했습니다.

간트가 헤이저의 안내를 받아서 연구실의 저장고를 지나 프로토타입이 있는 장소로 가는 동안, 케네디는 후트에게 상처 부착제를 붙였습니다. 헤이저는 또 다른 경보를 건드려 더 많은 레드 ICE와 마주쳤고, 임무실행 시계는 2100로 전진했습니다. 시계가 전진하면서 시설 내의 내부 대응팀이 움직이기 시작했습니다.

헤이저가 ICE와 싸우느라 꼼짝달싹하지 못하는 동안, 간트는 프로토타입을 거머쥐고 후트와 케네디가 있는 곳으로 돌아갑니다. 하지만 그때 아콜로지의 보안 부대가 길을 막았습니다. 팀원들은 힘을 모아 보안 부대를 제거했지만, 그 와중에 케네디가 부상을 입습니다. 또한 이 싸움 때문에 연구실에 부수적인 피해가 발생해서 또 다른 경보가 올립니다. 임무실행 시계는 이제 2100에서 2200로 전진했습니다.

[계속하려면 아무 키나 눌러주세요]

헤이저는 다시 온라인으로 복귀했고, 팀원들은 폐쇄 절차에 들어간 아콜로지를 빠져나가기 위해 선착장으로 서둘러 도망쳤습니다. 하역장까지 왔을 때, 팀원들은 중무장한 긴급 대응 부대가 잠수형 장갑차에서 내리는 모습을 봤습니다. 헤이저는 MC에게 하역장의 에어록을 해킹해서 대응 부대가 있는 장소를 침수시킬 수 있는지 물었습니다. MC는 가능한 일이지만 시간이 좀 더 걸리고, 보안에게 발각될 거라고 경고했습니다. 헤이저는 어찌 되었든 하기로 했습니다. 임무실행 시계는 2300으로 전진하고, 보안 요원들이 접근하는 동안 선착장 안의 물은 느릿느릿 빠져나가 팀원들이 선착장 안으로 들어가 스쿠버 장비를 다시 착용할 수 있을 만큼 줄었습니다.

팀원들이 어느 정도 물이 줄어든 선착장을 헤엄쳐 나가 바다에서 기다리는 잠수정으로 합류하려 할 때, 아콜로지의 보안 요원들이 정박 구역에 들이닥쳤습니다. 후트의 상처가 물 속에서 다시 출혈을 일으킬까요? 후트는 **위험 견디기** 판정에서 성공했습니다(케네디가 전에 부착제를 발라주었기 때문에 도움을 줄 수 있었습니다). **위험 견디기** 판정은 더 이상 전진하지 않고 2300에서 멈췄습니다. 이제 **보수를 받을** 시간입니다.

장비와 첩보

플레이어들은 임무실행 단계 동안 이야기 속에서 유리한 상황을 만들고 기회를 활용하기 위해 [장비]나 [첩보]를 사용해서 **장비를 얻고, 지식을 털어놓을 수** 있습니다. 플레이어가 액션을 사용하면 MC는 플레이어가 선언한 장비나 지식에 관하여 질문해야 합니다. 특히 어떻게 얻었는지 물어보세요. 플레이어들은 이야기와 임무, 테이블 모두가 함께 설정한 게임 분위기에 어울리게 대답해야 합니다.

이 규칙은 특히 [장비]와 관련이 있습니다. 플레이어는 마땅히 가질 법한 소지품이나 상대적으로 쉽게 구할 수 있는 **장비만 얻을 수** 있습니다. 어떻게, 왜 그 물품을 가졌는지 플레이어에게 간단한 설명을 맡긴 다음 얼른 임무로 돌아가세요. "마땅히 가질 법한 장비"나 "상대적으로 쉽게 구할 수 있는 장비"가 무엇인지는 게임마다 다릅니다. 망해가는 세계의 황량한 공업지대에서 살아가는 밑바닥 부랑자들에게 초점을 맞춘 게임과 거대기업 중역의 밑에서 일하는 초특급 문제 해결사들을 다루는 게임 사이에서는 구할 수 있는 장비의 정의가 다를 것입니다. 특정한 임무에 따라서도 달라질 수 있습니다. 보안이 삼엄한 지구 궤도에서 임무가 벌어진다면 어떤 종류의 총기라도 반입하기 어려울 것입니다. 그러나 임무 수행 단계가 시작되기 전 자동화된 전자 제품 공장에 잠입했다면 프로그램이나 심지어 사이버덱도 미리 들여올 수 있을 것입니다. 원칙적으로, 가격이 1이나 2크레드인 물품, 또는 캐릭터가 들렀던 장소에서 쉽게 줍거나 훔칠 수 있는 물품이라면 무엇이든 가능합니다. 플레이어는 그 물품을 어떻게 구했는지 묘사해야 한다는 것을 명심하세요. 어딘가에서 산 물건이라면, 크레드를 내거나 물품을 구해준 상대의 부탁을 들어주어야 할 것입니다. 훔친 물건이라면 적이 생길 수도 있습니다. **장비 얻기**로 획득한 물품은 캐릭터가 구매한 다른 물품과 마찬가지로 계속 남습니다.

[첩보]를 사용했다면, 플레이어는 사전조사 단계에서 얻은 단서가 어떻게 지금 활용할 수 있게 되었는지 설명해야 합니다. 기회를 활용한 캐릭터는 다음 판정에 +1 보너스를 받습니다.

[장비]와 [첩보]의 가장 중요한 부분은 플레이어가 이야기 상황을 바꾸어서 자신에게 이점을 줄 수 있다는 점입니다. 하지만 **스프롤**에서 기술과 정보는 유통기한이 짧습니다. 임무가 끝났을 때 사용하지 않은 [장비]와 [첩보]는 모두 버립니다.

임무 실패

임무실행 시계가 0000에 다다르고 임무가 실패했다면, 플레이어들은 자신의 캐릭터가 살아서 도망쳤는지, 붙잡혔는지, 죽었는지 정합니다.

- ⏻ 전원이 살아서 도망친다면, 팀과 싸운 기업은 한층 더 노력을 기울여서 캐릭터들을 제거하려고 합니다. 해당 기업의 시계를 전진시키세요.
- ⏻ 캐릭터 중 누군가가 기업 중 한 군데에 죽는다면, 해당 기업은 잠시나마 만족합니다. 해당 기업의 시계는 전진하지 않지만, 여러 기업이 얽힌 임무였다면 다른 기업들의 시계는 여전히 전진합니다.
- ⏻ 목표를 달성했다면, 캐릭터들은 보수를 받기 원할 것입니다....
- ⏻ 캐릭터 중 누군가가 기업 중 한 군데에 붙잡힌다면, 캐릭터를 붙잡은 기업의 시계는 전진하지 않습니다. 하지만 여러 기업이 얽힌 임무였다면 다른 기업들의 시계는 여전히 전진합니다. 캐릭터를 붙잡은 기업은 시계를 전진시키는 대신, 캐릭터를 좌지우지할 수 있는(그리고 팀까지 조종할 수 있기를 바라면서) 기업 액션을 사용할 것입니다. 어떤 방식으로 캐릭터에게 영향력을 행사할 건가요? 그 기업의 액션을 보세요. 기업 액션은 9장: 스프롤 MC 플레이에서 설명합니다.

  무슨 말인지는 알 겁니다.

  두뇌 피질 폭탄입니다. 두뇌 피질 폭탄을 이야기하는 것입니다.
  물론, 당연히 다른 방식도 있습니다.
  하지만 폭탄만큼 재미있지는 않을 것입니다.

보수 받기

임무 목표를 완수하고 팀이 눈앞에 닥친 위험에서 벗어나면, **보수를 받을** 시간입니다.

팀은 **보수 받기** 단계에서 자신들이 **스프롤**에서 어떤 상황에 처해 있는지, 누구의 편을 들었는지 대략 알 수 있습니다. 마지막 두 선택지는 간단합니다. 다른 선택지에 신경 쓰지 않고 경험치를 얻기를 바란다면, *임무와 관련해서 무언가를 알 수 있습니다.* 시선을 끌고 싶지 않다면, *외부 세력의 눈길을 끌지 않고 만나는* 선택지를 골라야 합니다. 이 선택지를 고르지 않을 경우, MC는 이번 임무에 관여하지 않은 기업이나 위험요소의 시계를 전진시킬 절호의 기회를 얻습니다.

나머지 선택지는 미래에 벌어질 사건에 이야기 속 위치를 제공합니다. 임무 중 무언가 마음에 들지 않는 부분이 있었다면, 장차 벌일 행동이나 조사의 서막으로 *고용주의 정체를 알 수 있습니다.* 또한 팀은 약속한 보수를 모두 받고 싶기도 할 것입니다. 이 선택지를 고르지 않는다면 고용주는 보수를 짜게 주거나, 강제로 재협상을 하려고 시도하거나, 빚을 진 캐릭터에게 압력을 가해 적은 보수를 받아들이게 할지도 모릅니다.

약속한 보수를 제대로 받습니다, 또는 함정이나 매복이 아닙니다를 선택하지 않는다면 MC에게 액션을 사용하라고 손짓하는 것이나 다름없습니다.

함정이나 매복이 아닙니다를 선택하지 않는다면 누군가가 팀을 노릴 수도 있습니다. 임무에서 등장한 기업과 위험요소, 카운트다운 시계의 대략적인 상황, 이 만남이 시선을 끄는지 아닌지를 보고 결정하세요. 위험요소 중 하나를 선택해 강한 액션을 하세요.

MC는 다음 사항을 고려하세요:

- ⏻ 임무 시계가 많이 전진했다면, 목표 기업이 팀을 공격하기 위해 올지도 모릅니다.

- ⏻ 만남이 시선을 끈다면, 외부 위험요소가 팀을 훼방 놓을지도 모릅니다.

- ⏻ 약속한 보수를 제대로 받습니다를 선택하지 않는다면, 고용주는 팀을 제거하고 돈을 아끼려 하거나, 해당 기업에서만 사용할 수 있는 증서처럼 달갑지 않은 방식으로 지급할지도 모릅니다.

- ⏻ 기업 중 어느 곳이든 시계가 많이 전진했다면(2100 이상), 해당 기업이 무력으로 개입할지도 모릅니다.

- ⏻ 캐릭터가 「추적」당한다면, 적이 캐릭터를 노리고 오거나 고용주가 추적당하는 캐릭터를 잡으려 들지도 모릅니다.

> **보수 받기**는 2장: 기본 액션에서 자세하게 설명합니다. 편의상 다시 올립니다.
>
> ### 보수 받기 (사전조사)
>
> 보수를 받기 위해 고용주를 만난다면, 사전조사 시계에서 아직 채우지 않은 칸 수를 수정치로 해서 판정하세요.
>
> **10+**: 아래 목록에서 3개를 선택합니다.
>
> **7-9**: 아래 목록에서 1개를 선택합니다.
>
> - ⏻ 함정이나 매복이 아닙니다.
> - ⏻ 약속한 보수를 제대로 받습니다.
> - ⏻ 고용주의 정체를 알 수 있습니다.
> - ⏻ 외부 세력의 눈길을 끌지 않고 만납니다.
> - ⏻ 임무와 관련해서 무언가를 알 수 있습니다. 캐릭터 전원이 경험치를 얻습니다.

제가 가장 선호하는 방식은 고용주가 사실은 시계가 많이 전진한 기업에서 왔다는 설정입니다. 즉, 이번 임무 자체가 마지막 순간의 피비린내 나는 습격으로 모든 증거를 없애기 전, 캐릭터들을 마지막으로 써먹으려는 시도인 것입니다.

단편플레이는 여기서 끝내는 편이 깔끔하지만, 계속 이어지는 게임에서는 캐릭터들의 행동이 **스프롤** 안에 새로운 파문을 일으킵니다.

보복

그자들은 뉴델리에서 터너의 페르몬과 머리카락 색을 입력한 슬램하운드를 풀어 터너의 뒤를 쫓았다. 슬램하운드는 찬드니쵸크라는 거리에서 터너를 따라잡았다. 그리고는 터너가 빌린 BMW를 쫓아 갈색의 맨다리와 자전거 택시 바퀴 사이를 헤치며 다가갔다. 슬램하운드 앞에는 재격질화된 헥소젠과 TNT박편 1킬로그램이 들어 있었다.

터너는 눈치채지 못했다. 인도에서 마지막으로 본 건 분홍색으로 흙을 발라 놓은 쿠시오일 호텔의 벽이었다.

카운트 제로, 윌리엄 깁슨

보수를 받은 다음(혹은 일을 망친 다음), MC는 사전조사와 임무실행 시계의 최종 상태를 살펴 봅니다.

1. 사전조사 시계가 모두 찼다면, 목표 기업(들)은 팀에 관해 많은 정보를 얻습니다. 사전조사 시계의 0000 항목에 제시된 대로 임무와 관련된 기업(들)의 시계를 한 칸 전진시키세요.

2. 임무실행 시계가 모두 차고 팀 전원이 살아서 도망치거나 잡히지 않았다면, 목표 기업(들)은 격노합니다. 임무실행 시계의 0000 항목에 제시된 대로 임무와 관련된 기업(들)의 시계를 두 칸 전진시키세요.

3. 기업 시계가 1800에 다다르면, 해당 기업은 팀을 명백하게 주목하기 시작합니다.

4. 기업 시계가 2100에 다다르면, 해당 기업은 팀에 맞서 명확하게 행동을 개시합니다.

임무 중 캐릭터와 다른 세력(개인 NPC, 무리 등) 사이에서 흥미로운 적대 행위가 발발했다면, 이들을 위험요소로 삼고 전용 위험요소 시계를 만드세요. 위험요소는 게임을 시작할 때 처음 만든 기업만큼 위험하고 힘든 존재는 아니지만, 캐릭터들에게 큰(그리고 위험한!) 골칫거리가 될 수 있습니다. **스프롤**에서는 모든 NPC가 반드시 위험요소는 아니지만, 누구라도 위험요소가 될 수 있다는 사실을 명심하세요. 위험요소는 9장: 스프롤 MC 플레이에서 설명합니다

헤이저, 간트, 케네디, 후트는 솔라 인베스트먼츠의 해안 아콜로지에서 준궤도 비행 구동 제어 칩을 훔쳤습니다. 사전조사 시계와 임무실행 시계 모두 차지 않았습니다. 솔라 인베스트먼츠의 기업 시계는 전진하지 않습니다.

그다음 임무에서 네 명은 에콰다인 페트로켐의 사무실 건물에 침입해 누가, 왜 자신들을 고용해 제어 칩을 훔치게 시켰는지 조사합니다. 사전조사 시계는 모두 찼지만 임무는 순조롭게 끝납니다. 에콰다인의 기업 시계는 1800에서 2100로 전진합니다.

[계속하려면 아무 키나 눌러주세요]

네뷸라, 안티K-테라, 룩, 셰이머스는 도망친 사이버웨어 밀수꾼(위험 요소)을 납치하려 시도했습니다. 사전조사 시계는 모두 차지 않았지만, 밀수꾼의 은신처를 습격하는 일은 상황이 안 좋게 돌아갔습니다. 셰이머스는 공격 중 사망했고, 임무실행 시계가 0000에 다다른 후 네뷸라는 자신이 밀수꾼에게 사로잡혔다고 결정했습니다. 비록 임무실행 시계는 모두 찼지만, 팀원이 모두 도망가지는 못했기 때문에 임무가 실패했다고 해서 밀수꾼의 위험요소 시계가 전진하지는 않습니다. 하지만 네뷸라는 사로잡혔고, MC는 네뷸라의 삶을 곤란에 빠뜨리기 위해 액션을 사용합니다: 다시 말해, 밀수꾼은 네뷸라의 사이버웨어 다리 안에 백도어 칩을 장착했습니다. 머지않아 네뷸라는 위험요소 시계가 무슨 목적으로 전진하든 연루될 것입니다!

숨길 건가요, 맞설 건가요?

기업 시계가 전진해서 기업의 분노가 지나치게 높아졌을 때, 캐릭터들은 두 가지 선택을 할 수 있습니다. 우선 분노가 가실 때까지 연줄들과 함께 몸을 숨기는 방법이 있습니다. 그게 한 가지 방법입니다.

> **숨이기:** 분노가 꺼질 때까지 다 함께 잠적하면, 각 캐릭터는 5크레드, 또는 가진 크레드 절반을 사용합니다(더 높은 쪽을 선택합니다). 모든 기업 시계를 1씩 낮추세요.

숨기기는 캐릭터가 돈과 시간이 모두 있어야 고를 수 있는 선택지입니다. 도시에서 떠나 있으려면 충분한 돈이 있어야 할 뿐 아니라, 시간이 지나면서 명성도 잃습니다. **스프롤**에서는 모든 것이 빨리 흘러갑니다. 어제의 거물도 내일이면 구닥다리가 됩니다.

돈이 없거나, 명성을 생명보다 소중하게 여긴다면 기업에 맞서는 시도를 할 수 있습니다. 가장 좋은 방법은 기업이 캐릭터에 관하여 무엇을 아는지 찾아내서 그 정보를 없애거나, 이들의 장부에 타격을 주어서 캐릭터를 쫓는 일이 지나치게 비용이 많이 들도록 만드는 것입니다. 어느 방법을 택하든 임무로 간주합니다. 보통 이런 임무에서는 **보수를 받을 수 없지만**, 창의적으로 **거리에 나선다면** 달라질 수도 있습니다.

장기 치료

스프롤에서는 세션과 세션 사이에 피해를 치료할 때 비용이나 시간이 얼마나 드는지 규칙이 없습니다. MC는 비싼 치료나 사이버웨어 수리를 받는 캐릭터를 결정하기 위해 장면을 플레이할 수도 있습니다(사이버웨어 설치 과정에 관한 설명은 5장: 사이버웨어를 참조하세요). MC는 이 장면에서 몇 가지 MC 액션을 할 수도 있고, 그 결과 캐릭터들은 「빚」을 지거나 「추적」당할 수도 있습니다. 그러나 이야기에 필요하거나 모두가 재미있어하지 않는 한(특히 부상당한 캐릭터의 플레이어가 재미있어 하지 않는다면), 다음 임무가 시작할 때는 모든 캐릭터의 피해 시계를 비우세요.

임무 유형

이번 항목은 팀이 **스프롤**에서 의뢰를 받아 완료하면 보수를 받는 일반적인 임무의 종류 몇 가지를 설명합니다. 각 임무 유형은 목표와 과업, 고려사항으로 구성되었습니다. 임무 유형을 만든 이유는 두 가지가 있습니다.

첫째, MC는 임무 유형을 뼈대로 해서 전체 임무의 개념을 잡고 설계할 수 있습니다. MC는 임무를 얼마나 어렵게 만들고 싶은지에 따라 몇 가지 임무 유형을 하나의 임무로 묶을 수 있다는 사실을 알아 두세요. 팀은 기업의 사유지로 침투해서 몇 가지 자산을 획득한 다음, 빠져나갈 방법을 찾아야 할 수도 있습니다.

둘째, 플레이어들은 주어진 임무를 어떤 방식으로 수행할지 고민하고 헤매는 대신, 재빨리 필요한 부분에 집중할 수 있습니다. 플레이어가 목표를 완수하려고 결심했지만 어떻게 해야 할지 잘 모른다면, 임무 유형을 보여준 다음 이 중 이번 임무와 가까운 유형이 무엇인지 결정하게 하세요. 임무 유형을 완수하려면 플레이어는 반드시 유형에 소개된 행동을 실행해야 하며, 성공 정도에 따라 효과가 있었는지 문제가 발생했는지 알 수 있습니다. 성공은 두 가지 방법으로 결정합니다: 일반적인 방식으로 일련의 액션을 판정하거나, **작전 실행하기**라는 액션을 사용해 임무의 한가운데로 곧바로 가는 방법입니다.

작전 실행하기 (예리)

계획을 세우고 조율한 작전을 이끌 때, 무슨 계획을 세웠으며 누가 수행하는지 설명한 다음 **예리**로 판정하세요.

> **10+**: 모든 것이 계획대로 돌아갑니다. 팀은 작전의 마지막 요소까지 완벽하게 실행합니다. MC는 장면을 설명하고 캐릭터에게 행동할 기회를 줍니다.
>
> **7-9**: 캐릭터는 행동할 기회를 얻지만, 원하는 대로 매끄럽게 돌아가지는 않습니다. 다음 중 하나를 선택하세요:
>
> ⏻ 초기에 수행한 과업이 늦었거나 정확하게 실행되지 않았습니다. 플레이어가 과업 한 가지를 선택하면 MC는 어떤 문제가 발생했는지 설명합니다.
>
> ⏻ 예상치 못한 골칫거리가 발생했습니다. 어떤 부분이 고려할 사항인지 선택하면 MC는 어떤 문제가 발생했는지 선택합니다.
>
> **6-**: MC는 작전 장면을 설명한 다음 캐릭터들을 수세에 몰리게 할 액션 하나를 사용합니다. 7-9에 있는 두 가지 문제도 모두 발생합니다.

작전 실행하기는 부차적인 임무를 실행하거나 주요 임무에서 MC나 플레이어가 그다지 많은 시간을 들이고 싶지 않은 부분을 처리할 때 사용합니다. 임무의 상세한 부분과 실행에는 그다지 흥미가 가지 않아도 실패와 골칫거리는 재미있을 때 **작전 실행하기**를 사용하세요 사전조사 단계에서 목표를 탐색하는 동안 팀은 이번 임무에 필요한 장비가 임무와 상관없는 제 3자의 보안 시설에 있다는 사실을 발견했습니다. 팀은 시설에 들어가 장비를 추출하기 위해 **작전을 실행합니다.**

팀은 주요 목표가 있는 시설이 옆 국가에 있다는 사실을 알았습니다. 이들은 국경을 몰래 넘기 위해 **작전을 실행합니다.**

사전조사 단계에서 **거리 나서기** 판정에 실패한 결과, 연줄 하나가 경쟁자 갱단을 물리쳐서 자신의 구역을 보호하라고 요청합니다. 팀은 경쟁자 갱단을 제거하기 위해 **작전을 실행합니다 (파괴).**

임무가 안 좋게 돌아가서 팀은 기업의 아콜로지에서 도망치기 위해 싸워야 합니다. 팀은 아콜로지에서 몸을 빼기 위해 **작전을 실행합니다.**

어떤 종류의 작전을 수행하는지 플레이어 모두가 명확하게 알아야 합니다. 아래 여덟 가지 유형에 속하지 않는다면, 가장 적절한 과업과 골칫거리가 있는 유형을 선택하세요.

파괴

목표 자산에 접근하여 파괴하려 한다면, 다음 과업을 수행하세요:

» 자산의 위치를 확인하고 접근 경로를 정합니다.

» 매트릭스 지원을 확고하게 준비합니다.

» 자리를 잡습니다.

다음 고려할 사항 때문에 문제가 발생할 수 있습니다:

» 보안팀의 위치와 현황

» 위치와 환경 요소

» 목표 자산의 저항력과 이동성

추적

목표의 위치를 찾으려 한다면, 다음 과업을 수행하세요:

» 접근과 수색 방식을 결정합니다.

» 매트릭스 지원을 확고하게 준비합니다.

» 여러 요원을 조직화합니다.

» 수색을 개시하고 목표를 찾습니다.

다음 고려할 사항 때문에 문제가 발생할 수 있습니다:

» 보안팀의 위치와 현황

» 위치와 환경 요소

» 목표의 은신 능력과 기동성

획득

자산을 손에 넣으려 한다면, 다음 과업을 수행하세요:

» 자산의 위치를 확인하고 접근 경로를 정합니다.

» 매트릭스 지원을 확고하게 준비합니다,

» 자리를 잡습니다.

다음 고려할 사항 때문에 문제가 발생할 수 있습니다:

» 부인팀의 위치와 현황

» 위치와 환경 요소

» 가상현실 감시

» 목표 자산의 저항력과 이동성

뒤처리

특정한 목표를 제거하려 한다면, 다음 과업을 수행하세요:

» 목표의 위치를 확인하고 접근 경로를 정합니다.

» 매트릭스 지원을 확고하게 준비합니다.

» 자리를 잡습니다.

다음 고려할 사항 때문에 문제가 발생할 수 있습니다:

» 보안팀의 위치와 현황

» 위치와 환경 요소

» 목표와 경호원의 경계태세와 저항력

퇴출

적대적인 상황을 빠져나가려 한다면, 다음 과업을 수행하세요:

» 퇴출 지점을 정합니다.

» 예비 퇴출 지점을 확보합니다.

» 퇴출 지점으로 이동합니다.

다음 고려할 사항 때문에 문제가 발생할 수 있습니다:

» 대응팀의 위치와 현황, 기동성

» 가상현실 감시

» 위치 요소

경호

목표 자산을 보호하려 하면, 다음 과업을 수행하세요:

»   접근 경로와 사격 범위를 정합니다.

»   자리를 잡습니다.

»   매트릭스 지원을 확고하게 준비합니다.

다음 고려할 사항 때문에 문제가 발생할 수 있습니다:

»   적의 전력과 접근 경로

»   위치와 환경 요소

침투

들키지 않은 채 움직이려면, 다음 과업을 수행하세요:

»   입구를 확보합니다.

»   매트릭스 지원을 확고하게 준비합니다.

»   들키지 않은 채 목표지점으로 움직입니다.

다음 고려할 사항 때문에 문제가 발생할 수 있습니다:

»   보안팀의 위치와 현황

»   가상현실 감시

»   적의 경계 태세

»   위치와 환경 요소

밀수/운반

여러 장소 사이에서 자산을 운반하려면, 다음 과업을 수행하세요:

»   운송 수단과 경로를 확보합니다.

»   예비 랑데부 지점을 확보합니다.

»   예상되는 장애물과 매복지점, 요충지를 확인합니다.

다음 고려할 사항 때문에 문제가 발생할 수 있습니다:

»   운송 수단의 내구력과 기동성

»   검문소 유무와 신분확인 절차

»   추격자들의 전력과 기동성

쿠로사와 추출
예시 임무

개요

팀은 스미스 씨에게 _____(테이블에서 만든 기업 중 하나를 선택하세요)의 미첼 쿠로사와를 빼 오라는 임무를 의뢰받습니다. 쿠로사와를 추출한 다음에는, 스미스 씨에게 전화해서 어디에서 보수와 교환할지 지시받기로 했습니다.

인물과 장소

스미스 씨는 _____(만든 기업 목록 중 경쟁 기업을 선택하세요)를 위해 일하는 기업 중개인입니다. 30대의 여성이며, 보수적이지만 멋들어진 정장을 입었고, 머리칼 아래에 데이터 인터페이스 사이버웨어를 숨겼습니다. 스미스 씨는 전화로 팀에게 접촉해서 상업 지역에 있는 1층짜리 고급 식당에서 만남을 주선합니다. 스미스 씨 자신은 비무장이지만, 기업의 보안 요원 두 명이 테이블 건너편에서 비교적 은밀하게 정체를 드러내지 않고 팀을 감시할 것입니다.

미첼 쿠로사와는 스프롤의 기업 아콜로지에서 생활하면서 일하는 중진급 간부입니다. 쿠로사와는 오직 여행 목적으로만 아콜로지를 떠나지만, 빈도가 잦습니다. 아콜로지를 떠날 때는 보통 근처의 대형 국제공항의 기업 제트기를 타며, 항상 소수의 경호원을 동반합니다.

경호원들은 훈련을 잘 받은 네 명의 기업 요원입니다. 쿠로사와가 공항으로 갈 때는 두 대의 방탄 리무진을 타고 갑니다. 경호원들은 두 리무진에 각각 두 명씩 나눠 탑니다.

쿠로사와는 두 리무진 중 한 대의 뒷좌석에 타며, 나머지 한 대의 뒷좌석은 비었습니다. 경호원들은 각각 방탄조끼(1-장갑)를 입고, 휴대 무기(중권총: 3-피해 근거리/중거리 굉음)를 소지했으며, 각 차에는 산탄총 (3 피해 근거리/중거리 굉음 지저분)와 돌격소총 (3-피해 중거리/장거리 굉음 자동화기)이 앞 좌석 무기 선반에 있습니다. 경호원들은 각자 감각 강화 및 전투용 사이버웨어를 어느 정도 장착했으며, 최소한 한 명은 인조 신경을 달았습니다.

쿠로사와의 아콜로지는 공항에서 몇 킬로미터 떨어졌습니다. 아콜로지의 보안은 철저하며, 더 많은 기업의 보안 요원들이 언제라도 대기 중입니다. 공항의 보안도 철저하지만, 아콜로지만큼 철저하지는 못하며 외부의 기업 병력이 이곳에서 벌어진 공격에 대응하려면 시간이 좀 더 걸립니다. 아콜로지와 공항 사이의 경로는 팀이 가진 자원에 따라 고속도로에서 추격전을 벌이거나 지상의 도로를 따라 근접 거리에서 매복하기에 무척 좋은 지점입니다.

질문

플레이어들이 **조사할 때** *물어보거나 플레이를 해서 알아내세요:*

» 쿠로사와는 어느 부서에서 일하나요?

» 쿠로사와는 왜 그리 여행을 자주 가나요?

» 쿠로사와는 기업에서 얼마나 오래 일했나요?

» 쿠로사와는 뭔가 아콜로지에서 벗어나야 할 수 있는 여가 활동을 즐기나요?

» 쿠로사와는 가족이 있나요?

사전조사 시계

1200   모든 것이 괜찮습니다.

1500   팀은 약간의 소란을 일으키지만 심각한 상황은 아닙니다.... 아직은 말이지요.

1800   목표는 어렴풋한 소문을 듣습니다.

2100   목표는 명확하지만, 아직 확인되지 않은 소문을 듣습니다. 임무실행 시계가 1500에서 시작합니다.

2200   목표는 팀이 언제 임무를 수행할지 믿을 만한 정보를 얻습니다. 임무실행 시계가 1800에서 시작합니다.

2300   목표는 팀에 관한 믿을 만한 정보를 얻습니다. 임무실행 시계가 2100에서 시작합니다.

0000   팀의 정체가 완전히 드러납니다. 쿠로사와가 다니는 기업 시계를 전진시키세요.

임무실행 시계

1200   모든 것이 괜찮습니다.

1500   경호원들이 조심스럽게 주변을 경계합니다.

1800   경호원들이 바싹 긴장해서 경계태세에 들어갑니다.

2100   경호가 강화됩니다. (노골적으로 드러난 방탄조끼와 휴대 무기를 착용한 경호원 여섯 명)

2200   상황을 제어하기 위해 추가 보안 병력이 투입됩니다. (노골적으로 드러난 방탄조끼와 돌격소총을 착용한 6인 1조의 보안팀 하나 추가)

2300   쿠로사와가 무사히 대피할 수 있도록 지원하기 위해 추가 보안 병력이 투입됩니다. (보안팀 하나 더 추가 또는 공중 지원)

0000   차량 지원과 보안팀 하나를 추가하고, 쿠로사와를 대피시킵니다. 쿠로사와가 있는 기업의 시계를 두 칸 전진시키세요.

임무 행동수칙

임무를 수락하면, 경험치를 얻습니다.

언제, 어디서 쿠로사와를 빼돌릴지 결정하면, 경험치를 얻습니다.

추출을 완료하면, 경험치를 얻습니다.

임무가 끝나면 경험치 2점을 얻습니다.

임무 진행하기

보이는 그대로, 이번 임무는 간단합니다. 사전조사를 어느 정도 해서 쿠로사와의 일정을 확인한 다음, 공항으로 가는 길을 노려 습격하면 됩니다. 하지만 팀마다 다양한 접근 방식이 가능합니다. 아콜로지나 공항에서 추출을 시도할 수도 있고, 제 발로 아콜로지를 길이 나오도록 유인하는 방법노 있습니다(아마도 가족을 위협해서). 아콜로지로 아슬아슬하게 침투하는 시도는 **작전 실행하기**를 사용하기 좋은 기회입니다. 가족을 위협한다면 아마 **세게 나가야** 할 수도 있습니다. 판정 결과에 따라 같이 따라오는 보안 병력의 종류가 정해질 것입니다.

이번 임무는 운전사가 있는 팀에 완벽하게 어울리지만, 필수는 아닙니다. 해커는 차량 습격이나 추격전에서 머리를 좀 더 써야 하지만, 해킹해야 하는 교통 제어 시스템이나 신호등은 항상 있기 마련입니다.

팀이 스미스 씨의 정보를 캐지 않는 한, 고용주의 정체는 마지막 반전을 위해서 교호하게 남겨두세요. 이어지는 캠페인이라면, 이번 임무는 사실 꿍꿍이가 숨겨진 "너무 쉬운" 임무의 전형입니다. 팀이 **보수를 받을 때** 거처를 제대로 숨기지 않았다면 절호의 기회입니다. 이번 임무는 단편 플레이로도 좋습니다. 만약 임무가 생각보다 짧고 간단해서 더 길게 플레이하고 싶다면, 마지막 부분에 반전을 포함해서 쉽게 늘릴 수 있습니다.

임무 해킹하기

MC는 팀의 능력과 스타일에 따라 경호원들의 무장을 조정해야 할 수도 있습니다. 무력에 초점을 맞춘 팀이라면 경호원들에게 기본 무기로 돌격소총을 주세요. 비폭력적인 접근에 초점을 맞춘 팀이라면 차량에 준비한 무기를(그리고 아마 인조 신경까지) 제거하세요. 물론 비폭력적인 접근에 초점을 맞췄다면, 경호원들이 어떤 무장을 갖췄던 큰 상관이 없을 것입니다....

이번 임무에서 등장할 반전 가능성:

» 경쟁 팀이 쿠로사와를 추출하려고 시도합니다.

» 경쟁 팀이 쿠로사와를 죽이려고 시도합니다.

» 쿠로사와는 팀을 함정으로 유인하려는 덫입니다.

» 쿠로사와가 팀에게 자신을 스미스 씨에게 넘기지 않는 대가로 돈이나 첨단 기술, 혹은 기업의 비밀을 주겠다고 제안합니다.

누군가가 샹들리에를 쏜 직후, 피치와 살로메는 클레런스를 도와 이그지스턴스 엔터테인먼트의 코앞에서 피터를 빼돌렸다. 신데렐라의 노력으로도 그들과 싸운 보안 요원들이 지키던 VIP의 신원을 더 알아낼 수 없었기 때문에, 팀은 임무에 집중하기로 하고 살아서 빠져나갔다. 흥미진진한 미스터리는 나중에도 풀 수 있었다. 주변 바닥에 어지럽게 나뒹구는 총알들이 없을 때 말이다. 피터는 그토록 싫어하던 이곳 생활에서 자신을 빼내 주러 연인이 온 순간 짧게나마 로맨틱한 기분에 빠졌지만, 빗발치는 총알 속에서는 자기 생존 본능에 더욱 충실하기로 했다.

한 쌍의 원앙새는 빈 근처의 천연 비행장 중 한 곳을 찾아 이륙해서 지방 정부나 항만장에게 낼 비용을 교묘하게 피했다. 빈의 달갑지 않은 손길에서 벗어나 연인들을 탈출 지점까지 안내한 사람은 피치와 살로메였다. 피터는 진심으로 고맙다는 악수를 청했고, 클레런스는 두 사람을 그저 고용인이 아닌 사랑의 탈출을 도와준 공모자로 생각해서 충동적으로 둘을 껴안았다. 살로메와 피치가 비좁고 덫이 설치된 신데렐라의 다락방, 자칭 아파트에서 다시 마주친 시간은 새벽 두 시를 훨씬 넘긴 시점이었다. 넓게 늘어놓은 화면들에는 늘 그랬듯 다양한 데이터와 뉴스피드가 깜박이며 흘러갔지만, 부산하게 짐을 꾸리는 해커의 모습은 무척 의외였다. 살로메가 머뭇거리는 동안 피치가 여동생에게 다가갔다.

"신디?"

신데렐라는 고개를 흔들고는, 피치를 지나쳐 공구 꾸러미 하나를 쥐었다. "떠나야 해." 신데렐라의 손가락이 거칠게 화면을 향했다. "VIP가 누군지 알아냈어. 우리는 한 시간 전에 떠났어야 해. 화면 단 하나라도 우리 모습이 잡혔다면, 이그지스턴스 엔터테인먼트는 우리가 VIP를 죽이려고 한 사람들이라고 생각할 거야."

[계속하려면 아무 키나 눌러주세요]

신데렐라가 욕설을 내뱉으며 짐을 싸는 동안, 피지와 살로메는 화면으로 눈을 돌리기로 했다. 퍼즐 조각을 먼저 맞춘 쪽은 살로메였다. 살로메가 거칠게 머리를 가로젓자 붉은 머리카락이 어깨 뒤로 넘어갔다. "빌어먹을. 저 여자가 도대체 왜 상하이 밖으로 나왔지?"

피지는 불안감에 몸을 부들거리기 일보 직전인 신데렐라를 어깨너머로 흘깃 뒤돌아보고는, 다시 화면으로 시선을 향했다. "내가 뭘 놓친 건지 말 좀 해줄래?"

살로메는 화면 하나를 톡톡 두들겼다. 피지의 눈이 여권 사진에 못 박힌 작은 중국 여성의 얼굴로 향했다. "실린이야. 공화국에서 적극적으로 검열하는 금지곡과 모든 문화 활동에 손을 뻗은 여자지. 만나본 적은 없지만, 난 이넘도 불분명하고 지금 줄저도 알 수 없는 사람은 피하는 편이야."

"그런데?"

신데렐라는 검은 셔츠 더미 위에 앉아서 고개를 돌려, 두 명의 뒤통수를 바라보았다.

"무슨 뜻인가 하면 우리는 실린이 왜 그런 일을 하는지, 무엇을 바라는지 몰라야 한다는 거야. 저 여자는 부하들을 거느려. 부하들은 돈이 있어야 움직이지. 부하들한테 돈을 주는 건 실린이지만, 실린이 어디에서 돈을 받는지는 몰랐어. 만약 저 여자가 이번 공격의 배후를 우리라고 생각하면, 어떤 지옥을 보여주려고 할지 상상이 가지 않아. 아니면 이그지스턴스 엔터테인먼트나 저 여자 후원자가 뭘 보여줄지 말이야. 우린 상상도 하지 못했던 폭풍의 중심에 있어. 다시 말하자면 도망쳐서 어딘가로 숨은 다음에 뭘 생각이라도 하자는 거야. 다뉴브 강에 가득 찬 시체 중 하나가 되기 전에."

>>>>.12장.>>>>>00012>>>>>>>

스프롤
해킹하기

계속하시겠습니까? [Y / N]

스프롤 해킹하기

로딩 중...

모든 **스프롤**은 하나하나 독특합니다. 때로는 **스프롤**에서 벌어지는 사람과 장소, 사건처럼 **스프롤**에 색과 분위기를 더하는 설명만으로도 충분히 여러분만의 **스프롤**을 보여줄 수 있습니다. 테리 길리엄의 브라질(1985)에서 영감을 받은 **스프롤**을 상상해 보세요: 이 세계는 기술의 내막이 뚜렷하고, 기계적이면서도 바로크 분위기를 풍기는 악몽 같은 관료제 사회입니다. 아무런 게임 규칙을 바꾸지 않더라도 이런 부분은 쉽게 만들 수 있습니다. 단순히 원하는 분위기에 맞춰 세계를 묘사하면 되니까요.

하지만 때로 묘사만으로는 다른 사람들의 **스프롤**과 다른 느낌을 만들기 어려울 수도 있습니다. 어쩌면 원래 규칙 대신 다른 방법으로 **스프롤**의 전체주의와 사회 전역에 뿌리내린 관료제를 강조하고 싶을지도 모릅니다. MC는 이야기 속에서 관료주의 때문에 명백하게 드러나는 장애물과 골칫거리를 일련의 커스텀 액션으로 만들 수 있습니다. 어쩌면 이 커스텀 액션이 여러분의 **스프롤**에 생명을 불어넣는 퍼즐 조각일지도 모릅니다.

또는, **거리 나서기**나 다른 사회 액션 같은 기존 액션을 수정해서 약한 성공이나 실패가 나올때 정부의 눈이 캐릭터를 향하는 골칫거리를 더하고 싶을 수도 있습니다. 심지어는 새로운 플레이북 액션을 만들 수도 있습니다.

아포칼립스 월드 엔진 접붙이기

다른 AWE 기반 RPG에서 유사한 장을 보면서 **스프롤**을 어떻게 재조합할지 다른 관점에서 볼 수도 있습니다.

우선 아포칼립스 월드의 '돌연변이' 장부터 시작하세요(p.267-84). 액션 종류의 몇 가지 목록을 포함하여 액션 구조를 자세하게 분석했습니다.

던전월드의 '천변만화' 장에도 유사한 설명이 있습니다(p.355~371).

몬스터하츠 2판의 Making It Your Own (p.155~166) 장과 Monster of the Week의 Customising Your Game (1판은 p.179~188, 개정판은 p.295~306) 장도 참조하세요.

부록 2: 에 열거한 게임에 익숙하다면 여기 소개한 게임의 액션과 **스프롤**의 액션 사이에서 유사한 점을 눈치챌 것입니다. **스프롤**은 바로 이 항목에서 소개한 게임들을 해킹하면서 만들어지기 시작했기 때문입니다.

규칙을 뒤틀고, 보완하고, 개조하고, 정교하게 도려내거나 난폭하게 뜯어내는 과정을 게임 용어로 "해킹"이라고 부릅니다. 여러 규칙을 합치고 뒤섞는 분야 역시 철학적으로 해킹에 포함됩니다. 이 장에서는 **스프롤**을 최대한 활용할 수 있도록 이 책의 규칙에서 확장이나 재해석, 개조하기 좋은 몇 가지 분야를 간단하게 다뤄보겠습니다. 이 장의 내용은 어쩔 수 없이 불완전할 수밖에 없지만, 그래도 어디서부터 해킹을 시작할지, 무엇을 고려해야 할지, 그리고 무엇을 얻을 수 있을지 몇 가지 지침을 제공하겠습니다.

커스텀 액션

여러분만의 **스프롤**을 만들 때, 가장 쉽게 시작할 수 있는 부분은 액션입니다. 만약 여러분의 게임에서 강조하고 싶은 부분이 기본 액션으로는 원하는 대로 표현할 수 없다면 어떻게 해야 할까요? 어쩌면 기존에 있는 액션으로는 플레이 중 등장하기 원하는 이야기 속 상황이나 결과를 만들 수 없기 때문일지도 모릅니다. 어떤 **스프롤**에서는 이야기 속에서 장려하고 싶은 특정한 행동이 있을 것입니다. 대부분은 기존에 있는 액션을 수정하거나 새 액션을 추가해서 해결할 수 있습니다.

8장: 매트릭스의 나온 행동을 장려하는 액션의 예를 들겠습니다.

자금 데이터 찾기

데이터베이스에서 자금 데이터를 찾으려면, 정신으로 판정하세요.

7+: 무언가 팔 수 있는 좋은 자료를 찾습니다.

10+: 자금 데이터를 팔기 위해 **거리를 나서서** 판정 결과가 7-9일 때, 선택을 하나 덜 하세요.

데이터 절도는(보통 부수적인 일거리로) 사이버펑크 임무의 주요한 요소입니다. **자금 데이터 찾기**는 해커에게 추가 크레드를 벌 기회를 주어 캐릭터들이 적극적으로 자금 데이터를 찾도록 장려할 뿐만 아니라, 위험 요소도 같이 있어(해커가 판정에 실패하면 MC액션이 발동합니다) 흥미로운 골칫거리가 등장할 수 있습니다. 즉, 이 액션은 행동을 유인하는 직접적인 보상을 주면서도 자금 데이터를 찾는 일로만 이야기를 몰아가는 부작용도 방지합니다. 또한, 골칫거리 덕분에 데이터 절도가 플레이에 등장하더라도 지루하지 않게 할 수 있습니다(사이버펑크 장르에 충실한 골칫거리를 만드세요).

또 어떤 **스프롤**은 특정한 분위기를 게임 속에 선하는 액션을 추가하면 생생하게 살아나기도 합니다. 예를 들어 쿠피가 제작한 라고스 배경에는 블레이드 러너 풍의 스피너 차량이 하늘을 날고, 거의 끊임없는 3차원 교통체증이 발생하는 인구가 밀집한 초고층 도심지역이 있습니다. 다음은 이 난장판을 헤치고 운전을 하는 커스텀 액션입니다·

흐름 타기

라고스에서 시간 내에 운전하려면, **냉철**로 판정하세요.

10+: 부드럽게 흐름을 탑니다.

7-9: 다음 중 하나 선택합니다. 운전사라면 둘 선택합니다.

⏻ 제시간에 도착합니다.

⏻ 차량이 갱단의 관심을 끌지 않습니다.

⏻ 눈에 보이는 교통 청소기가 없습니다.

위와 같은 액션은 특정한 삶과 분위기를 나타내는 위험한 골칫거리를 게임에 추가해서 배경에 규칙상 무게를 더합니다: 갱단은 내부 도시와 무인 거리 청소 기계를 조종합니다.

이 예시는 액션의 가장 중요한 측면을 나타냅니다: 액션은 반드시 배경이나 장르와 연관이 있는 무언가를 의도적으로 나타내야 합니다.

그다음 예시는 사이버펑크 이야기의 또다른 주요 소재인 약물 사용입니다. **스프롤**은 원래 약물 사용이나 남용, 중독과 관련된 액션이 없습니다. 하지만 바꾸기를 원한다면, 조시 로비가 제시한 커스텀 액션을 소개하겠습니다:

눈에 엑스테틱을 떨어뜨리면, 신스로 판정하세요.

7+: **한판 붙을 때** 1 피해를 받는 대가로 선택을 하나 덜 할 수 있습니다.

6-: 정신을 산만하게 하는 환각을 겪습니다. MC는 캐릭터의 이후 판정 중 하나를 실패로 바꿀 수 있습니다. MC가 효과를 사용하면 캐릭터는 경험치를 얻습니다.

엑스테틱의 효과는 10분에서 30분 정도 지속하며, 이후 한 시간 동안 몸 상태가 저하되어 계속 -1 페널티를 받습니다.

이 액션은 약물 사용이 단기간 좋은 효과를 내는 대신 장기간 부작용을 발생시키는 모습을 보여줍니다. 어떤 **스프롤**에서는 인공 약물이 무척 발달해서 캐릭터가 치러야 하는 대가는 오직 돈이나 약물 공급자가 내건 조건밖에 없을 수도 있습니다. 이 경우 이 액션의 뼈대는 유지하되, 부정적인 효과를 바꿀 수도 있습니다. 예를 들어:

엑스테틱의 효과가 발생하는 동안은 **한판 붙을 때** 선택을 하나 덜 할 수 있습니다.

훌륭해요! 이 약물 좀 보여주세요! 하지만 잠시만요...

엑스테틱을 몇 방울 사려고 한다면, 스타일로 판정하세요.

10+: 제값에 약을 구합니다.

7-9: 지금 당장, 또는 나중에 값을 낼지 정하세요. 지금 낸다면, 추가 비용을 내야 합니다. 나중에 낸다면, 비용을 낼 때까지 「빚」을 집니다.

6-: 이 위험하고 불법인 약물을 구하는 과정에서, 혹은 사용하는 중 무언가가 매우 잘못됩니다.

이제야 말이 되네요.

두 가지 접근방식 중 무엇을 선택할지는 여러분의 게임에서 어떤 측면을 강조하고 싶은지에 따라 정해집니다. 약물의 생화학적 부작용을 나타내고 싶나요, 사회정치적인 부작용을 나타내고 싶나요? 매번 완벽하게 작동하는 기술조차도 사회에서 이 기술을 어떤 시선으로 보고, 어떻게 사용하며, 사람들이 자신의 목적을 위해 어떻게 다루는지 보여주는 극적 기회가 될 수 있습니다. 게임에서 무엇을 나타내고 싶은지 곰곰이 생각한 다음, 그 목적을 지원하는 방향으로 **스프롤**을 해킹하세요.

커스텀 액션을 만들 때는, 다음 중 어떤 방향인지 고려하세요:

»   일반적인 상황에서 누구든지 사용할 수 있는 기본 액션인지

»   특정 종류의 캐릭터만 사용할 수 있는 플레이북 액션인지

»   특정 상황에서만 가능한 특수 액션인지

액션을 표현하는 방식은 이 게임이 어떤 방향으로 흘러갈지 많은 부분을 보여줍니다. 기본 액션 목록에 약물과 관련된 액션이 일부 포함되었다면, 플레이어들에게 약물이 게임의 중요한 부분을 차지한다고 알려주는 것입니다. 약물 관련 액션이 여럿 포함된 새로운 플레이북을 만든다면, 다른 부분을 강조하는 것입니다. 액션을 게임에 어떻게 적용하는지는 액션 자체만큼 중요합니다.

새 사이버웨어

사이버웨어는 **스프롤**의 핵심 요소로, 규칙과 설정을 취향대로 확장하고 바꾸기 좋은 부분입니다. **스프롤**에 등장하는 사이버웨어의 종류를 수정하는 가장 쉽고 유연한 방법은 새로운 태그를 추가하는 것입니다. 다음은 데이비드 메이블이 제시한 새로운 태그 목록입니다:

「장갑」:   피부 판금보다는 효과가 약하지만 피해 판정을 할 때 무언가 수정치를 줍니다.

「도금」:   특정 상황에서 스타일 판정에 보너스를 줍니다.

「색변환」:   겉으로 드러난 사이버웨어, 특히 피부 판금이 카멜레온처럼 색이 바뀌는 효과를 얻습니다.

「은폐」:   리볼버 정도 크기의 물건을 숨길 수 있으며, 색상이 변하는 기능을 탑재한 숨겨진 구획이 있습니다.

「강화」:   일반적인 사이버웨어를 마비시키는EMP무기의 효과를 무시합니다.

「인공피부」: 평범한 시야로 보기에는 신체 일부처럼 보입니다.

「열위장」: 피부 판금 위에 열 제거막을 덮어서 몸의 체열 흔적을 가립니다.

「위협적」: 누군가를 위협할 때 거친 외모가 도움이 된다면, 다음 세게 나가기 판정에 +1 보너스를 받습니다. 위협적인 사이버웨어는 거추장스럽고 터무니없이 큽니다: 부정적인 사이버웨어 태그를 하나 선택하세요.

태그는 규칙상 효과를 명확하게 가질 수도 있고(위에서 소개한 「위협적」처럼), 유연하게 효과를 적용할 수도 있으며(「도금」), 이야기 속 위치가 될 수도 있습니다. (「색변환」).

플레이어가 장착할 수 있는 사이버웨어의 효과를 변경하거나 추가하면 **스프롤**의 분위기와 주제에 큰 영향을 미칠 수 있습니다. 이는 특정한 상황에서 어떠한 사이버웨어의 효과를 살짝 바꾸는 것처럼 간단할 수도 있습니다. 예를 들어, 벤저민 K는 인조 신경을 단 적을 더욱 위험하게 만드는 액션을 제안했습니다.

인조 신경을 달지 않은 상태에서 인조 신경을 단 적과 **한 판 붙으려면**, 냉철로 판정하세요.

10+: 이 빌어먹을 자식보다 빠릅니다. 평상시처럼 **한 판 붙기**를 판정하세요

7-9: 맞붙기 전에 상대가 무언가 먼저 합니다.

6-: 그놈 어디 갔어!

어쩌면 인간 신체에 가해지는 각종 피해와 이를 기술로 대응하는 방법을 강조하고 싶을 수도 있습니다. 이를 위해서는 조 시리노가 만든 것처럼 추가 사이버웨어를 준비해야 할지도 모릅니다.

자동 폐: 독소를 거르고 긴급상황을 대비해 5분 분량의 산소를 저장합니다.

자동 약물투입장치: 필요할 때 모르핀이나 아트로핀을 투입합니다. 각각 3회 분량씩 지닙니다.

혈류장치: 간과 면역체계를 강화해서 피를 타고 흐르는 해로운 독과 병원균을 제거합니다.

두뇌 보관함: 두개골을 사이버웨어 두뇌 보관함으로 대체해서 관통상이나 호흡 정지, 심장마비가 생길 때 뇌를 지키고 보존합니다.

탄력성 척추: 등뼈를 신축성 강철과 나노와이어 형상기억 끈으로 대체해서 척추부상을 보호하고 인간의 한계를 뛰어넘는 하중 지탱 능력과 유연함을 제공합니다.

대EMP 강화: 판금 플레이트에 대EMP 보호막을 설치해서 EMP 폭발에서 사이버웨어를 보호합니다.

심장선: 심장의 동방결절을 사이버네틱 모니터로 대체합니다. 심장박동을 점검하고 부상이나 출혈 때문에 부정맥이 생길 때 충격을 주는 제세동기 역할을 합니다.

위 사이버웨어는 특정한 신체 기관의 역할과 기능 향상에 큰 비중을 두었습니다. 이런 사이버웨어를 게임에 포함한다면, 이번 **스프롤**은 공기나 피의 오염, 국부적인 통증 반응,

두개골과 척추, 심장에 가해지는 외상의 효과 등이 자주 등장할 것임을 플레이어들에게 알리는 플래그입니다.

조는 또한 자기력 부착제와 탑승이라는 사이버웨어 개조를 더 만들었습니다.

> 자기력 부착제: 사이버웨어 손이나 발에 설치하면 금속 표면이나 물체 위에 몸을 붙일 수 있습니다.

> 탑승: 두뇌의 감각 부문에 무선 사이버허브 라우팅 장치를 설치합니다. 정확한 프로그램과 경로 코드를 가진 사람은 캐릭터를 "탑승한 동안" 캐릭터가 하는 모든 행동을 자기 일처럼 체험합니다.

위의 목록은 새로운 사이버웨어로 추가하거나 사이버웨어 태그의 형태로 만들 수도 있습니다. 두 장치를 태그로 나타낸다면 「자기력」과 「감각탑승」으로 나타낼 수 있습니다. 각각 사이버웨어 팔다리와 신경 인터페이스의 추가 개조 목록에 추가하기만 하면 됩니다.

> 「자기력」: 금속 표면이나 물체 위에 몸을 붙일 수 있는 자기력 부착제입니다.

> 「감각탑승」: 두뇌의 감각 부문을 연결하여 접속 권한을 가진 사람이 캐릭터를 "탑승한 동안" 캐릭터가 하는 모든 행동을 자기 일처럼 체험합니다.

게임의 영역을 사이버펑크 장르의 가장자리로(혹은 그 너머로) 확장하기 위해 사이버웨어와 태그를 사용할 수도 있습니다. 파올로 바치갈루피의 *The Windup Girl*을 읽고, 기후 변화와 석유 고갈로 황폐해진 태엽 동력 기반의 바이오펑크 세계를 플레이하고 싶다고 칩시다. 그렇다면 유전공학과 태엽펑크 기술의 가능성을 반영해서 사이버웨어의 선택지를 완전히 다시 쓰는 방향으로 고려해야 할 것입니다.

> 강화된 근육을 갖춘 사이버웨어 팔: 한 시간 동안 태엽을 감으면, 예비 3점을 받습니다. 예비 1점당 한 번씩 근력에 의존하는 근접 무기를 사용할 때 피해가 +2 증가합니다.

> 바이오웨어 눈: 바이오웨어 눈을 이식하면 다음 태그 중 두 가지를 선택합니다. 「적외선 탐지」, 「조명 증폭」, 「시야 확대」, 「조명 감소」. 바이오웨어는 눈은 「분리」와 「해킹불가」 태그도 갖습니다. 강화된 시각이 도움이 될 때, **파악하기**를 신스로 판정할 수 있습니다.

아래 예시 태그는 전통적인 사이버펑크의 주제에서 비교적 적게 변화를 가했지만, 다음 태그 중 하나라도 **스프롤**에 결합한다면 어떤 모습이 될지 고려해 보세요.

「초능력」	「마법」
「자아 융합」	「악마의 흔적」
「증기력」	「정보체」
「외계기술」	

행동수칙의 개인화

행동수칙 역시 유연하게 손볼 수 있는 규칙입니다. 7장: 성장에 있는 개인 행동수칙은 플레이에 집어넣을 수 있는 개인적인 동기와 끝거리기 될 요소의 흰 예시이지만, 픽집간든 **스프롤**의 배경이나 설정, 특정 주제를 강조하기 위해 새로운 개인 행동수칙을 만들어야 할 수도 있습니다. 플레이 중 캐릭터의 행동에서도 특정한 캐릭터나 팀 전체가 사용할 만한 새로운 행동수칙의 아이디어를 얻을 수 있습니다. 이번 항목에서는 여러분만의 행동원칙을 만들 때 참고할 수 있도록 기존의 개인 행동수칙을 어떻게 구조화했는지 설명하겠습니다.

개인 행동수칙은 두 가지 종류가 있습니다:

» 관계를 소개하는 개인 행동수칙
» 개인의 특성을 설명하는 행동수칙

첫 번째 행동수칙은 플레이어가 직접 특정한 사람이나 집단을 배경에 추가하면서, 캐릭터가 상대와 어떤 관계를 지녔는지 설정하는 역할을 합니다. 이 책에 소개한 개인 행동수칙으로 나타낼 수 없는 형태의 관계를 원한다면, 기존 개인 행동규칙을 본보기로 해서 원하는 관계의 본질을 좀 더 정확하게 설명하는 새 행동규칙을 만드세요.

동기 접붙이기

행동수칙은 클린틴 R. 닉슨이 제작한 RPG인 The Shadow of Yesterday와 (http://crngames.com/the_shadow_of_yesterday/index) 이 작품을 범용 규칙으로 바꾼 이예로 투오비넨의 Solar system 에서(http://www.arkenstonepublishing.net/solarsystem) 사용한 '열쇠' 규칙에서 따왔습니다. 존 하퍼의 레이디 블랙버드와 (한국어판은 http://blog.storygames.kr/entry/lady_blackbird) 윌 힌드마치의 Always/Never/Now(http://always-never-now.tumblr.com/), 캠 뱅크스와 롭 도노휴의 Marvel Heroic Roleplaying에서도 열쇠 규칙을 사용했습니다. 모두 플레이할 가치가 있는 작품이며 새로운 행동수칙을 만들 때 분명히 이 작품들에서 아이디어를 얻을 수 있습니다. 특히 또다른 사이버펑크 RPG인 Always/Never/Now는 사이버펑크 장르를 다른 각도에서 해석했지만 도움이 될 것입니다.

두 번째 개인 행동수칙은 캐릭터 자신의 이야기입니다. 플레이어는 특정한 인물이나 집단에 묶이지 않고 캐릭터의 동기가 되는 캐릭터 특성을 설명해야 합니다. 7장: 성장에 있는 개인 특성 행동수칙의 예시에서는 관계를 나타내는 행동수칙처럼 플레이어가 채우는 빈칸이 없지만, 같은 방법으로 플레이어가 빈칸을 채우도록 만들 수 있습니다. 예를 들어, 공포증을 반영하는 개인 행동수칙은 다음과 같이 나타낼 수 있습니다: "_____를 무서워하는 탓에 임무에 지장이 올 때 경험치를 얻습니다." 이와 같은 종류의 개인 행동수칙은 빈칸에 무엇을 쓰는지에 따라 관계 행동규칙이 될 수도 있습니다("거미"와 "붉은 칼날 제인"을 넣었을 때 서로 어떻게 차이가 나는지 생각해보세요).

심지어 캐릭터나 기업에 특성을 주는 방식으로 개인 행동수칙을 사용할 수도 있습니다.

» 이그지스턴스 행동수칙: 캐릭터의 불법 행동을 심센스에 기록해서 이그지스턴스 엔터테인먼트의 처리원에게 넘겼을 때 경험치를 얻습니다.

» 솔라 행동수칙: 에콰다인 페트로켐을 방해하거나 솔라 인베스트먼츠를 도왔을 때 경험치를 얻습니다.

관계를 소개하는 개인 행동수칙은 **스프롤**의 다양한 모습을 아우를 만큼 범위가 넓습니다. 새 행동수칙을 만들 때는 **스프롤** 내 집단의 구체적인 특징에 더욱 집중할 수도 있습니다.

» 마녀 행동수칙: 임무를 수행할 때 하얀 마녀들의 수칙을 무시하면 경험치를 얻습니다.

어떤 개인 행동수칙은 게임의 특정한 주제를 강화하기도 합니다.

» 중독 행동원칙: 엑스테틱에 의존한 탓에 임무에 지장이 오면 경험치를 얻습니다.

플레이어 측면에서 볼 때, 개인 행동수칙은 임무의 주요 목표에서 캐릭터를 떼어놓도록 유혹하는 역할을 해야 하며, MC측면에서 볼 때는 흥미로운 골칫거리의 가능성을 제시해야 합니다. 사실 이 둘은 같은 이야기입니다. 좋은 행동수칙은 MC가 플레이어에게 어려운 선택을 제시할 수 있도록 아이디어를 고취해야 하니까요. 따라서 개인 행동수칙을 만드는 가장 중요한 요소는 MC에게 주는 영감입니다. 흥미진진한 골칫거리와 캐릭터가 부딪히는 어려운 선택은 MC가 만듭니다. 즉, MC는 행동수칙에 나타난 캐릭터의 동기와 임무의 기본 요구사항이 서로 명확하게 차이가 나는 시나리오를 구상할 수 있어야 합니다. 임무를 완수하지 못하게 하는 행동수칙이 아니라, 임무를 완수하기 어렵게 하는 행동수칙을 만드는 데 목표를 두세요. 플레이어는 때로 행동수칙 때문에 임무를 완수할지 말지 선택해야 하지만, 그런 선택이 일반적인 상황이 되어서는 안 됩니다. 플레이어가 **스프롤**에서 캐릭터를 플레이하는 이유는 임무를 완수하고 싶기 때문입니다. 플레이어들이 임무를 완수할 수 있을지 못할지 고민하게 하는 대신, 어떻게 임무를 완수해야 할지 고민하도록 만드세요.

중요한 원칙을 명심하세요: 캐릭터들의 팬이 되세요.

개인 행동수칙은 MC에게 보여주는 플래그이기도 합니다. MC는 캐릭터의 행동원칙을 고려해서 플레이와 임무 제작에 반영해야 합니다. 즉, 개인 행동수칙은 플레이를 특정한 방향으로 이끕니다. 따라서 캐릭터의 동기와 관계가 게임을 이끄는 방향을 테이블 전원이 마음에 들어 하는지 확인하세요.

부가 임무

7장: 성장과 11장: 임무에서 소개한 임무 행동수칙은 팀 전체가 힘을 합쳐 주요 임무를 수행하도록 돕는 이정표 역할을 하기 때문에, 팀 중심적인 행동수칙입니다. 팀은 임무 행동수칙을 함께 달성하거나 달성하기 못합니다. 하지만 MC는 개인 목표 추구를 장려하기 위해 임무 행동수칙을 만들어서 개인별로 부가 임무를 플레이어들에게 제공할 수 있습니다(일부 내용을 만들어 준 콜린 제스업에게 감사의 말을 전합니다).

핵가방을 궤도에 가져가면, 경험치를 얻습니다.

파커가 이그지스턴스 엔터테인먼트에 충성을 얼마나 바치는지 "평가"하면 경험치를 얻습니다.

추출 목표가 "사고"를 당하면, 경험치를 얻습니다.

목표 시설에서 금융 관련 데이터를 복사하면, 경험치를 얻습니다.

부가 임무는 일반적인 임무 행동수칙과 같아 보이지만, 주요 임무 완수를 목표로 삼는 대신 부수적인 임무 목표를 다룹니다. 또한, 캐릭터들의 주의를 다른 곳으로 돌리기 때문에 주요 임무의 완수를 더욱 어렵게 만들기도 합니다. 보통 팀원 중 일부만 부가 임무를 달성할 수 있습니다(혹은 팀원 중 일부만 달성하려고 할 것입니다). 그러므로 부가 임무는 사이버펑크에서 흔히 볼 수 있는 유형인 '각자 다른 세력에 충성을 바치는 팀'을 강조하는 좋은 방법입니다. 한 캐릭터에게 혼자 부가 임무를 준다면 **누군가를 곤경에 빠뜨리기** 좋습니다("무엇이 더 중요한가? 팀과 임무인가, 자네 자신인가?"). 또한 캐릭터가 적의 손아귀에 붙잡힌 상황에서 부가 임무를 제공하면, 덕 치명적이면서도 빗나간 방식으로 임무를 골치 아프게 만들 수 있습니다. 특히 부가 임무는 「빚」이 있는 캐릭터("이 꾸러미를 캐릭터의 담당자에게 전달하면, 경험치를 얻습니다")에게 적합하며, 「추적」당하는 캐릭터에게 태그를 제거하는 조건으로("「추적」을 제거하기 위해 팀을 팔아넘기면, 경험치를 받습니다") 제시할 수도 있습니다.

부가 임무는 그 성격상 캐릭터들을 서로 갈라 놓을 수도 있습니다. 그러므로 팀 내 갈등이나 임무 실패가 좀 더 용납되는 단편 플레이에 특히 적합합니다. 하지만 장기 캠페인을 진행하면서 부가 임무를 통해 팀 내에서 늘 벌어지는 긴장을 즐기는 테이블도 있을 것입니다.

팀 전원이 어느 한 가지 부가 임무를 함께 수행할 수도 있습니다. 어쩌면 원래 고용주의 경쟁자가 팀 전체를 회유하려고 할 수도 있습니다("서류를 이그지스턴스 엔터테인먼트 대신 상하이 시큐리티에게 넘긴다면, 경험치를 받습니다" 같은 식으로. 이보다 더 좋은 방법으로, "서류를 상하이 시큐리티에 넘기면, 경험치를 받습니다"라고 정한다면 캐릭터들이 우선 고용주에게 서류를 넘긴 다음 배반할 수도 있습니다! 왜 MC만 배신하는 재미를 즐겨야 하나요?). 어쩌면 팀원들에게 각각 개인적으로 접촉했을지도 모릅니다 (그 파일을 싱 씨에게 가장 먼저 넘기는 사람은 경험치를 받습니다). 캐릭터들은 동료 전원이 같은 부가 임무를 두고 경쟁해야 한다는 사실을 아나요? 만약 안다면, 오직 한 명만 보수를 받을 것이라는 사실을 알면서도 어떻게 함께 일하나요?

보시다시피, 부가 임무는 활용할 수 있는 가능성이 무척 큽니다. 자주 바꾸세요.

게임 구조 활용하기

액션과 태그, 사이버웨어, 행동수칙은 가장 분해와 조립이 쉬운 부분입니다. 하지만 무엇을 하려는지 잘 안다면 더 큰 해킹이 가능합니다. 피해와 임무 구조 역시 의미 있는 해킹을 할 수 있지만, 게임의 느낌을 크게 바꿀 가능성이 높습니다. 만약 충분히 멀리 나간다면, **스프롤**이 그런 것처럼 완전한 새 RPG가 만들어 질 수도 있습니다....

피해

폭력 취향은 테이블마다 각자 다릅니다. 만약 **스프롤**의 전투 장면이 취향과 맞지 않는다면, 게임의 균형을 바꿀 수 있는 몇 가지 수단이 있습니다.

»   전투 전반에 좀 더 극적인 초점을 맞추고 싶거나, 일련의 특정한 행동을 강조하고 싶다면, 한판 붙을 때 좀 더 작게 목표를 정하세요. **한판 붙기** 액션을 사용할 때 어떤 목표를 정했는지에 따라 전체 전투를 판정 한 번으로 포괄할 수도 있고, 행동 하나하나마다 판정할 수도 있습니다. 후자 쪽을 지향해서 전투를 길게 늘인다면 판정마다 주고받는 피해의 양을 조정해야 합니다. 이를 고려하지 않으면 긴 전투 장면 하나하나가 지나치게 위험해집니다.

»   너무 위험한가요? 무기의 피해 수치를 낮추고 플레이어들이 방어구를 좀 더 사용하도록 장려하세요.

»   너무 안전한가요? **한판 붙기**를 바꿔서 양측 모두 7-9에서 피해를 받거나 방어구의 효과를 낮추세요. 피해는 더 받고, 피해 액션에 붙는 수정치는 더 많아질 것입니다.

»   NPC가 제거되기 전 버틸 수 있는 피해의 양을 조정해서 NPC를 강하게, 또는 약하게 만드세요.

다른 AWE 자매작 RPG를 읽고 플레이하면서 피해나 저항, 치료, 전투를 어떻게 다루는지 살펴보세요. 다른 사람들이 AWE의 기본 시스템을 해석하고 확장하는 방식을 보면 어떻게 해야 **스프롤**을 원하는 대로 세세하게 조정할지 아이디어를 얻을 수 있습니다.

임무

스프롤의 사전조사/임무실행 구조는 떠올릴 수 있는 대부분의 임무 기반 아이디어를 구현하지만, 임무 구조를 고쳐야 더 잘 돌아가는 특이한 경우도 있기 마련입니다.

가장 중요하게 고려할 부분은 팀입니다. 캐릭터들이 모두 임무실행에 초점을 맞추고 사전조사 쪽을 최소화했다면, 사전조사 단계를 건너뛰어도 괜찮을 것입니다. 임무 역시 임무에 앞서 고용주가 팀에게 필요한 정보를 모두 주거나(왜 팀이 고용주의 말을 곧이곧대로 믿는지 의문이 들지만), 경호처럼 대응에 비중을 둔 임무를 제공하는 식으로 반영할 수도 있습니다. 하지만 만약 팀이 사전 **조사** 단계에 관심을 집중하기를 좋아한다면, 플레이어들의 의사를 먼저 알아보세요.

임무실행 단계로 곧바로 넘어갈 수 있는 또 다른 방법으로, 긴 회상장면을 열고 여러 번의 판정을 하여 임무의 배경을 채우는 방식이 있습니다. 회상장면을 진행하는 동안에는 원래 규칙처럼 사전조사 시계를 계속 전진시키세요. 영화 '펄프 픽션'처럼 시간과 서사 순서가 뒤섞인 비선형적인 플레이를 만들 수 있을 것입니다.

만약 플레이 전체가 추격전 장면으로 이루어진다면(아마도 기업 시계가 0000에 다다랐을 것입니다) 시계를 8칸이나 10칸, 심지어는 12칸 이상으로 좀 더 길게 나누고 싶을지도 모릅니다. 시계의 각 진행 단계를 명확하게 정해 두어서 어떤 일 때문에 시계가 전진하는지, 시계가 지나치게 전진하면 무슨 일이 벌어지는지 잘 안다면 그렇게 플레이해두 좋습니다

강령을 명심하세요

9장: 스프롤 MC 플레이에 설명한 강령을 다시 떠올려 보세요.

»   **스프롤**을 더럽고, 첨단기술이 가득하며, 무분별하고 과도하게 만듭니다.
»   캐릭터들의 삶을 액션과 음모, 역경으로 가득 채웁니다.
»   캐릭터들을 **스프롤**에 옭아맵니다.
»   어떤 일이 일어나는지 플레이를 해서 알아냅니다.

스프롤을 해킹할 때도 위 강령을 명심하세요.

스프롤은 더럽고, 첨단기술이 가득하며, 휘황찬란하고 혼잡한 세계에서 액션과 음모, 역경의 그물로 옭아맨 캐릭터들에게 어떤 일이 일어나는지 알아내는 게임입니다. 위 본질에서 멀리 벗어날 정도로 **스프롤**을 뜯어고치는 중이라면, 사실 여러분만의 새 게임을 만드는 것일지도 모릅니다. 새 게임 만들기는 무척 재미있는 경험이지만 할 일도 많습니다. 유일하게 드릴 수 있는 충고라면, 먼저 MC의 강령부터 시작해서 원칙, MC 액션, 기본 액션, 플레이북 순으로 진행하세요. MC는 게임의 틀을 짜고 플레이를 어떻게 할지 관점을 제공합니다. 그러니 거기서부터 시작하세요. 기본 액션은 게임의 기본적인 색을 정하고, 플레이어들이 이야기와 규칙 사이에서 상호작용할 수 있도록 안내하며, 캐릭터가 주변 세계에 어떻게 영향을 미치려 하는지 일반적인 행동의 종류를 나타냅니다. 플레이북은 목표로 지향하는 설정과 장르만의 특정한 색깔을 게임에 입힙니다. 하지만 솔직하게 평가를 해주는 친구와 플레이테스터를 확보하는 것이 아마도 작업 순서보다 더욱 중요할 것입니다. 최고의 게임은 아무것도 없는 허공에서 만들어지지 않으니까요.

APPENDIX 부록

계속하시겠습니까? [Y / N]

기업

스프롤을 준비하려면 기업을 몇 군데 구상해야 합니다. 다음은 사업 분야 목록입니다. 플레이 준비 0단계에서 만든 주요 기업들은 여기 나온 모든 분야에 진출했다는 사실을 명심하세요. 하지만 그런 기업도 한두 가지 분야에서 특히 잘 알려졌습니다.

사업 분야

» 생명공학 (사이버웨어 기술, 세약)

» 소비재 (상품)

» 전자 (IT, 로봇 공학, 하드웨어)

» 금융 (은행, 보험, 지주 회사)

» 정부 (국가, 지방, 부서, 국, 부처)

» 중공업 (자동차, 무중력 제조업)

» 불법 (마약 카르텔, 조직범죄)

» 미디어 (뉴스, 엔터테인먼트, 성인)

» 매트릭스와 통신 (IT, 데이터 저장 및 보안, 소프트웨어, 원격 조종)

» 군사 (군 기술, 작전, 보안)

» 원자재 (광업, 연료, 농업, 화학)

» 수송 (궤도 수송, 폐기물 처리)

그리고 다음은 플레이테스트 중 등장한 기업 이름을 모은 목록입니다(고전 명작에 경의를 표한 이름도 여기저기 있습니다). 현대 기업 역시 풍부한 영감의 원천입니다. 첫번째 테스트 플레이를 할 때는 어김없이 현대의 미디어 기업과 통신회사가 등장했습니다.

생명공학

애큐먼

핸더슨 & 핸더슨

이리스테크

타시네틱스

헬릭스텍

라이프테크

키쿠유 옵틱스

마스-네오텍

뎀펠 파마수티컬스

포인트맨 파마수티컬스

소비재

뉴크레프트

키디코프

바이저

마안갈리카 아그로테크

전자

호사카

웨이랜드-휴즈

그랜드 테크놀로지스

체이스-카플란 테크놀로지스

금융

취리히 오비털

솔라 인베스트먼츠

엠파이어

악티보르

신조

정부

세네트 주식회사

중공업

주앙지

옴니 다이나믹스

느켐베 유한회사

불법

카모라

오크라나

미디어

글로벌 뉴스 네트워크

파이러트 베이

스플루트

시드니-홈즈 미디어

이그지스턴스 엔터테인먼트

트루바두르 미디어매트릭스
& 텔레커뮤니케이션즈

군사

상하이 시큐리티

MDI

유니파이드 시큐리티

블랙워터-버라이즌

골드 코스트 맥시멈 로우 코퍼레이션

타이탄 퍼시피케이션즈

원자재

에콰다인 페트로켐

발데즈 콤바인

뉴트리그로우

운송

뉴 호라이즌스

라드컴

나마토키-보잉

유니파이드 제노

티엔샤

코롤료프

유나이티드 퓨처

버추얼 인터페이스

에온 노바

와이프

버추어테크

콰인 버추얼 머신즈

각종 매체에 감사합니다.

사이버펑크 장르에 익숙하지 않다면, 우선 윌리엄 깁슨의 스프롤 3부작 뉴로맨서 *(1984)*, *카운트 제로 (1986)*, *모나 리자 오버드라이브 (1988)*부터 읽으세요. 임무 중심 사이버펑크 작품의 정수를 맛보고 싶다면 크롬 태우기에 수록된 단편 중 특히 '*메모리 배달부 조니*', '*Fragments of a Hologram Rose*', '*New Rose Hotel*', '*크롬 태우기*'를 읽으세요(역주· *메모리 배달부 조니*와 *크롬 태우기*는 사이버펑크 걸작선 '*선글라스를 쓴 모차르트*'(한뜻)에 수록되었습니다). **스프롤**의 분위기와 미학을 느끼려면 리들리 스콧의 *블레이드 러너(1982)*를 보세요. 감독판 (1992)이나 최종판 (2007)을 추천합니다.

읽으세요

조지 앨릭 에핀저, *When Gravity Fails (1986)*, *A Fire in the Sun (1989)* and *The Exile Kiss (1991)*.

토비아스 S. 버켈, *Hurricane Fever (2014)*.

윌리엄 깁슨, 뉴로맨서 *(1984)*, 카운트 제로 *(1986)*, 버닝 크롬 *(1986)*, 모나 리자 오버드라이브 *(1988)*, 브리지 3부작(*Virtual Light (1993)*, 아이도루 *(1996)*, and *All Tomorrow's Parties (1999)*) 역시 관련이 있으며, 뉴질랜드의 근미래 모습을 흥미롭게 나타냅니다.

리처드 K. 모건, 얼터드 카본 *(2002)*, *Broken Angels (2003)*, *Woken Furies (2005)*, *Black Man* (미국에서는 *Th1rte3n*이라는 명으로 출간되었습니다) *(2007)*.

키어런 시어, *Koko Takes A Holiday (2014)*.

닐 스티븐슨, 스노우 크래쉬 *(1992)*.

브루스 스털링(편집), *Mirrorshades: The Cyberpunk Anthology (1986)*, *Islands in the Net (1988)*.

다니엘 수아레즈, 데몬 *(2006)*, *FreedomTM (2010)*.

월터 존 윌리엄스, *Hardwired (1986)*.

시청하세요

로보캅 *(1987)*

맥스 헤드룸 *(1987)*

토털 리콜 *(1990)*

코드명 J *(1995)*

스트레인지 데이즈 *(1995)*

공각기동대 프랜차이즈 애니메이션은 모두.

드레드 *(2012)*

엘리시움 *(2013)*

로보캅 *(2014)*

들으세요

음악은 무척 개인적인 매체이지만, 사이버펑크풍 미래에서 권위와 맞서 싸우는 분위기를 느끼고 싶을 때 듣는 몇 가지 앨범을 소개하겠습니다.

- » 피어 팩토리, *Obsolete (1998)*와 *Demanufacture (1995)*.
- » 팬듈럼, *Immersion (2010)*.
- » 레이지 어게인스트 더 머신, 특히 *Battle of Los Angeles (2000)*.
- » 시하드, *Ignite (2011)*, *FVEY (2014)*.
- » 프로디지, 특히 *Invaders Must Die (2009)*와 *The Day is my Enemy (2015)*.

제작자들에게 감사드립니다.

스프롤은 거인의 어깨 위에 세워졌습니다. 아래 게임 목록은 **스프롤**을 만들 때 중요한 도움을 주고, 때로는 눈에 보일 정도로 영향을 준 작품들입니다. MC 기술을 향상하고 싶다면 아래 언급한 모든 게임을 읽고 플레이하기를 권장합니다. 모두 조금씩 다른 방식으로 돌아가는 게임이지만, **스프롤**을 마스터링하는데 귀중한 영감과 아이디어를 제공합니다.

> **스프롤**은 빈센트 베이커의 아포칼립스 월드 엔진을 기초로 삼은 AWE RPG 입니다. 아포칼립스 월드를 아직 보지 않았다면, 진심으로 읽어보기를 추천합니다. 이미 아포칼립스 월드나 그 외의 다양한 파생작들을 잘 안다면, 아래 목록이 익숙할 것입니다.

특히 아포칼립스 월드를 만든 빈센트 베이커에게 감사드립니다. (http://apocalypse-world.com/)

그 밖에도 감사드립니다:

- » *The Shadow of Yesterday*를 만든 클린턴 R. 닉슨에게. 특히 행동수칙의 기반이 된 열쇠 규칙에 감사드립니다.
  (http://crngames.com/the_shadow_of_yesterday/index)
- » *Technoir*를 만든 제러미 켈러에게. 특히 태그 사용법에 감사드립니다.
  (http://technoirrpg.com/)
- » 던전 월드를 만든 세이지 라토라와 아담 코벌에게.
- » *The Regiment*를 만든 폴 디들과 존 하퍼에게.
- » *Blades in the Dark*를 만든 존 하퍼에게.
- » *Sagas of the Icelanders*를 만든 그레고르 부가에게.
- » 밤의 마녀들을 만든 제이슨 모닝스타에게.
- » 몬스터하츠를 만든 에이버리 맥달드노에게.
- » *Monster of the Week*를 만든 마이크 샌즈에게.
- » *Shadowrun* 세계를 탄생시킨 밥 차레트, 폴 흄, 톰 다우드와 나머지 모든 분에게.
- » 사이버펑크 2020을 만든 마이크 폰드스미스와 나머지 모든 분에게.

참고자료

인터넷을 찾아보면 **스프롤**을 더욱 멋지게 마스터링할 수 있는 각종 자료가 있습니다. Barf Forth Apocalyptica와 (http://apocalypse-world.com/forums/index.php) **스프롤**을 포함해서 여기 소개한 모든 게임의 구글 플러스 커뮤니티부터 둘러보세요.(https://plus.google.com/u/0/communities/100639022106768583265)

존 스타브로풀로스는 캐릭터 시트에 나온 플래그를 보는 법을 다음 글에 훌륭하게 소개했습니다.

* http://pelgranepress.com/?p=3468

크리스토퍼 친은 플래그를 사용하는 방식을 다음 두 글에 훌륭하게 소개했습니다.

* https://bankuei.wordpress.com/2015/01/07/flag-framing-1-setting-up-a-campaign/

* https://bankuei.wordpress.com/2015/01/09/flag-framing-2-running-the-game/

상세한 논평과 대화, 도움을 주신 몇몇 분께 특별한 감사를 드립니다: Nigel Clarke, Mark DiPasquale, David Gallo, Colin Jessup, Steve Hix, David Maple, Andrea Parducci, Rob Sanderson, Travis Scott, Alasdair Sinclair, Steve Wallace.

교정을 도와주신 분들께 감사드립니다: Nick Adams, Brian Creswick, And Elderman, Simon Geard, Dana Kubilus, Colleen Riley, Mark Diaz Truman 그리고 몇몇 익명의 후원자분.

스프롤의 초기 버전을 플레이테스트해서 게임의 발전에 직접 도움을 주신 모든 분께 감사드립니다:

The Capital Crews: James Glover, Matthew Harward, Rose Nichols, Richard Schrader, William Howard, Steve Hickey, Nick Adams, Dan Steadman, Tim Townshend, Michael Sands, Paul Wilson, Karen Wilson, Sophie Melchior.

SoCal Cyberpunks: Morgan Ellis, Brian Allred, David Gallo, Rob Sanderson, Alejandro Duarte, Jeremy Tidwell, Gina Ricker, Mook Wilson, Nicco Wargon, Jim Waters, Sarah McMullan, Jesse Burneko, Erik Lytle, Robert Skaggs, Ryan McMullan, Adam Goldberg, Colin Jessup, Will Huggins, James Ritter, Brady Lang.

The Entourage: Carson Forter, John Verive, Julie Verive, Beau Lindsay

Quake City Underground: Jo East, Alistair Steele, Stuart Stoddart, Rachel Hanover-O'Connor, Mutu Thompson, Ian Raymond, Mark Berry, Carla Bayard, Christy Burge, Phil Burge.

Big Bad Badasses: Matt Troedson, Shaun Hayworth, Basil Benitz, Luke Miller, Geoff McCool, John Aegard, Steve Nix, Andrew Linstrom, Liralen Li, Brad Shanrock-Solberg, Monika Hortnagl, Oliver Northrup.

Emerald City Shadow Runners: Sean Nittner, Karen Twelves, Jonathan Reiter.

The Underhang Ripper Crew: Travis Scott, Rory MacLeod, Aaron Brown, Heath Whalen, Jason Cox, Steve Wallace.

Buenos Aires Labyrinth Survivors: Facundo Argüello, Guido Pastore, Julián Ferreiro, Federico Pérez Pinar.

Barf Forth Apocalyptica의 **스프롤** 서브 포럼과(http://apocalypse-world.com/forums/index.php?board=38.0) 제 제작 블로그에서 (http://www.ardens.org/category/games/sprawl/) 알파와 베타 버전, 감마 버전의 일부를 읽고, 논평하고, 플레이한 모든 분께도 감사드립니다.

후원자분들에게 감사드립니다:

마지막으로, 모든 후원자분들에게 감사드립니다:

민간인

유진	청국장맛양말	호야
2WIND	이동석	조성흠
이종하	김현섭	최선아
사야	반승규	권도윤
김개	오렌지선장	창작집단 우유용
TIN	전하람	렝고원의 세뇨르
잉타	엠제이케이	이세진
Ki Hyo Park	양웬리	글로덱
김탄	김민정	최해철
호밀	김승언	로비보이
Guzig	낭만케로	신찬용
$ 사냥꾼	이진영	손혜림
조준태	지현정	피어스 호th론/정태원
아프로	기린	이보미
정지현	A.H.Y.	송승철
냐브	김진우	역설

요원

ㅇㄱㅇㄱ	녹차파우더	허소영
생계요원	다미안	작은 눈송이
파시	캐한섭	시둥ㄴ
안수혁	연즈	김정혜
로든	노트북	이슈토리
2spear	닭둘기	백광열
루스	분홍고양	류성열
이의종	얏삐	어비스시커
김카란	이지선	흑단현
Wan Kim	셸먼	눕리프
천기덕	이정민	대전AT필드
Tma	비타	김초롱
강병관	토레로르	Kang Dong Su
황충	초기캐릭터	신진우
광어	KAPREZETA	정윤호
최민혁	PDCHO	타카나시 사무소
김동율	정헌섭	유구무언
Logend	강병구	금승환제갈길
날뛰는 연어	기루	박지선
초록물풀	키노사지	seithliw
최현민	유성곤	지옥불
엘로이즈	권순모	Gary Kim
김바퀴	박수철	Qe
우롱	가라간쟈	D
우주	필리더	낙요
네온사인 아프로 NecT	CWJ	Jirong Lee
습작	디타	제이비
Ahnphillar	잠자는곰군0104	오근영
누르	Barret50	여타

라흔	Madker	허무맹랑한 망상
붉은 F	TOKEBI	허민지
위그드라셀	Taranis	신호성
강고딩	명명 박태우	은희민
굴굴굴	설뭉	덫P
레비킴	S2Kim	강지원
LERI_THE_RULER	ScrapHeap	위꼴봇
정주성	오지은	Werber
파팡	김대준	심연우
착한녀석	태피	Merlin Mbrocius
좌경용공불순세력	Lonoa	Lime Story
김민철	천승민	김규민
호흡도의식하면귀찮아	A120	김찬미
Andy	서빈	Choi Won
김형래	루루팡	에이델린
아크메인	편백나무숲	이탱
스트K	안영군	허성우
이망고	박 정	Bengi
윤단비	이젠 학회장이 아닌 백승열	홍준택
정모자	BT	부왁선생님
에피	임지현	윈터뮤트
ALTar	더스크와 라무	아런
채지원	Sayge	구노와 미미
RPGstore	Mayahuel	야마다
실험체333호	박은정	정수빈
샤론	김각	k_sion
안버미	지윤근	랑곰v
송하성	굿맨	하므비
유태종	온	Younga Seo
최가람	폭주몽키	The_체크메이트

참소나무 전성호	봇카리	yhuick
잇스	Kthelimit	하창건
김민걸	강영호	유하
찡새꼉	류혜싱	빠쿠손놈 필키트
김현정	DJNEWP	신두하
김태오	송재호	강우석
Young Heun Jung	BOLDY	송승언
아망	지승현	권영준
무망	김홍익	오리오소리
정어업	이주은	이병규
티스	Esmond Choi	이안
박초롱	파네트	나고복
임성필	여동구	꾸꾸
너굴맨	Zihan Cho	오영욱
chandel	Meaninglessness	두벌나락
오엘	청색낙오성	박준녕
STELLA	LoLieL	김희주
소톨	fresa	아르카딘
히리리	Dansak Park	Hubuky
하민K	밍구리	백설곰
리틀언데드	설송청	김교자
Gary Jeong	컬티스트	DEUS OTIOSUS
김모조	신상훈	키타미 아세루
Asika	김동원	유호승
Lee Dong-Yeop	김빙고	차준호
카모르크	Wintermute	큐로스
김남희	몽당	배몰이꾼 망중한
블가네츠	애옹	스나크
G0h	엘리프	방앗간참새
테오	문지현	아누 패튼

가루가루열매

기브릴 또는 김마크

제티

음냐리요

탈타냥과 병총사들

김수영

이승서

송장

미경♡서진♡종욱

김까무

evilmaster

M ㅔ 르헨

에스가 휀 크누트

드롭

김현구

paranpia

한글

김수용

아토

MOONGQ

김욱진

수룽

이민지

드락

이대웅

이유빈

배성철

왈랑콩

wire

온 세상 티알피지의 제왕 이 세상에 둘도 없을 멋쟁이 대마왕 그렉 주스

이민혁

권대혁

이코

Xi

최현준

린드부름

Jeon Heyjin

하우

현이

ROTARING

큰부리까마귀

최우경

라운드로빈

1월3일 10시 16분 19초

홍현기

세이키르

해아래글

시하랑

ViRyu

류승용

에오리a.k.a수빈

이재혁

건드(박성영)

ClaEas

Erigyna Liberd

GyulJook

파리

후타바 안즈P

슈컴

레이에노

황규태

후원자명뭘로하지

문기현

아쿠벤스

별의불꽃

WKi

레르키노

정재훈

mobius

조선영

이한나

서부=D4C

유영무

테시라브

네크

황태주

dirover

다올

루토루토링

박승현

치코

치키마키

리르디얀

이상민

이오락

색인